일본의
판타지
백과사전

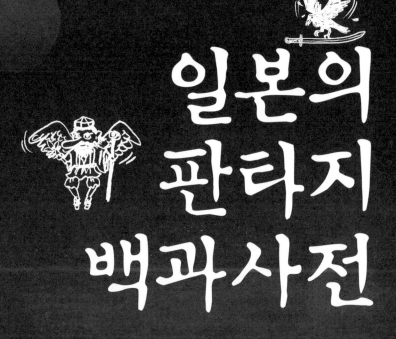

일본의
판타지
백과사전

도현신 지음

생각비행

우리에게 일본은 어떤 존재일까? 왜구와 임진왜란, 일제강점기로 대표되는 뼈아픈 과거사를 안겨준 원흉인 동시에 해방 이후 수많은 지식인과 언론인이 본받아야 한다며 소리 높이던 찬양의 대상이기도 하다. 우리에게 일본은 애증이 교차하는 참으로 모순된 존재다.

하지만 한국 사회가 본받으려고 했던 일본은 경제와 관련된 현실적인 부분이었지, 그들의 종교나 문화 같은 정신적인 영역은 아니었다. 과거 우리가 36년 동안 일본의 지배를 받기는 했으나 해방되자마자 일본인들이 세운 종교 시설인 신사들을 일본의 억압과 횡포에 분노한 사람들이 모조리 부숴버렸다는 말이 나올 만큼, 일본인의 민간 신앙을 받아들이는 것에 대한 거부감이 심했다. 해방 이후로 몇몇 일본 종교가 한국에 들어와 있기는 하지만 기독교나 불교 같은 거대 종교에 비하면 그 사회적 영향력은 미약하다.

중국, 중동, 유럽의 판타지 백과사전에서 다룬 주제인 그 나라들의 종교나 정신문화에 비하면 일본의 판타지 백과사전에서 다루는 일본의 종교와 정신문화가 우리에게 미친 영향은 대단히 적다. 그도 그럴 것이 일본이 한국을 앞지르고 압도한 시기는 아무리 길어봐야 19세기 말엽 메이지 유신이

시작되면서부터였으니 160년이 채 안 되기 때문이다. 그 이전까지는 우리가 일본에 불교와 유교 같은 종교와 정신문화를 가르쳐주는 스승의 입장이었다.

다만 1998년 일본 대중문화 개방 조치로 일본의 신화나 전설을 소재로 한 만화나 게임 같은 서브컬처 작품이 국내에 많이 들어왔다. 해외에서는 오래전부터 사무라이나 닌자 같은 일본의 문화적 상징물이 큰 인기를 끌고 있다.

그런 의미에서 일본의 신화와 전설 같은 정신문화를 좀 더 이해하게 된다면, 일본의 서브컬처를 즐기려는 이들 혹은 판타지 콘텐츠 창작자들에게 조금이나마 도움이 되지 않을까 하는 마음에서 집필해보았다.

판타지 세계를 좋아하는 독자 여러분이 이 책을 통해 우리와 가까우면서도 멀고, 정신적으로 낯선 나라인 일본의 신화와 전설을 이해하게 된다면 더 바랄 것이 없다. 즐거운 마음으로 책장을 넘겨주시길 바란다.

3. 영웅과 악당

4. 신기한 보물들

5. 요괴와 귀신

6. 기묘한 이야기

7. 신비한 장소들

1
세상의 시작

001 천지창조와 인간의 탄생

일본 신화 속 세상의 시작은 오래된 문헌인 《고사기(古事記)》에 실려 있다. 그 내용을 종합하면 이렇다.

처음에는 오직 혼돈이 있었다. 얼마 후 하늘과 땅이 나타났으며 땅은 바다 위를 이리저리 떠돌고 있었다. 곧이어 하늘의 높은 곳에 신들이 사는 거처인 다카마가하라(高天原)가 나타났다. 그리고 아메노미나카누시노카미(天之御中主神), 다카미무스히노카미(高御産巣日神), 가미무스히노카미(神産巣日神), 우마시아시카비히코지노카미(宇摩志阿斯訶備比古遲神), 아메노토코타치노카미(天之常立神) 같은 신이 나타났다. 이 다섯 신은 일본 신화에서 가장 오래되었고 고토아마쓰카미(別天つ神)로 불린다.

그 이후 다른 신들이 나타났다. 먼저 나타난 구니토코타치노카미(國之常立神)와 도요쿠모노카미(豊雲野神)는 성별이 없었으나 이후에 나타난 신인 우히지니노카미(宇比地邇神)와 스히지니노카미(須比智邇神), 시노구히노카미(角杙神)와 이쿠구이노카미(活杙神), 오토노지노카미(意富斗能地神)와 오토노베노카미(大斗乃辨神), 오모다루노카미(於母陀流神)와 아야카시코네노카미(阿夜訶志古泥神), 이자나기노카미(伊邪那岐神)와 이자나미노카미(伊邪那美神)는 각각 오빠와 여동생 관계인 신이었다.

그중 남성 신인 이자나기노카미와 여성 신인 이자나미노카미는 이자나기와 이자나미로 불리기도 하는데, 이들은 일본 신화에서 아주 중요한 위치에 있다.

아메노미나카누시노카미는 보석이 박힌 창인 아메노누보코(天沼矛)를 이자나기와 이자나미한테 주면서 "떠돌아다니고 있는 이 나라를 잘 다스려서 만들어보라." 하고 말하면서 다른 별천신들과 함께 모습을 감춰버렸다.

이자나기와 이자나미는 하늘의 다리인 아메노우키하시(天浮橋)에 서서 창으로 바다를 이리저리 휘저었다. 그러자 창끝에서 떨어지는 소금이 바다 위에 쌓여 섬이 되었는데, 그것이 오노고로시마(淤能碁呂嶋)였다. 이자나기와 이자나미는 하늘에서 오노고로시마로 내려와 커다란 기둥인 아메노미하시라(天之御柱)를 세우고, 둘이 함께 살 집인 야히로도노(八尋殿)를 짓고서 결혼하여 부부가 되었다.

이자나기와 이자나미는 성관계를 하여 아와지(淡路), 시코쿠(四国), 오키(隠岐), 규슈(九州), 이키(壹崎), 쓰시마(対馬), 사도(于渡), 혼슈(本州) 같은 일본 열도를 구성하는 섬을 낳았다. 그런 다음 이자나기와 이자나미는 다시 성관계를 하여 수많은 다른 신을 낳았다. 그들은 바위, 흙, 바다, 항구, 물, 바람, 나무, 산, 들, 번개, 불의 신이었다.

오와타쓰미노카미(大綿津見神)는 바다의 신이었고, 오야마쓰미노카미(大山津見神)는 산의 신이었으며, 다케미카즈치노카미(建御雷神)는 번개의 신이었고, 아메노미쿠마리노카미(天之水分神)와 구니노미쿠마리노카미(國之水分神)는 물을 다스리는 신이었다.

불의 신인 히노카구쓰치노카미(火之迦具土神)를 낳던 도중에 이자나미는 음부가 불에 타서 병에 걸렸다가 죽고 말았다. 그때 이자나미로부터 생겨난 신은 광산의 신인 가나야마비코(金山毗古)와 가나야마비메(金山毗賣), 점토의 신인 하나야스비코(波邇夜須毗古)와 하니야스비메(波邇須毗賣), 물의 신인 미쓰하노메(彌都波能賣), 생산의 신인 와쿠무스비(和久産巢日), 음식의 신인 도요우케비메(豊宇氣毗賣)였다.

아내이자 여동생을 잃은 이자나기는 슬피 울며 이자나미의 시신을 히바(比婆)산에 묻었고, 그녀의 영혼이 있는 저승인 요미노쿠니(黃泉の國)로 갔다. 이자나기는 이자나미에게 이승으로 돌아오라고 부탁했으나 이자나미는 요미노쿠니의 신과 의논해야 한다며 저승의 깊은 곳으로 들어갔다. 기다림에 지친 이자나기가 불을 켜고 이자나미를 찾자 그녀의 몸에는 더러운 구더기가 들끓고 있었다.

흉측한 모습에 놀란 이자나기는 도망쳤고, 자신이 못생겼다며 달아나는 이자나기를 보고 화가 난 이자나미가 저승의 다른 신들과 함께 쫓아왔다. 이에 이자나기는 저승과 이승의 입구를 무거운 바위로 막아 이자나미가 쫓아오지 못하게 했다. 화가 풀리지 않은 이자나미는 "하루에 사람을 1000명씩 죽이겠다"고 저주했는데, 이에 대해 이자나기는 "나는 하루에 1500명씩 사람들을 태어나게 하겠다"고 맞받아쳤다고 전해진다.

이상이 일본의 창조 설화인데, 여기에는 몇 가지 특징이 있다. 우선 일본 신화 속에서 신은 우주가 아니라 일본 한 나라를 만들었을 뿐이다. 다음으로 일본 신화에는 사람이 어떻게 세상에 나타나게 되었는지 혹은 어느 신이 만들었는지에 관한 언급이 없다.

002 태양과 달과 바다의 신

　요미노쿠니에서 도망쳐 이승으로 돌아온 이자나기는 저승의 흉측함에 몸서리를 치며 '더러운 나라에 갔다 왔으니 몸을 깨끗이 씻어야겠다'는 생각이 들어서 다치바나노오도(橘小門)의 아와키하라(阿波岐原)에 있는 시냇물 앞에서 입고 있던 옷을 벗고 지팡이와 장신구를 내려놓았다.

　그때 이자나기가 벗어놓은 옷과 지팡이와 장신구에서 새로운 신들이 태어났다. 이자나기의 허리띠에서는 기다란 길을 다스리는 바위의 신인 미치노나가치하노카미(道之長乳齒神)가, 윗옷에서는 고민을 다스리는 신인 와즈라히노우시노카미(和豆良比能宇斯能神)가, 하카마(일본인 남자들이 입는 폭이 넓은 바지)에서는 갈림길을 다스리는 신인 치마타노카미(道俣神)가 태어났다.

　이자나기가 벗어놓은 왼쪽 팔찌에서는 오키자카루노카미(奧疎神)와 오키쓰츠나기사비코노카미(奧津那芸佐毘古神)와 오키쓰카히베라노카미(奧津甲斐弁羅神)가 태어났고, 오른쪽 팔찌에서는 헤자키루노카미(邊疎神)와 헤쓰나기사비코노카미(辺津那芸佐毘古神)와 헤쓰카히베라노카미(辺津甲斐弁羅神)가 태어났다. 이자나기가 던진 주머니에서는 도키하카시노카미(時量師神)가, 이자나기가 머리에 쓰고 있다가 내려놓은 관(冠, 일본에서 남자가 성인식을 하면 머리에 쓰던 일종의 모자)에서는 아키구히노우시노카미(飽咋之宇斯能神)가, 이자나기가 짚고 있던 지팡이에서는 쓰키타쓰후나토노카미(衝立船戸神)가 태어났다.

한편 이자나기가 시냇물 안으로 들어가서 몸을 씻자, 그의 몸에서도 다른 신들이 태어났다. 이자나기가 시냇물 가운데로 들어가 몸을 씻자 야소마가쓰히노카미(八十禍津日神)와 오마가쓰히노카미(大禍津日神)가 태어났는데, 이 두 신은 요미노쿠니에 갔을 때 이자나기의 몸에 묻은 더러운 것에 의해 태어났다. 다음은 이자나기가 요미노쿠니로 갔을 때 그 재앙을 고치려고 해서 태어난 신으로, 가무나오비노카미(神直毘神)와 오나오비노카미(大直毘神)와 이즈노메(伊豆能売)다.

이자나기가 시내의 상류에서 몸을 씻자 소코쓰와타쓰미노카미(底津綿津見神)와 소코쓰쓰노오노카미(底筒之男神)가 태어났다. 이자나기가 시냇물 중류에서 몸을 씻을 때 태어난 신은 나카쓰와타쓰미노카미(中津綿津見神)와 나카쓰쓰노오노카미(中筒之男神)였다. 이자나기가 시냇물의 하류에서 몸을 씻을 때 우와쓰와타쓰미노카미(上津綿津見神)와 우와쓰쓰노오노카미(上筒之男神)가 태어났다.

이러한 신들은 일본 신화에서 그다지 중요한 역할을 하지 않는다. 일본 신화에서 아주 중요한 신들은 그다음에 태어나기 때문이다.

마지막으로 이자나기가 시냇물에 들어간 상태로 왼쪽 눈을 씻자 아마테라스 오미카미(天照大神)가, 오른쪽 눈을 씻자 쓰쿠요미노미코토(月讀命)가, 코를 씻자 스사노오노미코토(素戔嗚尊)가 태어났다. 세 신 중에서 아마테라스 오미카미는 여성이고 스사노오노미코토는 남성이었다. 쓰쿠요미노미코토는 성별이 명확하지 않아 여성이라거나 혹은 남성이라거나 하는 혼동이 일본 신화 안에서 벌어진다.

이렇게 세 신을 얻은 이자나기는 귀한 아이 셋을 얻었다고 기뻐하면서 아마테라스와 쓰쿠요미와 스사노오를 자기 몸에서 태어난 다른 신들보다 애지중지했다.

이자나기는 목에 걸고 있던 목걸이를 풀어 아마테라스에게 건네주면서 "너는 신들이 사는 하늘의 장소인 다카마가하라를 다스려라." 하고 말했다. 쓰쿠요미에게는 "너는 밤을 다스려라." 하고 말했고, 스사노오에게는 "너는 바다를 다스려라." 하고 말했다.

이리하여 아마테라스는 태양의 여신, 쓰쿠요미는 달의 신, 스사노오는 바다의 신이 되었다. 그런데 스사노오는 명령을 받은 바다로 가지 않고 눈물을 흘리며 슬피 울고만 있기에 이자나기가 그 이유를 물었다. 스사노오는 "저는 어머니(이자나미)가 있는 요미노쿠니에 가고 싶습니다." 하고 대답했다. 그러자 이자나기는 화를 내며 "그렇다면 너는 이 나라에서 나가거라." 하고 스사노오를 쫓아내었다.

2

신들

003 태양의 여신 아마테라스 오미카미

　일본을 대표하는 신을 하나만 고르라고 한다면, 아마테라스 오미카미(天照大神)를 빼놓을 수 없다. 일본의 전통 종교인 신도(神道)에서 가장 숭배하는 신이 바로 아마테라스이기 때문이다. 일본 신화에서 태양의 여신 역할을 맡고 있는데, 여기에는 나름의 유래가 있다.

　일본의 옛 문헌인 《고사기》에 의하면 아마테라스는 이자나기가 왼쪽 눈을 씻을 때 태어났다고 한다. 그녀의 형제인 쓰쿠요미는 이자나기가 오른쪽 눈을 씻을 때, 스사노오는 이자나기가 코를 씻을 때 태어났다고 한다. 이자나기는 "내가 귀중한 세 아이를 얻었다"고 기뻐하면서 아마테라스한테는 하늘을, 쓰쿠요미한테는 밤을, 스사노오한테는 바다를 다스리라고 명령했다.

　스사노오는 이자나기의 죽은 아내이자 자신의 어머니가 되는 여신인 이자나미를 만나러 저승에 가고 싶다면서 울기만 하다가 화가 난 아버지에게 꾸지람을 들으며 쫓겨나고 말았다. 스사노오는 누이인 아마테라스에게 자초지종을 말하려고 하늘로 올라갔다.

　이때 산과 강과 땅이 흔들리자 아마테라스는 스사노오가 자신의 나라를 빼앗으러 오는 줄 알고 화살과 활을 챙겨 무장하고는 스사노오에게 "너는 왜 여기에 왔느냐?" 하고 물었다. 스사노오는 나쁜 뜻이 없다고 해명하며 아버지의 명령 때문에 떠나려 한다는 소식을 전하러 왔다고 했다. 이에 아마테라스가 각자 아이를 낳아서 결백을 증명해보자고 하자 스사노오는 그 제안에 따랐다.

그리하여 둘은 하늘의 야스강을 두고 맹세했다. 아마테라스가 스사노오의 칼을 세 번 꺾어서 강물에 적시고 입에 넣어 잘게 씹고 내뿜자 그녀의 숨결에서 세 신이 태어났다.

다음으로 스사노오는 아마테라스가 지니고 있던 옥을 이용하여 다섯 신을 만들어냈다. 스사노오는 자신의 마음이 깨끗하다고 말하고는 하늘나라의 밭에 똥과 오줌을 뿌리고 베를 짜는 여인의 방에 말가죽을 벗겨서 떨어뜨리는 행패를 부렸다. 그 광경에 놀란 여인은 음부가 (바늘에?) 찔려서 죽었다고 한다.

행패를 부리는 스사노오를 보고 겁에 질린 아마테라스는 하늘에 있는 바위 굴 안으로 숨었다. 태양의 여신이 숨어버리자 세상은 어둠에 휩싸였고, 온갖 나쁜 일이 일어났다. 하늘에 사는 신들은 아마테라스가 없으면 안 된다고 여겨 그녀를 끌어내기 위해 춤의 여신인 아메노우즈메(天鈿女命)한테 춤을 추게 했다. 그녀는 젖가슴을 긁고 음부에 옷을 넣으며 춤을 추었기 때문에 신들은 그녀의 모습을 보면서 웃었다. 그 웃음소리에 놀란 아마테라스는 왜 신들이 그토록 즐거워하는지 궁금해하며 아메노우즈메를 불러서 이유를 물었다. 아메노우즈메는 당신보다 더 귀중한 신이 와서 즐거워한다고 거짓으로 알려주었다. 궁금함을 이기지 못한 아마테라스가 바위 굴에서 나오려고 하자, 완력과 근력을 담당하는 신인 아메노타지카라오노카미가 아마테라스의 손을 잡아당겨 굴에서 끌어냈다. 이 모든 사건의 발단이 된 스사노오는 땅으로 쫓겨나고 말았다.

아마테라스는 태양의 여신 역할을 하는 것 외에 일본 왕실의 선조이기도 하다. 아마테라스는 스사노오가 만든 신인 아메노오시호미미를 아들이자 태자로 삼았는데, 아메노오시호미미는 다카기노카미의 딸인 요로즈하타토요아키즈시히메와 결혼하여 니니기(邇邇藝)라는 아들을 얻었다. 아마테라스는 손자뻘 되는 니니기에게 "너는 하늘에서 땅으로 내려가 그곳의 나라를 다스려라." 하고 명령하고는 보물인 칼과 청동거울과 방울을 주었다. 이 세 보물은 일본 왕실에 대대로 전해져 삼종신기(三種神器)로 불리게 된다.

니니기는 구시후루타케에 내려와 궁궐을 세우고 왕이 되었다. 또한 토착 세력인 오야마쓰미노카미의 딸이자 꽃의 여신인 사쿠야히메(木花開耶姬)와 결혼했고, 둘의 후손이 대대로 일본의 왕이 되었다. 다만 꽃은 빨리 시들기 때문에 일본 왕들은 신의 후손이지만 단명하게 되었다고 전해진다.

004 거대 구렁이를 물리친 스사노오

　일본 신화에서 스사노오는 이자나기가 코를 씻을 때 태어난 신으로 알려져 있다. 아버지인 이자나기에 의해 바다의 신으로 임명되었으나 저승으로 간 어머니가 보고 싶다며 계속 우는 바람에 하늘에서 땅으로 쫓겨난다.

　이때 스사노오는 태양의 여신인 누이 아마테라스를 찾아간다. 아마테라스는 스사노오가 자신을 쫓아내러 온다고 여겨 두려워했다가 스사노오의 말을 듣고 오해가 풀려 그를 계속 하늘에 있도록 허락했다. 그러나 스사노오의 난폭한 성격 때문에 괴로움을 견디지 못한 신들의 원성이 높아졌고, 급기야 아마테라스마저 그의 횡포를 견디다 못해 바위 굴로 숨고 말았다. 세상이 어둠에 휩싸이자 신들은 꾀를 부려 춤과 노래로 아마테라스를 불러낸 다음 스사노오의 머리카락과 손톱을 뽑고는 그를 땅으로 쫓아내버렸다.

　이렇게 지상으로 오게 된 스사노오는 이즈모 지역의 히노카와로 향했다. 아나즈치와 데나쓰지라는 두 신이 부부로서 그 지역을 다스리고 있었는데 이들에게는 이나다히메라는 아름다운 딸이 있었다.

　히노카와를 이리저리 떠돌다가 아나즈치 일가를 만난 스사노오는 그들이 슬프게 울고 있는 모습을 보고 이상하게 여겨 연유를 묻고는 다음과 같은 사연을 들었다.

"원래 우리에게 8명의 딸이 있었는데, 모두 흉악한 구렁이인 야마타노 오로치한테 잡아먹히고 이나다히메 하나만 남았습니다. 얼마 못 가 이 아이도 오로치한테 잡아먹힐 처지가 되었습니다."

이상함을 느낀 스사노오가 "오로치라는 구렁이가 어떻게 생겼소?" 하고 묻자, 아나즈치는 말을 이어나갔다.

"오로치는 8개의 머리와 꼬리를 가졌습니다. 머리와 꼬리는 8개의 산봉우리와 8개의 계곡에 들어가 있을 만큼 크고, 머리와 꼬리 위로 수천 년 넘은 이상한 나무들이 자라났습니다. 오로치의 눈은 해나 달처럼 빛나고, 매년 사람을 잡아먹는 탓에 마을마다 가족을 잃은 사람들이 슬프게 우는 소리로 가득합니다."

설명을 다 들은 스사노오는 이들 일가를 구해주기로 마음먹고, 이나다히메를 빗으로 둔갑시켜 머리에 꽂은 후 8개의 항아리에 술을 가득 담아서 내놓았다. 그러고는 조용히 숨어 오로치가 나타나기를 기다렸다.

이윽고 밤이 되자 산과 계곡이 진동하면서 오로치가 나타났다. 아나즈치가 말한 대로 8개의 머리와 꼬리를 지녔고, 몸 위로 나무들이 우거질 정도로 거대하고 무시무시하게 생긴 구렁이였다.

항아리에 가득 담긴 술 냄새를 맡은 오로치는 머리를 항아리에 처박고 술을 잔뜩 마시고는 곯아떨어졌다. 스사노오는 그 틈을 놓치지 않고 가져온 십악검을 뽑아서 오로치의 머리와 꼬리를 하나씩 잘라 죽여버렸다.

그런데 오로치의 꼬리 하나가 이상하게 잘리지 않아서 스사노오가 그것을 가로로 갈랐더니 그 안에 칼 한 자루가 들어 있었다. 예사롭지 않게 여긴 스사노오가 아마테라스한테 자신이 한 일을 보고하자, 아마테라스는 "그 칼은 예전에 내가 갖고 있다가 하늘에서 떨어뜨렸다." 하고 말하며 기뻐했다. 그 칼은 원래 천총운검이라고 했다가 훗날 야마토 다케루가 사용하여 구사나기의 검이라고 이름이 바뀐다.

스사노오와 이나다히메는 결혼하여 딸 스세리비메를 낳았다. 스세리비메는 대국주신이라 불리는 오나무치와 사랑에 빠졌다. 스사노오는 오나무치가 못마땅하여 죽이려 들었으나 그때마다 스세리비메가 해결책을 알려주는 바람에 실패하고 말았다. 결국 스세리비메는 오나무치와 정식으로 결혼했다. 둘 사이에서 고토시로누시와 다케미나카타라는 아들이 태어났는데, 둘은 훗날 아마테라스가 보낸 아들인 다케미카즈치와 힘을 겨루는 대결에서 패배해 굴복하고 아버지 대국주신이 다스리던 땅을 바치게 된다.

005 어부와 상인의 신, 에비스

에비스(惠比寿)는 《고사기》나 《일본서기(日本書紀)》 같은 오래된 문헌에는 보이지 않지만, 일본인이 민간 신앙 속에서 오랫동안 받들어온 신이다. 에비스는 사람과 자연에 풍요의 축복을 내리는 칠복신(七福神) 중 하나인데 가장 인기 있는 신으로 숭배를 받았다. 칠복신은 대부분 중국이나 인도에서 들어온 신이지만 에비스는 일본 고유의 신이다.

에비스는 오른손에 낚싯대를 쥐고 왼손에 일본인이 좋아하는 생선인 도미를 들고 턱수염을 기른 얼굴로 함박웃음을 짓는 어부의 형상을 하고 있다. 이런 모습에서 어부들이 숭배하는 고기잡이의 신으로 추정할 수 있다. 16세기에 들어 에비스는 장사꾼들의 수호신이 되기도 했다. 그들은 가게에 에비스를 그린 그림을 모시고 매일같이 그 앞에서 "오늘 장사가 잘되게 도와주십시오." 하고 기도를 올렸다.

에비스라는 이름은 일본 동부에서 살아가며 일본 조정에 맞서 싸우던 이민족인 에조를 가리키는 별명이기도 했다. 일본 학계에서 에조가 어떤 민족이었는지에 관해 정해진 답이 없다. 일반적으로 현재 홋카이도에 남아 있는 일본 열도 원주민인 아이누족과 같은 민족이라는 주장이 있지만, 에조와 아이누족이 상관없으며 오히려 변방에 살던 일본인의 일파라고 반박하는 주장도 있기 때문이다.

에조인은 콧수염과 턱수염을 무척 길게 길러서 한눈에 봐도 일본인과는 사뭇 다른 모습이다. 일본 역사에서는 에조인을 가리켜 하이(蝦夷)라고 불렀는데, 턱수염을 기른 모습을 새우에 비유해 부른 이름이었다. 이러한 특징은 오늘날 홋카이도나 사할린에 사는 아이누족에게도 나타난다. 이 때문에 에조는 아이누족과 같은 민족이라는 주장이 설득력을 얻고 있다.

이런 이유로 에비스는 일본인이 아닌 에조인이 섬기던 바다와 고기잡이의 신으로, 서기 9~10세기 무렵 일본인이 무력으로 에조인을 정복하면서 그들이 섬기던 신앙을 받아들인 것이라는 추정도 가능하다.

일본의 역사 기록을 보면 에조인은 말을 타고 활을 쏘거나 칼을 휘두르는 전투에 능숙한 기마병이었다고 한다. 에조인을 정복하러 갔던 일본 군대가 그들의 기마 전술을 보고 배워 훗날 말을 타고 활을 쏘며 칼을 휘두르는 사무라이가 등장했다고 한다. 그러니까 일본의 사무라이는 에조인에게서 물려받은 유산인 셈이다.

에비스는 일본에서 바다로 나가 물고기를 잡는 어부들한테 널리 숭배를 받았다. 어부들은 배에 물고기를 가득 싣고 항구로 돌아오는 이른바 만선을 기원하는 뜻에서 에비스를 그린 깃발을 달고 바다로 나갔다. 일본 각지의 어촌에서는 돌고래와 고래, 그리고 고래상어를 에비스라고 불렀으며 지금도 이런 바다 동물들을 에비스가 모습을 바꿔 나타난 화신으로 여겨 신으로 숭배하는 지역이 존재한다. 일본의 어부들은 고래와 고래상어가 나타나면 에비스가 물고기를 넉넉하게 잡게 도와준다는 생각을 지니고 있다. 이는 다랑어(참치) 같은 물고기들이 있는 곳에 고래와 고래상어가 같이 나타나는 상관관계에서 유래한 믿음이라고 할 수 있다. 한편 일본 서부 시코쿠와 오키섬에서는 낚시할 때 쓰는 찌를 에비스라고 부르기도 한다. 이 또한 에비스가 낚시와 낚시꾼들의 수호신임을 보여주는 증거다.

일본의 어촌에서는 바다에 떠밀려서 온 죽은 고래 같은 생물의 사체를 에비스라고 부르기도 하는데, 이러한 풍습은 바다의 신인 에비스가 자신을 숭배하는 사람들을 위해서 좋은 것을 공짜로 보내준다는 믿음이 반영된 흔적이다. 게르만족이 숭배하는 북유럽의 천둥신인 토르가 자신을 숭배하는 사람들한테 식량으로 쓰도록 물고기를 보내준다는 믿음이 북유럽 지역에 널리 퍼져 있는 것도 참고할 만하다.

이 밖에 에비스를 고기잡이나 바다의 신이 아니라 단순한 물의 신으로 여기는 민간 신앙도 일본에 존재한다.

006 다이하치오지

다이라 가문과 미나모토 가문이 일본의 지배권을 놓고 경쟁한 겐페이 전쟁 때의 상황을 묘사한 문헌인 《헤이케모노가타리》를 보면, 히요시(日吉) 신사에서 숭배하던 신인 다이하치오지(大八王子)가 자신을 숭배하는 신관들에게 활을 쏘아 다치게 한 무사한테 천벌을 내렸다는 이야기가 실려 있다.

1095년 3월 2일, 미노(美濃) 지역의 태수인 미나모토노 요시쓰나(源義綱)는 자신의 지역에 합법적이지 않게 만든 장원을 폐쇄해버렸는데, 그 과정에서 엔라쿠지 출신의 승려인 엔노과 다툼을 벌이다 그를 죽이는 사고를 저질렀다. 이 소식을 듣고 엔라쿠지, 그리고 그와 친밀한 관계였던 히요시 신사에서 승려와 신관 각각 30여 명이 고소장을 가지고 대궐로 향하여 요시쓰나의 잘못을 고발하려고 했다.

그러나 이들의 항의에 대해 조정의 고위 관직인 관백에 있던 모로미치가 부하들을 시켜 대궐로 들어가지 못하도록 막았다. 관백의 지시를 받은 무사들은 승려와 신관 들을 향해 화살을 퍼부었다. 이로 인해 18명이 죽거나 다쳤으며 나머지 사람들은 달아나버렸다.

엔라쿠지에서 왕한테 이 사실을 알리려고 하였으나 그조차 관백의 부하 무사들이 길을 막고 서서 연락하지 못하게 차단했다. 이에 분노한 엔라쿠지의 승려들은 히요시 신사에서 숭배하는 신을 모신 가마를 가져와서는 그 앞에서 7일 동안 불경을 암송하면서 "우리 동료들에게 화살을 쏘아 죽고 다치게 한 관백 모로미치한테 천벌을 내려주십시오. 다이하치오지의 신이시여!" 하고 기도를 올렸다.

그날 밤, 신사에서 요란한 소리를 내며 효시(嚆矢, 구멍이 뚫린 촉이 달려 있어서 쏘면 날카로운 소리를 내는 화살)가 날아가는 모습을 사람들이 꿈에서 보았다. 다음 날 아침 모로미치가 잠에서 깨어나 창문을 열자, 그 앞에 이슬에 젖은 나뭇가지 하나가 서 있었다. 그러더니 모로미치는 온몸이 아프다며 자리에 앓아누웠는데 신음을 내며 "내가 이렇게 갑자기 병에 걸린 것은 히요시 신령이 나한테 화가 나서 벌을 내렸기 때문이다." 하고 중얼거렸다.

갑작스러운 아들의 병에 가슴이 덜컥 내려앉은 모로미치의 늙은 어머니는 히요시 신령이 화가 나서 아들한테 벌을 내렸다는 소리에 낡은 옷을 입고 히요시 신사를 방문하여 일주일 동안 낮과 밤을 가리지 않고 "제가 불상을 만들어 공양하고, 1000일 동안 신령님을 섬기면서 히요시 신사부터 하치오지 사당까지 지붕이 달린 회랑을 지어서 바치겠으며, 하치오지 사당에서 법회를 매일같이 열겠습니다. 그러니 제발 제 아들을 살려주십시오." 하고 빌었다.

그렇게 일주일이 다 되어가던 날 밤에 신사에서 기도하고 있던 어린 소년 무당한테 히요시의 신이 내려 사람들한테 이렇게 말했다.

"관백의 어머니가 직접 찾아와 내게 엎드려 빌었다. 하지만 관백의 부하들이 나한테 화살을 쏘아서 너무나 고통스럽구나. 그러니 도저히 관백이 제 수명을 다하게 내버려둘 수는 없다. 하지만 법회를 열겠다는 부탁 때문에 곧바로 거두어가려던 관백의 수명을 3년만 늘려주겠다. 그 이상은 안 된다."

그 일이 있고 나서 모로미치의 증상은 깨끗이 사라졌다. 하지만 정확히 3년이 지나자 모로미치는 머리에 종기가 생겨 앓아누웠다가 6일 후인 1097년 6월 27일에 죽고 말았다.

그 후로도 엔랴쿠지의 승려들이 히요시 신사에서 가져온 가마를 들고 궁궐로 가자, 조정의 무사들이 화살을 쏘아대어 수많은 승려가 죽거나 다쳤다. 한번은 대궐에서 원인을 알 수 없는 불이 났다. 처음에는 작은 불이었으나 동남풍이 세차게 불자 순식간에 대궐 전체로 번지며 큰불로 변해 귀족들의 저택이 화마에 휩쓸려 16채나 불타고 말았다. 수백 명의 사람과 가축들이 불에 타 죽었고 숱한 문헌과 보물들이 불에 타서 사라졌다.

이 화재 사건을 두고 사람들은 "무사들이 승려들한테 활을 쏜 것에 대해 히요시의 신령이 내린 천벌이다. 히에이산에서 신령의 사자인 원숭이 3000마리가 손에 횃불을 들고 내려와 궁궐에 불을 지르는 꿈을 꾼 사람이 많다"고 놀라워하면서 이야기를 주고받았다.

007 축복을 내려주는 신들

다노카미(田の神)는 농사일을 관장하고 풍요를 주는 신들을 부르는 이름이다. 그들은 산의 신들과 동일시되기도 하며 보통 농부들로부터 숭배를 받는다.

다이코쿠(大黑)는 축복과 행운을 주는 신이다. 두 개의 쌀가마 위에 앉아서 자루를 메고 오른손에 방망이를 들고 있는 뚱뚱한 남자의 모습으로 그려진다. 황금으로 다이코쿠의 작은 신상을 만들어 가지고 있으면, 풍요의 축복을 받는다는 믿음이 있다. 또한 일본의 민간에는 다이코쿠의 방망이가 흔들리면 돈이 쏟아져서 그것을 줍는 사람은 부자가 된다는 신앙이 있다. 그런데 다이코쿠는 순수한 일본의 신이 아니라 일본에 전래된 불교의 신 중 하나인 마하칼리, 곧 힌두교의 3대 주신인 시바의 다른 이름이다.

도요우케비메노카미(豊宇気毘売神)는 식량을 지키는 여신으로 곡식의 신인 이나리와 동일시된다. 아마테라스를 낳은 이자나기의 증손녀이며 이세 신궁이 도요우케비메노카미를 숭배하는 신앙의 중심지다.

류진(龍神)은 글자 그대로 천둥과 비를 다스리는 신으로 용의 형상을 하고 있다. 류진은 일본의 민간 신앙에서 무척 중요하게 여겨지는데, 비를 내리는 힘을 갖고 있기 때문에 농부들로부터 숭배를 받고 있다. 류진은 보통 육지의 호수와 연못, 그리고 바닷속에 살고 있으며 바람과 안개에 휩싸여 하늘로 올라간다. 류진을 섬기는 일본의 축제가 매년 6월에 열린다. 류진 또한 일본의 순수한 신이 아니라 중국에서 건너온 신이다.

마쓰오(松尾)는 쌀로 빚어 만드는 일본의 전통 술인 사케를 만드는 양조 업자들을 지켜주는 술의 신이다. 1000년 동안 일본의 수도였던 교토에서 는 마쓰오 신상을 가마에 태워 배에 싣고 강에서 노를 젓고 사케를 마시며 해마다 맛있는 술을 빚게 해달라고 기원하는 축제를 연다.

벤자이텐(弁才天)은 행운을 주는 칠복신(七福神) 중에서 유일한 여신인데, 자신을 섬기는 사람들에게 행운을 안겨준다. 벤자이텐은 음악의 여신이기 도 하여 손에 비파를 든 모습으로 묘사되기도 한다. 벤자이텐은 결혼한 부 부를 질투하기 때문에 일본인은 부부가 함께 신사에 방문하는 것을 금기로 여긴다. 부부가 너무 행복해하는 모습을 보이면 벤자이텐이 질투하여 재앙 을 내릴지도 모르기 때문이다. 벤자이텐 역시 일본 고유의 신이 아니라 불 교에 의해 인도로부터 전해진 여신인 사라스바티다.

비샤몬(毘沙門)은 행운을 주는 칠복신 중 하나로 갑옷을 두르고 한 손에 창을 들고 다른 손에 탑을 든 형상으로 묘사된다. 비샤몬 역시 벤자이텐처 럼 불교에 의해 인도에서 전해진 신인 바이스라바나다.

야마노카미(山の神)는 글자 그대로 산의 신이다. 야마노카미는 봄이 되면 산에서 마을로 내려와 겨울이 되면 산으로 돌아간다. 일본에서는 야마노카 미가 내려오는 것을 기념하여 축복을 베풀어주기를 기원하는 마음을 담아 매년 축제가 열린다.

오야마쓰미(大山津見)는 일본의 산신 중에서 나이가 가장 많으며 산신들 을 다스리는 최고의 산신이다. 이자나기의 아들로 산이 많은 일본에서는 매우 중요한 신으로 여겨진다.

와카토시노카미는 아내인 와카사나메노카미와 더불어 벼를 자라게 하는 일을 관장하는 신이다. 이 부부 신은 불교 승려들로부터 숭배를 받는다.

수이진(水神)은 글자 그대로 물의 신을 부르는 호칭이다. 호수와 연못에서 살며 사람들 앞에 주로 뱀과 장어와 물고기 모습으로 나타난다. 수이진은 여성들이 숭배하는데 이들의 지도자가 미즈하노메다. 이들을 잘 섬기면 축복을 받아 물고기를 많이 잡을 수 있다고 믿었다.

야마다노소호도(山田之曾富騰)는 허수아비의 신이다. 원래 농부들이 장난삼아 만든 허수아비였는데 신비한 힘이 깃들어 진짜 신이 되었다. 야마다노소호도는 줄여서 소호도라고도 불린다. 걷지는 못하지만 세상의 일을 항상 보고 있어서 모든 것을 알고 있다고 여긴다. 일본의 농부들은 곡식을 쪼아먹는 새를 쫓아내어 벼가 잘 자라게 해달라고 소호도한테 기원하며 매년 축제를 연다.

008 지켜주는 신들

시나쓰히코(志那都比古)는 일본 신화에서 바람의 신이다. 바람의 여신인 시나쓰히메(志那都比売)와 부부 사이다. 시나쓰히코는 아침에 바람을 일으켜 안개를 흩어버리고 사람들이 집 밖 세상을 편하게 볼 수 있도록 도와준다. 그는 바람의 신이기 때문에 바다에서 배를 탈 때 좋은 바람이 불기를 기원하는 어부나 선원들로부터 크게 숭배를 받았다. 여름철 무더위를 온몸으로 견디며 논과 밭에 나가 일하는 농부들 역시 시원한 바람이 불기를 기대하는데, 이런 이유로 시나쓰히코는 농부들로부터도 숭배를 받았다.

일본의 민간 신앙에 의하면 시나쓰히코는 1274년과 1281년, 원나라의 군대가 일본을 침공했을 때 밤새도록 큰 태풍을 불러일으켜서 원나라 군대가 탄 함대를 모조리 바닷속에 가라앉혀 일본을 외국의 침입에서 구했다고 한다.

태풍이 불기 전까지 일본 군사들은 원나라 군대에 일방적으로 밀리는 수준이었다. 그런데 태풍으로 원나라 함대가 궤멸하자 일본 군사들이 반격에 나설 수 있었고, 보급이 두절되어 떠도는 신세로 전락한 원나라 군사들을 싸워 이길 수 있었다. 이런 배경 때문인지 일본은 1940년대에 미국과 전쟁을 벌였을 때 전황이 불리해지자 13세기처럼 신의 바람이 불어서 미국을 물리쳐주기를 바라는 마음으로 가미카제(神風) 특공대를 만들기에 이르렀다.

스미요시산진(住吉三)은 바다와 그 권역에서 살아가는 어부와 선원 들을 지켜주는 신이며, 무나카타노카미(宗像神)에 그 이름이 포함된다. 무나카타노카미는 어부와 선원을 지켜주는 바다의 세 신을 합하여 부르는 이름이다. 무나카타노카미는 시를 읊는 시인들의 수호신이면서 더러움을 깨끗이 씻어주는 정화의 역할도 맡고 있다.

가구쓰치노카미(迦具土神)는 불의 신으로 일본의 히마쓰리(火祭) 축제에서 숭배를 받는다. 불을 다스리기 때문에 더러움을 씻는 정화 의식을 중요시하는 일본의 전통 신앙인 신도에서 정화를 담당하는 신이기도 하다. 일본 교토의 아타고산에는 가구쓰치노카미를 섬기는 신사가 있다. 그를 숭배하면 불의 재앙으로부터 보호받는다는 믿음이 있어서 부적을 받으려는 사람들이 이곳을 방문한다.

나이노카미(地震神)는 지진을 일으키는 신이다. 옛날 일본인은 지진을 번개, 화재, 아버지와 더불어 네 가지 무서운 재앙으로 여겼다. 이 때문에 지진의 신을 중요하게 여겨 그를 잘 달래어 지진을 막고자 했다. 혹시 지진이 일어난다면 피해를 최소한으로 줄여달라고 빌기도 했다.

다케미카즈치노카미(建御雷神)는 천둥과 폭풍과 비를 다스리는 번개의 신들인 라이진(雷神) 중 하나로, 일본 왕실의 조상인 니니기가 하늘에서 내려왔을 때 그를 옆에서 지킨 신 중 하나다. 일본의 신도 신앙에서 다케미카즈치노카미는 전쟁과 무사와 유도 선수 들을 지켜주는 신이다.

미나토노카미(水戸神)는 강 입구와 어귀를 지키는 신으로 이자나기가 몸을 씻을 때 태어난 아들이다.

미이노카미(御井神)는 이름처럼 우물을 지키는 신이다. 집에서 필요한 물을 퍼올리는 우물을 다스리면서 사람들한테 물을 주는 역할을 맡았다. 미쿠라타나노카미(御倉板擧之神)는 집과 그 집에 딸린 창고를 지켜주는 신이다. 미토시노카미(御年神)는 쌀을 비롯한 농작물을 지켜주는 농업의 수호신이다.

수쿠나히코나(少彦名)는 뱀과 벌레와 동물이 사람한테 끼치는 병으로부터 사람들을 낫게 해주는 신이다. 또한 그는 장사꾼들을 지켜주는 신이기도 하다. 후쓰누시노카미는 니니기 왕자를 따라서 땅으로 내려온 하늘의 신이다. 그는 전쟁을 담당하는 신이기도 했으며 훗날 무사들과 유도 선수를 지켜주는 역할도 맡았다.

호무스비노카미와 히노카구쓰치노카미는 불의 신인데, 다른 불의 신들처럼 불의 재앙으로부터 신도(信徒)를 보호하는 역할을 맡았다.

하치만은 전쟁의 신인데, 고대 일본을 다스린 응신 왕이 죽어서 변한 모습으로 본다. 일본의 무사들이 열렬히 숭배했다. 무사들은 전쟁터에서 적과 싸울 때 마음속으로 하치만에게 용기를 달라고 기원했다고 한다.

009 그 밖의 신들

노미노스쿠네(野見宿禰)는 일본의 씨름인 스모의 신이다. 그는 원래 스이닌 왕이 다스리던 고대 일본에서 스모를 하던 이즈모(出雲) 지역의 장사였다. 노미노스쿠네는 야마토(大和) 지역의 장사인 다이마노케하야(當麻蹶速)와 일본 역사상 최초로 스모 대결을 벌였다. 이 싸움에서 노미노스쿠네가 다이마노케하야의 갈비뼈를 발로 차서 죽여버렸다고 한다. 힘이 센 장사인 다이마노케하야를 스모 대결에서 이긴 일로 인해 노미노스쿠네는 죽어서 스모의 신으로 숭배받게 되었다.

다오키호오이노카미(手置帆負神)는 목공에 능숙한 솜씨를 가진 신으로 목수들의 수호신이다. 그는 태양의 여신인 아마테라스가 스사노오의 횡포에 겁을 먹고 굴속에 숨어버리자 그녀를 나오게 하기 위해서 신들이 모이는 집회장을 만들었다.

아메노미나카누시노카미(天之御中主神), 다카미무스히노카미(高御産巣日神), 가미무스히노카미(神産巣日神), 이들은 태초에 나타난 신으로 성별이 없으며 누구에 의해 창조되지 않고 스스로 존재했다. 이들은 중국 도교의 옥청원시천존(玉清元始天尊), 상청영보도군(上清靈寶道君), 태청태상로군(太清太上老君) 같은 추상적인 철학에서 유래한 신들로 일본인들만 숭배하는 존재는 아니다.

미즈하노메(罔象神)는 이자나미가 불의 신인 히노카구쓰치를 낳다가 불에 음부가 타서 병에 걸린 와중에 흘린 오줌에서 탄생한 물의 여신이다. 미치노카미(道神)는 도로와 교차로 같은 길의 통행을 다스리는 신이다. 또한 전염병으로부터 신도를 지켜주는 역할도 맡고 있다.

아마쓰마라(天津麻羅)는 대장장이의 신으로 눈이 하나밖에 없어서 덴모쿠(天目)라고도 불린다. 그는 아마테라스를 굴 안에서 나오게 하기 위해 거울을 만들었다. 와카히루메는 아마테라스와는 다른 태양의 여신인데, 아마테라스의 알려지지 않은 누이이거나 혹은 아마테라스의 다른 이름이었다고 추정한다.

히히야히노카미는 와카히루메와 다른 태양의 신이고 성별은 남성이다. 그는 지위가 낮은 태양신인데, 가구쓰치노카미의 피에서 태어났으며, 그렇기 때문에 신사에서는 불의 신들과 함께 숭배되었다. 그를 숭배하는 일본인은 해가 뜰 때 집 밖으로 나가서 동쪽을 쳐다보고 허리를 숙여 절한 다음에 손바닥을 치는 의식을 한다.

히루코도 와카히루메와 히히야히노카미처럼 태양의 신인데, 지위가 매우 낮은 데다가 어떤 역할을 하는지 잘 알려지지 않았다.

후토다마는 아마테라스가 굴속으로 숨어버리자 그녀를 나오게 하기 위해서 주술을 담은 여러 가지 물건을 모아 거울 앞에 놓고 주문을 외워서 아마테라스가 다시는 굴속으로 숨지 못하게 했다. 그는 일본 왕실의 선조인 니니기를 지키는 역할을 맡았기 때문에 왕실의 수호신으로 여겨진다.

후쿠로쿠주는 행운을 주는 칠복신 중 하나로 대머리를 하고 있으면서 이마가 높이 솟고 키가 작으며 지팡이에 책을 묶고 다니는 노인 형상으로 그려진다. 그의 상징은 학과 사슴과 거북인데 모두 오래 사는 짐승들이어서 건강한 수명을 담당하는 신으로 숭배된다. 후쿠로쿠주는 순수한 일본의 신이 아니라 중국에서 들어온 도교의 신이다.

후진은 바람의 신으로, 어깨에 바람이 잔뜩 들어간 자루를 맨 형상으로 그려진다. 호테이는 행운을 주는 칠복신 중 하나로 살찐 불교 승려의 모습으로 묘사된다. 아무리 남에게 주어도 결코 안에 담긴 물건이 다 없어지지 않는 신비한 힘이 있는 자루를 가지고 있다. 그 역시 일본의 고유한 신이 아니라 중국에서 들어온 불교의 부처 중 하나로 추정한다.

하라야마쓰미는 산의 신으로 숲이 울창한 곳을 좋아한다. 고대 일본은 지금과는 달리 개간이 제대로 되지 않아서 산 곳곳마다 숲이 우거졌기에 사람이 잘못 들어가면 길을 잃고 헤매다 죽는 일이 잦았다. 그래서 옛날 일본인은 숲에 들어가기 전에 마음속으로 하라야마쓰미에게 숲에서 무사히 나가게 해달라는 기도를 올리곤 했다.

하니야스히코와 하니야스히메는 도자기를 빚는 기술자인 도공을 지켜주는 신이다. 두 신은 부부 관계인데 원래는 이자나미의 똥에서 태어난 진흙의 신들이었다.

구쿠키와카무우쓰나네노카미는 집을 지켜주는 수호신이다. 구쿠토시노카미는 농작물의 신으로 특히 쌀을 거둘 때 수확의 정도를 정해주었다. 이 신을 기쁘게 하면 더 많은 수확을 얻을 수 있다고 한다.

3

영웅과 악당

010 일본 최초의 왕,
진무

일본의 문헌인 《고사기》와 《일본서기》에 의하면, 일본 역사상 최초의 왕은 태양의 여신인 아마테라스의 후손인 진무(神武)라고 한다. 진무는 처음부터 일본 전체의 왕이었던 것이 아니라 일본 서부 지역인 규슈의 북쪽인 다카치호노미야(高千穂宮)만을 다스렸다고 한다. 진무는 무기를 가진 군대를 이끌고 동쪽으로 원정하여 토착 세력을 정복하고 차츰 영토를 넓혀갔다. 왕의 자리에 오르기 전, 진무는 가족을 불러 모아서 이렇게 연설했다고 한다.

"우리의 조상이 하늘에서 내려와 이 땅을 다스린 지가 179만 2470년이나 되었다. 이곳은 평화롭게 잘 다스려지고 있으나 먼 동쪽 지역에 사는 사람들은 평화를 누리지 못하고 고통 속에 지내고 있다. 그런 이유로 나는 동쪽 사람들한테 신의 은혜와 평화를 누리게 해야 한다고 본다."

이 말에 모두 동의하면서 진무의 동방 정벌이 시작되었다. 진무가 이끈 원정군은 규슈 북부에서 배를 타고 동쪽 바다를 건너 지금의 오사카에 상륙했고, 거기서 이코마산으로 진격했는데 나가스네히코(長髓彦)라는 사람을 지도자로 하는 군대가 나타나 진무의 원정군과 맞서 싸웠다.

나가스네히코가 이끄는 군대의 기세가 강력해서 진무의 원정군은 궁지에 몰리며 곤욕을 치렀다. 그때 하늘이 갑자기 어두워지더니 어디에선가 온몸이 황금색인 까마귀 한 마리가 나타나서는 진무의 활 끝에 앉았다. 까마귀로부터 눈부신 빛이 뿜어져 나와 나가스네히코의 군사들은 눈을 뜨지 못했다. 그 틈을 노려 진무는 나가스네히코의 군대를 섬멸할 수 있었다.

진무의 군대가 구마노(熊野)에 이르렀을 때, 그곳의 신이 사나운 곰으로 변하여 입김을 뿜어냈다. 그 입김을 들이마신 진무와 군사들은 모두 깊은 잠에 빠졌다. 그러자 다카쿠라지라는 사람이 나타나 진무한테 하늘의 신들이 준 보검인 후쓰노미타마(布都御魂)를 바쳤다. 잠에서 깬 진무는 곰으로 변한 신을 죽이고 구마노를 평정했다.

이렇게 진무는 가시와라를 도읍으로 하여 일본의 첫 왕이 되었다. 《일본서기》에 의하면 이때가 음력으로 기원전 660년 2월 18일, 양력으로 계산하면 2월 11일인데, 이날을 일본의 역사가 시작된 기원절이라고 하여 1872년부터 국경일로 삼고 있다.

일본에서 진무 왕을 숭상하는 시각만 있었던 것은 아니었다. 1880년 《도쿄새벽신문(東京曙新聞)》은 "진무 왕은 원래 지방의 한 호족(豪族)에 불과하다"라는 내용의 글을 실었다. 1881년 민권운동가인 마에지마 도요타로(前島豊太郎)는 "진무 임금은 새로운 도적이다"고 낮춰보았으며, 1882년 다른 민권운동가인 오바 나리아키(大庭成章)는 아예 "진무 왕은 다른 나라에서 와서 일본을 빼앗은 큰 도적이다"라고 맹렬히 비난하는 발언을 한 바 있다.

도요타로와 나리아키의 말이 다소 지나친 듯하지만, 《고사기》와 《일본서기》의 내용을 놓고 본다 해도 크게 틀린 말은 아니다. 사실 고문헌에 묘사된 진무 왕의 동방 정복 기록은 외국인이 낯선 땅인 일본에 들어와서 토착 세력을 힘으로 제압하고 지배하는 과정을 신격화한 것이라고 볼 여지가 있기 때문이다.

현대 일본 역사학계에서도 진무 왕은 실존 인물이 아니라는 주장이 통설이다. 《일본서기》에 의하면 진무 왕이 기원전 660년에 즉위했다고 하는데, 문제는 이 무렵 일본에는 역사를 기록할 도구인 글자가 없었다. 서기 5세기에 백제의 왕인 박사가 방문하여 한자를 가르쳐주기 전까지 일본에는 글자가 없었다. 진무 왕의 동방 원정 기록은 기원전 660년 무렵에 기록된 것이 아니라 훨씬 후대에 기록된 것일 테니 얼마나 믿을 수 있을지 의문이다.

아울러 고고학적인 발굴 결과를 봐도 기원전 660년 무렵의 일본에서 군대를 갖추고 정복 전쟁을 벌일 만큼 체계를 갖춘 국가 조직은 등장하지 않았다. 그 때문인지 일설에 의하면 진무 왕의 동방 정벌에 등장하는 내용 중 대부분은 일본의 열다섯 번째 왕인 응신(應神) 시절에 있었던 동방 정복 내용을 그대로 베낀 것이라고도 한다.

011 일본의 전설적인 영웅 야마토 다케루

　신화와 역사가 분리되지 않았던 시절 고대 일본에서 가장 위대한 영웅을 꼽으라고 하면 일본인은 야마토 다케루(倭建命)를 지목한다.

　다케루는 일본의 열두 번째 왕인 게이코의 아들로 태어났다. 다케루의 형이자 게이코의 큰아들인 오우스(大碓)는 아버지에게 바쳐야 할 여인을 차지하고는 다른 여자를 바쳤다. 오우스는 자신이 차지한 여인을 데리고 궁궐에 들어가지도 않은 채 집 안에 틀어박혀 즐기느라 시간을 낭비하고 있었다.

　이를 이상하게 여긴 게이코가 다케루한테 오우스를 데려오라고 지시했다. 오우스가 한 짓을 알아낸 다케루는 화가 나서 형의 손과 발을 찢어 죽인 다음 멍석에 싸서 내던져버렸다. 그리고 이 사실을 아버지에게 보고하며 자신이 한 일이 정당했다고 알렸다.

　게이코는 다케루의 강력한 힘을 두려워한 나머지 그에게 서쪽 구마소 지역의 호족인 구마소타케루를 정벌하라고 명령했다. 다케루는 구마소로 향했고, 곧바로 구마소타케루의 집을 찾아갔다. 마침 구마소타케루는 잔치를 벌이던 중이었는데, 다케루는 아름다운 여자로 변장하고는 구마소타케루의 여자들 사이에 숨어들었다. 잔치가 한창 진행되어 구마소타케루와 그의 동생이 술에 취해 정신을 잃고 있을 무렵, 다케루는 숨겨놓은 단검으로 형제를 찔러 죽였다.

죽어가던 다케루 형제는 "우리는 세상에서 으뜸가는 용사인데, 우리를 죽이다니 너야말로 세상에서 가장 훌륭한 용사다. 이제부터 네가 다케루다"라는 유언을 남겼다. 사실 다케루의 원래 이름은 오우스(小碓)였다. 다케루 형제를 죽인 일을 기념하여 다케루라는 이름을 쓰게 되었다.

다케루는 구마소에서 돌아오는 도중 이즈모 지역의 호족인 이즈모타케루를 찾아갔다. 그러고는 이즈모타케루에게 수영을 하자고 제안했다. 다케루는 이즈모타케루가 수영하고 있는 사이에 서둘러 나와 그의 칼을 자신이 가져온 나무칼과 바꿔치기한 다음 검술 시합을 벌여 그를 손쉽게 죽여버렸다.

이렇게 구마소와 이즈모의 호족을 평정한 다케루는 아버지에게 돌아가서 자신이 한 일들을 보고했다. 게이코는 다케루의 공적을 축하하고 포상을 내리기는커녕 오히려 동쪽에서 난폭한 짓을 저지르는 신과 도적 들을 퇴치하라며 새로운 명령을 내렸다. 쉬지도 못한 채 생명이 위태로운 전쟁터로 또 나가야 하는 신세가 된 다케루는 숙모인 야마토히메를 찾아가서 하소연했다.

"왕은 아마도 저를 전쟁터로 보내 죽이려고 하는 것 같습니다. 서쪽과 동쪽으로 계속 보내어 싸우도록 하니 말입니다. 제 생명을 지킬 방도가 없을까요? 아신다면 부디 가르쳐주시길 바랍니다."

그러자 야마토히메는 구사나기의 검과 자루를 주면서 위험한 순간에 자루의 입구를 열어보라고 알려주었다.

다케루는 오와리 지역의 여인 미야즈히메를 찾아가서 자신이 임금의 명을 받들어 전쟁터로 나간다는 사실을 알리고 돌아오는 길에 그녀를 찾겠다고 하고는 출정했다.

다케루는 스모우 지역에서 도적들을 만났는데, 그들은 다케루를 죽이기 위해서 다케루가 울창한 풀 속에 있는 사이에 불을 질렀다. 불이 맹렬한 기세로 번져 가만히 있으면 꼼짝없이 타 죽고 말 처지라서 타케루는 구사나기의 검으로 풀을 베고 불길에서 빠져나와 남은 도적을 모두 죽였다.

동쪽으로 향한 다케루는 달리는 물의 나루터에서 파도를 조용하게 하여 무사히 건넜으며, 그런 후에 고향으로 돌아가는 길을 택했다. 다케루는 아시가라의 고개에서 하얀 사슴으로 둔갑한 아시가라의 신을 산달래로 때려 죽였다. 다케루는 가이와 시나노에서도 신을 죽이고 오와리 지역으로 돌아와 미야즈히메와 정식으로 결혼하여 부부가 되었다.

다음 날 아침, 다케루는 구사나기의 검을 아내한테 넘겨주고는 이부키산의 신을 물리치러 떠났다. 그는 그곳에서 하얀 멧돼지로 둔갑한 신을 만났다. 다케루는 신을 우습게 보면서 나중에 물리치겠다고 말하며 산으로 올라갔는데, 곧바로 쏟아진 우박을 맞고 큰 상처를 입고 말았다. 다친 다케루는 산을 내려와서 노보누에 도착하고는 아내와 고향을 그리워하다 죽고 말았다. 죽은 다케루의 영혼은 새가 되어 하늘로 날아갔다고 전해진다.

012 할복의 원조 미나모토노 다메토모

명예가 실추되거나 억울한 죄를 뒤집어쓰게 되었을 때 결백을 증명하기 위해 칼로 배를 갈라 목숨을 끊는 할복 풍습이 대략 1000년 동안 이어졌다. 할복을 일본 역사상 처음으로 행한 사람은 12세기 일본의 무사 미나모토노 다메토모(源爲朝, 1139~1170)였다.

미나모토노 다메토모는 1156년 일본의 왕위를 둘러싸고 벌어진 내전인 호겐(保元)의 난에서 활약한 장수다. 그의 용맹함은 호겐의 난을 묘사한 군기 소설인 《호겐모노가타리(保元物語)》에 자세히 언급되는데, 7척(213센티미터)의 키에 왼쪽 팔이 오른쪽 팔보다 4촌(13센티미터)이나 길었다고 한다. 특히 기다란 왼쪽 팔로 크고 강한 활을 당기는 궁술에 뛰어난 무사였다고 전해진다. 지나치게 강한 힘 덕분에 거칠고 오만한 성격을 지녀서 형들을 상대로 건방지게 굴었고, 그 때문에 아버지인 미나모토노 다메요시(源爲義)는 다메토모가 13세 되던 해에 일본 서부 규슈로 쫓아내기도 했다.

하지만 다메토모는 히고국(肥後國)의 호족인 다이라노 다다쿠니(平忠國)의 사위가 되었고, 기쿠치 씨(菊池氏)와 하라다 씨(原田氏) 등 규슈의 호족들을 상대로 수십 번의 전쟁을 벌이고 3년 만에 규슈를 평정하는 용맹함을 떨쳤다. 이런 사실이 교토의 조정에 보고되자 1154년 조정에서는 다메토

050

모한테 교토로 오라는 명령을 담은 글을 보냈다. 이에 1155년 다메토모는 규슈에서 사권 28명의 무사를 데리고 교토로 향했다.

1년 후인 호겐(保元) 원년(元年) 1156년, 스토쿠(崇德) 상왕(象王, 왕위를 물려주고 퇴위한 사람)과 고시라카와(後白河) 왕이 거세게 대립하면서 일본 각지의 무사를 불러들였는데, 이때 다메토모는 아버지인 다메요시와 함께 스토쿠 상왕을 지지하는 편에 가담했다. 반면 다메요시의 큰아들인 미나모토노 요시토모(源義朝)는 스토쿠보다 고시라카와 편에 서는 것이 이익이라 판단하고 아버지와 동생한테 맞서게 되었다. 이때 고시라카와 편에는 요시토모뿐만 아니라 다이라노 기요모리(平清盛)가 이끄는 다이라 가문의 무사들이 대거 가담하고 있었다.

다메토모는 5명이 힘을 합쳐야 시위를 당길 수 있는 크고 긴 활과 3척 5촌 길이의 타치(太刀, 큰 칼)를 차고서 새벽에 시라카와궁(白河宮)으로 쳐들어오는 고시라카와 편의 무사들과 맞서 싸웠다(1156년 7월 11일). 이때 다메토모가 화살을 당겨서 쏘면, 두 사람의 몸을 뚫어버리거나 사람과 말을 한꺼번에 꿰뚫어 죽게 할 만큼 강력했다. 그 모습을 본 다이라노 기요모리가 "이 공격은 나도 도저히 당해낼 수 없다!"며 겁을 먹고 달아날 만큼 다메토모의 활 솜씨와 용맹이 돋보였다.

다메토모의 무서운 힘을 실감한 고시라카와 편의 무사들은 정면으로 다메토모와 싸워 이길 수는 없으니 시라카와궁에 불을 지르자고 의견을 모으고 실행했다. 고시라카와 편의 무사들이 궁에 불을 지르자 용맹한 다메토모도 버틸 재간이 없어서 아버지와 함께 달아나다 체포되었다. 다메요시는 고시라카와 왕의 명령으로 죽임을 당했으나 다메토모는 용맹이 워낙 뛰어나 목숨을 건지는 대신 활을 쏘지 못하도록 팔꿈치의 힘줄이 잘리는 벌을 받고 이즈(伊豆) 제도로 유배되었다.

이즈의 오시마(大島)로 귀양을 간 이후, 다메토모는 섬의 관리인 사부로 다이후 다다시게(三郎大夫忠重)의 딸과 결혼하여 아들 다메요리(爲賴)를 얻었다. 잘린 힘줄이 회복된 다메토모는 다시 활을 쏠 수 있게 되었다.

에이만(永万) 원년(元年)인 1165년, 다메토모는 이즈 제도의 동쪽인 오니가시마(鬼ヶ島)로 모험을 떠났는데, 이 섬에는 귀신의 자손이라 불리며 몸이 검은 털로 뒤덮인 거인들이 살고 있었다. 다메토모는 그들이 보는 앞에서 활로 하늘의 새 한 마리를 쏘아맞추는 용맹을 보여 두려움을 샀고, 섬의 이름을 노지마(蘆島)라고 고친 다음 거인 한 명을 오시마로 데려왔다.

그러나 1170년 다메토모가 이즈 제도의 주민들한테 조정에 바치는 세금을 내지 못하게 막고 섬의 주민이 가진 활을 불에 태우게 하는 등 행패를 부린다는 사실이 조정에 보고되자, 조정은 다메토모를 토벌하기 위해 군대를 보냈다. 자신을 죽이러 온 군대를 보자 다메토모는 화살을 한 대 쏘아 300명이 타고 있는 배를 침몰시킨 다음 아들을 죽이고 자신도 할복해 자결하고 말았다.

살아생전 다메토모는 난폭함 때문에 이즈 제도의 주민들한테 미움을 받았으나 죽고 나자 나쁜 기억이 사라졌는지 그의 힘과 용맹함을 높이 사 이즈 제도에서 숭배의 대상이 되었다. 이즈 오시마에는 다메토모를 기리는 비석이 세워져 있고, 이 섬의 여성과 결혼하여 이주해온 일본 본토 남성을 가리켜 다메토모 씨라고 부르는 풍습도 남아 있다.

또한 이런 전설도 전해진다. 일본 사가(佐賀)현의 구로히게(黑髮)산에 살던 뿔이 7개 달린 거대한 뱀을 다메토모가 화살 한 발로 쏘아 죽인 뒤 비늘 3개를 떼어 소한테 나르게 했는데 비늘이 워낙 무거워서 소가 깔려 죽고 말았다는 내용이다.

013 무사 정권을 세운 다이라노 기요모리

일본 역사에서 왕실과 귀족 대신 무사들이 처음으로 일본을 다스린 무사 정권을 만든 이는 다이라노 기요모리(平淸盛, 1118~1181)다. 다이라 가문과 미나모토 가문이 일본의 지배권을 놓고 싸운 겐페이 전쟁 때의 상황을 묘사한 문헌인 《헤이케모노가타리》에 그에 관한 흥미로운 일화가 실려 있다.

기요모리의 어머니인 기온 부인은 시라카와(白河) 왕의 후궁이었는데 임신 중에 시라카와 왕이 다이라 가문의 무사인 다다모리(忠盛)한테 주었다. 기요모리는 그 이후에 태어났다. 따라서 기요모리의 친부는 시라카와 왕이었지만, 결과적으로 그는 다이라 가문 사람이 되었다.

혈통 때문인지 기요모리는 18세에 사위(四位)의 벼슬을 받는 등 출세가도를 달렸다. 1156년 7월 후지와라노 요리나가가 일으킨 반란과 1159년 12월 후지와라노 노부요리가 일으킨 반란을 토벌한 기요모리는 고시라카와 왕의 총애를 받았다. 그러다 왕을 대신할 정도로 나라의 실권을 잡고 높은 관직인 태정대신(太政大臣)이 되었고, 그의 아들들도 모두 높은 관직에 올랐다. 그의 딸인 겐레이몬인(建禮門院)은 왕과 결혼하여 왕후가 되었고, 둘 사이에 태어난 아들인 안토쿠(安德)가 왕위에 올랐으니, 다이라 가문이 누린 부귀영화는 극에 달해 "다이라 가문의 사람이 아니면 사람도 아니다"

는 말이 나올 지경에 이르렀다.

그러나 기요모리는 심한 독재 정치를 한 탓에 사람들로부터 미움과 두려움의 대상이 되고 말았다. 한 예로 기요모리는 14~16세에 해당하는 소년 300명의 머리카락을 짧게 자르고 붉은색 옷을 입힌 다음 길거리를 다니다가 다이라 가문에 대해 나쁜 말을 하거나 퍼뜨리는 사람이 있으면 즉각 알리도록 하여 체포하고 재산을 빼앗은 뒤 귀양 보내는 벌을 내렸다. 이처럼 기요모리가 폭정을 일삼았지만 민심을 바꿀 수는 없었다. 사람들은 기요모리의 첩자인 단발동자들이 안 보는 곳에서 기요모리와 다이라 가문의 욕을 해댔고 여론은 점점 기요모리한테서 등을 돌리고 있었다.

이런 상황을 다이라 집안사람들도 눈치채고 있었다. 어느 날 기요모리의 아들인 시게모리가 꿈을 꾸었다. 바닷가를 한참 걸어가다가 어떤 이가 사람의 목을 들고 있는 모습을 보았다. 시게모리가 "그건 누구의 목입니까?" 하고 물으니 "이 목은 기요모리의 것인데, 나쁜 일을 너무 많이 하여 가스가(春日) 신령이 잡아들인 것입니다." 하는 대답을 듣고 놀라서 깨어났다는 일화가 전한다.

기요모리 일가의 권세가 너무 커지자 그를 총애하던 고시라카와 왕도 경계하더니 이윽고 기요모리를 제거하려는 움직임까지 보였다. 고시라카와 왕은 메이운 승정과 사이코 법사 같은 승려와 손을 잡고 정변을 일으켜 기요모리를 제거하려 했으나 음모가 새어나가는 바람에 실패하고 말았다.

하지만 그 이후에도 승려들은 기요모리를 계속 적대했다. 승려들은 대부분 왕실과 가까운 사이였을 뿐 아니라 기요모리를 가리켜 "무사 가문의 수치이자 망나니"라고 업신여기고 있던 터라서, 고시라카와 왕의 음모가 실패하자 약 7000명의 승려가 "역적 기요모리를 죽여라!" 하는 구호를 외치면서 반란을 일으켰다.

기요모리는 4만 명의 군대를 보내 나라의 동대사를 중심으로 진을 치고 있던 승려들을 공격하게 했다. 한밤중이어서 불을 밝히라는 지시를 듣고 병사들이 횃불을 만들다 실수로 불이 붙는 바람에 동대사 안의 불상과 사찰이 모조리 타서 무너지고 말았다.

동대사 화재는 기요모리가 지시한 일은 아니었으나 동대사를 불태우고 돌아온 군사들에게 어떠한 처벌도 내리지 않았다. 오히려 기뻐하며 동대사 안에서 진을 치고 반항하던 승려들을 모두 붙잡아 목을 잘라 시내에 전시하기까지 했다.

이러한 만행이 이어지자 사람들은 기요모리한테서 등을 돌리고 말았다. 다이라 집안을 제외하면 모든 사람이 "성스러운 부처님의 경전과 사찰을 불태워버린 다이라 가문과 우두머리인 기요모리가 저지르는 죄악이 너무나 커서 도저히 용서받지 못하고, 영원히 불타는 지옥에 떨어져 고통을 받을 것이다!" 하고 생각하기에 이르렀다.

동대사가 불탄 지 얼마 안 되어 기요모리는 온몸에 불같이 뜨거운 열이 오르는 병에 걸려 고통을 받았다. 가족들이 차가운 물을 퍼부어도 열병은 좀처럼 낫지 않았다. 그러다 기요모리는 "반란을 일으킨 요리토모의 목을 잘라 내 무덤 앞에다 바쳐라"는 유언을 남기고 숨을 거두었다고 한다.

014 쇼군이 된 미나모토노 요시나카

겐페이 전쟁 시기, 크게 활약하며 다이라 가문에 타격을 입혔으나 미나모토 가문의 내분에 휘말려 죽어간 인물이 있었으니, 미나모토노 요시나카 (源義仲, 1154~1184)가 그 주인공이다.

요시나카는 미나모토 가문의 당주인 미나모토노 타메요시(源爲義)의 둘째 아들인 미나모토노 요시카타(源義賢)의 둘째 아들로 태어났다. 요시카타는 형인 미나모토노 요시토모(源義朝)와 사이가 좋지 않았고, 1155년 8월 16일 요시토모의 아들인 미나모토노 요시히라(義平)에게 죽임을 당했다.

어린 요시나카는 어머니와 함께 일본 중부 시나노 지역의 영주인 기소노 가네토오(兼遠)한테로 피난을 떠났다. 가네토오는 20여 년간 요시나카를 정성껏 보살폈다. 20세가 된 요시나카는 활을 잘 쏘는 용맹한 무사가 되어 있었다. 그의 모습을 보고 주변 사람들이 이제까지 어떠한 무사도 요시나카보다 못하다고 감탄할 정도였다.

요시나카는 1180년 가네토오의 후원을 받아 시나노에서 다이라 가문을 토벌한다는 명분을 내걸고 군사를 일으켰다. 이 소식을 들은 다이라 가문은 별일 아니라고 여기면서도 1181년 에치고(越後)의 영주인 조노 나가모치(城 長茂)에게 요시나카를 공격하라는 명령을 내렸다. 나가모치는 4만 명규모의 군대를 이끌고 1181년 9월 9일 요코타 강변에 진을 쳤으나, 3000명의 병력을 7개로 나누어 포위하고 사방에서 고함을 지르는 요시나카의 전술에 휘말리는 바람에 나가모치의 군사들은 제대로 싸워보지도 못하고 허둥대다 강에 빠지거나 험준한 골짜기 아래로 떨어져 대부분이 죽었다. 이렇게 나가모치는 겨우 목숨만 건져 달아나는 참패를 당하고 말았다.

1183년 4월 17일 다이라 가문은 요시나카를 공격하기 위해 10만 명의 대군을 모아 보냈다. 5월 8일 구리카라(倶利伽羅) 계곡에서 벌어진 전투에서 요시나카의 군대가 후방을 위협하자 다이라의 10만 대군이 겁에 질려 달아나다 계곡 아래로 떨어져 대부분이 죽는 참패를 당하고 무너지고 말았다. 연이은 패배 소식을 들은 교토의 다이라 가문 사람들은 두려움에 떨며 1183년 7월 25일 새벽 6시에 어린 안토쿠 왕을 데리고 교토를 버리고 달아났다. 이때 다이라 가문은 귀족 저택 20곳과 4~5만 채의 민가에 불을 질렀다.

사흘 후인 1183년 7월 28일, 요시나카는 5만 명으로 늘어난 군대를 이끌고 고시라카와 법왕(法王, 상왕으로서 출가하여 승려가 된 사람)과 함께 교토로 들어갔다. 고시라카와 법왕은 7월 24일 다이라 가문 몰래 달아났다가 이날 다시 교토로 돌아온 것이었다.

이렇게 요시나카는 교토의 실질적인 주인이 되었으나 이내 고시라카와 법왕을 비롯한 교토의 왕족과 귀족 들로부터 반감을 사게 되었다. 먼 길을 오느라 식량이 부족했던 요시나카의 병사들이 교토 곳곳을 뒤져 식량과 물건을 빼앗고 심지어 지나가는 사람들로부터 옷까지 빼앗았기 때문이었다. 교토의 민심은 "다이라 가문이 차라리 나았다. 그들은 요시나카 군대처럼 옷을 빼앗지는 않았다"고 하며 요시나카한테서 등을 돌렸다. 고시라카와 법왕 역시 사람을 보내 요시나카에게 병사들의 약탈을 멈추도록 요구했으나, 요시나카는 "식량이 부족해서 가끔 징발하고 말들한테 먹일 풀을 베느라 신사에 들어간 것뿐인데 뭐가 잘못입니까?" 하면서 오히려 화를 냈다.

당시 교토는 다이라 가문이 떠나면서 불을 질러 건물 대부분이 소실된 상황이라 식량이 부족했다. 요시나카의 군사 중에서 상당수가 교토를 떠나 남은 군사는 6000~7000명에 불과했다. 여기에 요시나카가 거칠고 무식한 시골 출신이라고 업신여기는 교토의 왕족과 귀족 들은 고시라카와 법왕을 부추겨 요시나카를 역적으로 규정하고 공격하게 했다.

그러자 요시나카는 남은 군대를 이끌고 맞서 싸웠다. 1183년 11월 19일 아침에 벌어진 전투에서 요시나카는 법왕의 편에 선 군대를 쳐부수고 법왕을 사로잡는 승리를 거두었다. 기고만장해진 요시나카는 스스로 법왕이 되려고 했으나 머리카락을 깎고 승려가 되기 싫어서 고민 끝에 자신을 가리켜 아침에 뜨는 태양처럼 영원히 빛나는 장군이라는 뜻인 아사히 쇼군(朝日將軍)이라고 칭했다.

하지만 그로부터 얼마 안 되어 요시나카에게 종말이 찾아왔다. 요시나카를 죽음으로 내몬 주인공은 적인 다이라 가문 출신이 아니라 요시나카와 같은 미나모토 가문 출신인 미나모토노 요리토모였다. 같은 가문에 속했지만 요리토모의 아버지가 요시나카의 아버지를 죽인 터라 둘은 사실상 원수지간이었다. 게다가 일본의 지배권을 잡으려 한 요리토모는 요시나카가 교토를 차지하도록 내버려둘 수 없었다.

1184년 1월 20일, 요리토모의 동생인 요시쓰네가 지휘하는 군대가 교토 외곽의 우지가와(宇治川)에서 요시나카의 군대와 전투를 벌였다. 이 전투에서 요시나카는 요리토모 군사들이 쏜 화살에 이마를 맞아 죽고 말았다. 요시나카를 따르던 부하인 카네히라는 입에 칼을 물고 자살하여 주군의 뒤를 따랐다.

015 천재적인 전략가 미나모토노 요시쓰네

오늘날 일본인에게 다섯 명의 영웅을 꼽으라고 한다면, 미나모토노 요시쓰네(源義經, 1159~1189년)의 이름이 반드시 들어간다. 12세기 말엽 겐페이 전쟁 시기에 활약한 장수인 요시쓰네는 워낙 극적인 인생을 살았기에, 그를 소재로 다룬 예술 작품은 셀 수 없이 많다.

요시쓰네는 미나모토 가문의 우두머리인 미나모토노 요시토모의 아들 중 하나로 태어났다. 그가 2세 시절 헤이지의 난이 일어나 아버지인 요시토모는 달아나다가 죽임을 당했고, 13세이던 형인 요리토모는 이즈로 귀양을 갔다. 요시쓰네는 너무 어렸기 때문에 죽음을 면했으나 구라마산으로 보내져 승려가 되도록 강요받았다.

하지만 나이를 먹자 요시쓰네는 자신이 미나모토 가문의 사람이고, 가문의 원수인 다이라 가문에 복수해야 한다는 사명을 자각했다. 그는 구라마산에서 달아나 다이라 가문의 손길이 닿지 않는 먼 동북쪽 히라이즈미 지역의 호족인 후지와라노 히데히라에게 몸을 의탁했다. 히데히라는 요시쓰네를 반기며 다이라 가문의 눈길을 피해 그를 잘 보호해주었다.

1180년 8월 17일, 요리토모가 군사를 모아 다이라 가문에 맞서는 반란을 일으키자 요시쓰네는 히데히라의 후원을 받으며 군사를 거느리고 10월 무렵 형을 만나 함께 다이라 가문을 물리치는 거사에 동참하기로 했다.

그런데 이때 요리토모와 요시쓰네보다 앞서서 다이라 가문을 물리치기 위해 군사를 일으킨 미나모토노 요시나카가 파죽지세로 다이라 가문의 군대를 격파하더니 1183년 7월 28일 수도인 교토에 들어갔다.

하지만 요시나카는 교토 주민을 상대로 약탈과 폭행을 일삼아 민심을 잃고 말았다. 이에 고시라카와 왕은 요시나카를 토벌하라는 명령을 몰래 요리토모한테 전달했다. 요리토모는 자신의 군대를 요시쓰네에게 주었고, 1184년 1월 20일 요시쓰네의 군대와 요시나카의 군대가 교토 외곽 우지가와(宇治川)에서 전투를 벌였다. 병력 대부분이 달아난 상황이라 요시나카는 패배하게 되었고, 그 역시 요시쓰네 군사들이 쏜 화살에 이마를 맞아 죽고 말았다.

이렇게 요시나카를 제압한 다음은 그토록 기다리던 다이라 가문과의 전쟁이었다. 요시나카한테 패배하기는 했지만 다이라 가문에는 수만 명의 병력이 남아 있었다. 그러나 요시쓰네는 천재적인 전략가였다. 이치노다니에서 진을 치고 있던 다이라 가문의 군대를 상대로 요시쓰네는 말을 타고 절벽을 내려가 배후를 기습하는 대담한 전술을 구사하여 그들을 궤멸시켰다. 또한 야시마에서 벌어진 해전에서도 요시쓰네는 폭풍우가 몰아치는 바다에 군사들을 태운 배를 타고 나가 다이라 가문을 공격해 패배시켰으며, 단노우라 전투에서는 다이라 가문의 세력을 전멸시켰다.

이런 대승리를 거뒀으나 요시쓰네는 오히려 궁지에 몰렸다. 요시쓰네의 인기와 위세가 되레 요리토모와 고시라카와 왕한테 경계심을 안긴 것이다. 이로 인해 요리토모는 요시쓰네를 죽이기 위해 자객을 보냈으며, 고시라카 왕도 요시쓰네를 도와줄 듯하다가 결국 도와주지 않아 궁지로 내몰았다.

요시쓰네는 반란을 일으키려고 군사를 모으려 했으나 사람이 모이지 않자 자신을 보호해준 히라이즈미의 후지와라 가문으로 도망쳤다. 하지만 그의 후원자였던 히데히라가 얼마 후에 죽자 그의 겁쟁이 아들인 야스히라는 "요시쓰네를 죽이지 않으면 군대를 보내서 토벌하겠다"는 요리토모의 협박에 못 이겨 군사들을 풀어 요시쓰네를 죽이려 했다. 군사들에게 포위된 저택 안에서 요시쓰네는 가족을 먼저 죽이고 칼로 배를 갈라 자살하고 말았다.

요시쓰네와 관련된 전설 중에는 어두운 내용이 많다. 승리를 위해서라면 온갖 수단을 가리지 않았기 때문이다. 야시마 전투 때 폭풍이 부는 바다로 나가지 않겠다고 하는 뱃사공들을 모두 죽이겠다고 협박했을 뿐만 아니라 단노우라 전투에서는 다이라 가문 함대의 노를 젓는 격군을 활로 쏘거나 칼로 베어 모두 죽이라고 명령하는 잔인함을 보이기도 했다.

일본의 전설에는 요시쓰네가 아름답고 잘생긴 미남자라고 찬양하는 내용이 많지만, 1996년 후지 TV에서 요시쓰네의 얼굴을 묘사한 역사 기록들을 참조하여 복원해본 결과, 옆으로 길게 찢어진 눈에 낮은 코와 납작한 얼굴을 한 형상으로 나와서 미남자라고 하기에는 부족한 모습이었다.

한편 요시쓰네가 사실은 죽지 않았고 중국으로 달아나 칭기즈칸이 되어 대륙을 정복했다는 황당한 전설도 일본에 전해지는데, 그 이야기에 대해서는 기묘한 이야기들 항목에서 다뤄보겠다.

016 명궁(名弓)의 대명사 나스노 요이치

미나모토 가문과 다이라 가문이 일본의 지배권을 놓고 치열한 전쟁을 벌이던 겐페이 전쟁 무렵의 일이다. 잇따른 전투에서 참패하여 멀리 서쪽으로 내쫓긴 다이라 가문을 집요하게 쫓고 있던 미나모토 가문의 장수인 미나모토노 요시쓰네는 야시마의 해변에서 바다 위에 무리를 지어 떠다니던 다이라 가문의 함대와 마주쳤다.

이때 다이라 가문이 전투에 앞서 미나모토 가문의 군대를 도발하기 위해 붉은 바탕에 황금색으로 태양을 그린 부채를 장대 위에 세워 화려하게 꾸민 작은 배 한 척을 준비하여 19세가량의 미소녀를 태워 내보내고는 미나모토 군대를 향해 손짓하게 했다.

그 모습을 지켜보던 요시쓰네는 부하인 사네모토를 불러서 "저자들이 지금 무슨 짓을 하고 있는 것인가?" 하고 물어보자 사네모토가 이렇게 대답했다.

"저건 다이라 가문에서 우리 군대를 향해서 '너희가 활쏘기에 자신이 있으면 이 장대 위에 세운 부채를 활로 쏘아 맞혀보아라.' 하고 도발하는 것입니다. 하지만 장군께서 직접 나가시면 안 됩니다. 그 틈을 노려 화살을 쏘아 죽이려는 흉계를 꾸민 것이기 때문입니다. 그러니 다른 무사를 시켜 부채를 맞추게 하시어 우리 군대에 활을 잘 쏘는 무사가 있다는 사실을 보여주는 편이 좋겠습니다."

요시쓰네가 "우리 군에서 누가 활을 잘 쏘는가?" 하고 물으니 사네모토는 "시모쓰케에 사는 나스노 스케타가의 아들 나스노 요이치(那須與一)가 비록 키는 작지만 하늘을 나는 새 세 마리 중에 두 마리를 활로 쏘아 맞추는 명궁입니다." 하고 대답했다.

부하의 말을 들은 요시쓰네가 나스노 요이치를 불렀다. 그러고는 요이치한테 "다이라 가문이 앞세운 배의 장대 위에 놓인 부채를 자네가 활로 쏘아 맞혀보게." 하고 명령했다. 그러자 요이치는 "부채를 맞출 수 있을지 없을지 자신이 없습니다. 실패한다면 우리 군대에 망신이 될 것이니 다른 사람을 시키십시오." 하며 주저하는 태도를 보였다.

이에 요시쓰네는 "내 휘하에 있는 사람은 내 말을 들어야 한다. 그러지 않겠다면 당장 떠나거라." 하고 화를 냈다. 그의 단호한 태도를 보고 요이치는 더 사양하면 안 되겠다 싶어서 "장군님의 명령대로 일단 해보겠습니다." 하고 말하고는 검은 말을 타고 활을 든 채로 바닷속으로 내달렸다. 말의 다리가 바닷물에 잠기고 자신의 발끝이 바닷물에 걸칠 즈음 요이치는 장대 위의 부채를 지긋이 노려보고는 마음속으로 이렇게 기도를 올렸다.

'하치만 대보살을 비롯한 일본의 신령들이시여, 제발 저 부채를 맞추게 도와주십시오. 실패하면 저는 활을 버리고 배를 칼로 갈라 목숨을 끊겠습니다. 살아서 고향으로 돌아가게 하실 뜻이라면, 제가 쏠 화살이 빗나가지 않도록 도와주십시오.'

잠시 시간이 지나자 거세게 불던 바람이 잦아들어 화살을 쏘아도 빗나갈 염려가 없는 상황이 되었다. 뛰어난 궁수인 요이치는 좋은 기회를 놓치지 않고 효시를 활에 메긴 다음 곧바로 부채를 향해 시위를 당겼다. 이내 효시가 온 바닷가에 울려 퍼질 만큼 시끄러운 소리를 내면서 날아가더니 부채를 둘로 쪼개버렸다. 쪼개진 부채가 허공 위를 나비처럼 이리저리 날아오르다 바닷속으로 떨어졌다.

해가 막 지려는 석양 무렵 그 모습을 지켜보고 있던 다이라 가문의 군사들은 "비록 적이지만 대단한 솜씨를 지닌 무사다!" 하고 뱃전을 두드리며 감탄했고, 아군인 미나모토 가문의 군사들 또한 "이렇게 훌륭한 무사가 우리 편이다!" 하며 환호성을 터뜨렸다.

요이치의 활 솜씨에 감탄한 다이라 가문의 무사 한 명이 부채를 세운 배 안에서 춤을 추었는데, 그 모습을 본 요시쓰네는 요이치한테 얼른 활로 쏘아서 그를 죽이라고 지시했다. 요이치는 명령을 따랐고, 춤을 추며 요이치의 활 솜씨를 찬양하던 다이라 가문의 무사는 불행히도 요이치가 쏜 화살에 맞아 죽고 말았다. 잔인한 처사에 분노한 다이라 가문의 군대가 요시쓰네와 단노우라에서 일대 격전을 벌였으나 전멸하고 말았다.

017 여걸(女傑)
호조 마사코

로마의 정치인 카토는 "로마인들은 세계의 지배자이고, 그런 로마는 우리 원로원 의원들이 지배하지만, 우리는 아내들한테 지배를 받습니다"라고 연설한 바 있다. 형식적인 정치 권력은 남자들이 쥐고 있어도 아내들한테 휘둘리기 때문에 사실상 실권을 여자들이 쥐고 있다는 의미다.

일본에도 이와 비슷한 일이 있었다. 일본에서 정치 권력을 귀족이 아닌 무사가 장악한 막부를 최초로 세운 미나모토노 요리토모한테는 호조 마사코(北條政子, 1157~1225)라는 정실부인이 있었다. 호조 마사코는 용감하고 드센 여인이라서 남편을 제치고 사실상 막부의 주인 노릇을 했다. 그녀의 처가인 호조 가문은 요리토모가 죽은 후 미나모토 가문 대신 막부의 실권을 잡아 사실상 일본을 지배했다.

호조 마사코는 원래 이즈 지역의 호족인 호조 도키마사의 딸이었다. 미나모토 가문과 다이라 가문이 다투는 와중에 미나모토 가문이 패배하면서, 미나모토 가문의 도련님인 미나모토노 요리토모가 이즈로 귀양을 왔다.

원래대로라면 요리토모는 도키마사의 감시를 받는 죄인에 불과했다. 그런데 무슨 운명의 장난인지, 마사코는 요리토모를 보고 한눈에 반하여 사랑에 빠지고 말았다. 한번은 마사코가 요리토모를 향한 연모의 정에 들떠서 폭풍우가 몰아치는 날 밤에 혼자서 요리토모한테 달려가기도 했다. 결국 두 사람은 결혼하여 정식으로 부부가 되기에 이르렀다.

감시 대상인 죄인이 딸의 사랑을 받아 결혼하여 사위가 되었으니 도키마사의 반응이 좋을 리 없었다. 하지만 요리토모를 사랑하는 마사코의 태도가 워낙 확고하여 딸의 결심을 꺾지 못했다. 또한 일본 정국이 돌아가는 모습을 보고 있자니 다이라 가문의 독재에 반발하는 여론이 서서히 일어나고 있음을 도키마사도 알아차렸을 것이고, 자연히 미나모토 가문을 지지하는 여론이 형성될 것을 예측하여 요리토모와 딸의 결혼을 막지 않았을 가능성도 있다.

마사코는 마침내 남편이 다이라 가문에 반기를 들자 친정인 호조 가문을 통해 요리토모에게 도움을 아끼지 않았다. 요리토모가 가마쿠라에 막부를 세우고 왕실을 대신하여 일본의 최고 통치자가 되자 마사코는 그런 남편을 도와 막부의 운영과 유지에 힘을 쓰는 정치인이 되어갔다.

1199년 요리토모가 죽었을 때 그의 아들인 요리이에는 18세에 불과하여 실제 권력은 어머니인 마사코와 외할아버지인 도키마사를 비롯하여 호조 가문이 장악하게 되었다. 요리이에는 이런 현실에 불만을 품고 1203년 부하들에게 도키마사를 토벌하라고 명령했으나 그들은 도키마사와 손잡고 반기를 들어 요리이에를 쫓아내고 죽여버리고 만다. 외손자가 외할아버지를 적대하다가 죽임을 당한 것이다.

요리이에의 동생인 사네토모는 가마쿠라 막부의 세 번째 쇼군이 되었으나 고작 12세라서 도키마사와 그의 아들인 요시토키가 실권을 장악했다. 사네토모는 1219년 요리이에의 아들이자 자신의 조카인 구교한테 죽임을 당했고, 구교도 체포되어 죽음으로써 미나모토 가문은 혈통이 끊기고 말았다. 이에 요시토키는 쇼군을 대신하여 일본의 실권자인 싯켄(執權, 쇼군을 보좌하는 자리)이 되었다. 이렇듯 마사코는 시댁과 처가의 권력 싸움 때문에 살

야생전 남편과 아들들이 모두 죽는 비극을 목격해야 했다.

한편 고토바 왕은 미나모토 가문이 몰락하자 무사 정권을 몰아내고 1221년 5월 14일 전국의 무사들한테 요시토키를 비롯한 호조 가문을 토벌하라고 연락을 취했다. 이 소식을 들은 수많은 무사들이 쇼군 관저의 정원에 모여 왕의 편을 들어야 할지 아니면 호조 가문의 편을 들어야 할지를 놓고 웅성거렸다.

그때 요리토모가 죽은 이후로 출가하여 비구니가 된 마사코가 나타나 무사들 앞에 나아가 다음과 같이 요리토모를 지지해달라고 연설했다.

"죽은 요리토모 장군께서는 여러분이 3년 동안 교대로 궁중을 지키는 경비 역할을 하느라 고생하는 모습을 불쌍히 여기시어 그 기간을 6개월로 줄여주셨습니다. 여러분은 그런 장군의 은혜를 잊고 조정의 편에 서서 장군이 남긴 막부에 배신의 칼을 겨눌 것입니까?"

요리토모의 아내였던 마사코의 기개와 연설에 감동한 무사들은 조정에 등을 돌리고 막부를 지키겠노라고 태도를 바꿨다. 그들은 고토바 왕의 편을 든 무사들을 죽이거나 쫓아내어 호조 가문의 권력은 예전보다 더욱 강해졌다.

1225년 마사코는 69세의 나이로 죽었다. 이후 일본의 권력은 그녀의 친정인 호조 가문으로 넘어갔다. 호조 가문은 싯켄 신분으로 일본을 다스려 1274년부터 1281년까지 이어진 원나라의 공격을 막아내며 일본을 지키는 업적을 세우게 된다.

018 요리토모에게 숙청당한 무사들

다이라 가문을 무너뜨리고 일본의 지배권을 잡았으나 미나모토노 요리토모는 안심하지 않았다. 그는 권력에 위험이 되거나 도전할 우려가 있다고 판단한 사람들을 가차 없이 죽였다. 다이라 가문 사람은 물론 자신과 같은 미나모토 가문 사람마저 예외가 없었다.

심지어 요리토모는 다이라 가문을 무너뜨리고 일본의 실권자가 될 수 있도록 적극적으로 도운 동생 미나모토노 요시쓰네마저 그의 공적과 인기가 너무 높다는 이유로 요시쓰네를 보호하고 있던 히라이즈미의 후지와라 가문을 협박하여 그를 죽음으로 내몰 만큼 비정한 인물이었다.

요시쓰네가 죽고 나서 미나모토 가문 사람으로 요리토모의 숙청에 희생된 사람은 미나모토노 유키이에였다. 그는 요리토모의 아버지인 요시토모의 형제로 요리토모한테는 숙부가 된다. 또한 유키이에는 고시라카와 왕한테서 "다이라 가문은 역적이니 그들을 토벌하라"는 명령서를 받아내어 이를 요리토모한테 전달했다. 미나모토 가문이 다이라 가문을 공격하는 일이 왕의 승인을 받은 합법적인 거사임을 알릴 정도로 유키이에는 정치적인 감각이 탁월한 사람이었다.

하지만 그런 공적을 세운 유키이에마저 요리토모의 권력 강화에 방해가 된다고 판단하자 요리토모는 연력사의 승려인 히다치보 쇼메이를 보내 "숙부인 유키이에가 반역을 했으니 붙잡아서 죽이라"고 냉혹한 명령을 내렸다.

쇼메이가 유키이에의 처소로 향하자 유키이에는 저항했으나 결국 체포되고 말았다. 쇼메이가 유키이에한테 "정말로 반역을 하셨습니까?" 하고 묻자 유키이에는 "지금 이런 신세가 되었는데, 내가 요리토모한테 반역을 안 했다고 하면 무슨 의미가 있을 것이며 설령 했다고 한들 무슨 의미가 있겠나?" 하고 허탈해하며 말했다. 사실이 그렇다. 요리토모가 유키이에를 죽이려고 결심한 마당에 그가 반역하지 않았다고 한들 그는 목숨을 건질 길이 없었던 것이다.

쇼메이한테 붙잡힌 유키이에는 다음 날 요도강의 아카이 둔치로 끌려가서는 목이 잘려 죽고 말았다. 요리토모는 동생에 이어 숙부마저 죽였다. 하지만 그러한 냉혹함 때문에 요리토모가 죽자 미나토모 가문이 위기에 처했을 때 선뜻 나서서 구해주려는 세력이 없어 처가인 호조 가문에 권력을 빼앗기게 된다. 결국 요리토모의 지나친 숙청이 애써 이룩한 정권을 무너뜨리는 도화선이 된 셈이었다.

피붙이인 미나모토 가문 사람마저 무참히 죽이는 판국이니 적수인 다이라 가문 사람한테는 그야말로 가차 없었다. 그렇게 다이라 가문이 망하기는 했으나 그 가문에 소속되었거나 섬기던 무사들이 모조리 죽은 것은 아니었다. 그들은 숨어서 때를 기다리며 요리토모를 죽이려고 기회를 엿보고 있었다.

다이라 가문이 망한 이후, 그들이 불태웠던 사찰인 동대사를 재건하기 위한 의식에 요리토모가 참석했는데, 이 공영 의식에 참가한 승려들을 유심히 관찰하던 요리토모는 그들 중 한 승려가 수상하여 부하들에게 데려오라고 지시했다. 부하들이 붙잡아 데려온 승려는 수염은 깎았으나 일본 무사들의 특징인 상투를 깎지 않은 차림이었다.

요리토모가 "너는 누구냐?" 하고 묻자 승려는 "다이라 가문 사람인 사쓰마노 이에스케요." 하고 대답했다. 그러고는 자신이 요리토모를 죽이려는 기회를 엿보고 있었다는 사실을 밝혔다. 그 말에 요리토모는 이에스케를 즉각 로쿠조 둔치에서 목을 베어 죽게 했다.

또한 다이라 가문에서 봉사했던 무사인 엣추노 모리쓰기는 다이라 가문이 멸망하자 다지마로 달아나서 그곳의 사람인 게히노 도코의 딸과 결혼했다. 이는 도코가 모리쓰기의 정체를 몰랐기 때문이었다.

하지만 모리쓰기는 다이라 가문을 멸망시킨 요리토모에 대한 복수의 일념을 포기하지 않았다. 그는 밤마다 도코의 말을 끌고 바닷속으로 들어가서 오랫동안 잠수하는 식으로 무예를 단련했다. 그 모습을 보고 지역의 관리들이 이상하게 생각했는데, 소문이 요리토모의 귀에 들어가자 그는 곧바로 모리쓰기가 다지마로 도망쳤음을 알고 체포해오라고 명령을 내렸다.

또한 다지마의 관리인 아사쿠라 다카키요는 도코를 찾아가 자초지종을 설명했다. 이에 도코는 사위를 불러 목욕을 하라고 권하고는 곧바로 힘이 센 장사 30명을 보내어 모리쓰기를 붙잡으라고 지시했다. 한참 목욕 중이던 모리쓰기는 장사들한테 붙잡혀 요리토모에게 끌려왔다.

요리토모가 "너는 왜 여태까지 살아남았느냐?" 하고 묻자 모리쓰기는 "다이라 가문이 허무하게 망했지만, 나는 당신을 죽일 기회를 노리고 칼과 화살까지 준비해두었소." 하고 대답했다. 요리토모는 모리쓰기를 가상히 여겨 회유해보려고 했으나 거절하는 바람에 결국 처형하고 말았다.

019 괴승 몬가쿠

다이라 가문과 미나모토 가문이 대결한 겐페이 전쟁 때의 상황을 묘사한 문헌인 《헤이케모노가타리》를 보면, 오랜 수행 끝에 신통력을 얻었다고 하는 승려 몬가쿠(文覺)에 관한 흥미로운 이야기가 실려 있다. 그 내용은 이렇다.

몬가쿠는 관동 지역의 호족인 와타나베 집안 출신으로 이름은 엔도 모리토오라고 했다. 그는 19세가 되던 해에 승려가 되고 싶다는 마음이 생겨서 출가했다. 당시 일본은 무사가 지배하는 사회였기 때문에 승려 중 상당수는 무사 출신이었다. 그래서 승려 중에 계율을 어기거나 수행을 게을리하는 사람이 많았으나 몬가쿠는 달랐다.

몬가쿠는 진지하게 불도를 닦기 위한 수행에 들어갔는데, 6월 한여름에 산속으로 들어가서 온갖 벌레가 몸에 붙어서 물어뜯는 고통을 이겨내며 수행의 첫걸음을 내디뎠다. 그런 후에 몬가쿠는 구마노로 가서 눈과 얼음이 쌓이고 얼어붙은 한겨울에 폭포 안으로 들어가 물속에서 목만 내놓은 상태로 다라니경을 외는 수행을 했다. 그 상태에서 4~5일이 지나자 두 발로 서 있지 못하고 몸이 물에 떠버렸다. 몬가쿠는 폭포수를 맞으며 거친 물살에 휩쓸려 먼 거리를 떠내려갔다.

그런데 잘생긴 아이 하나가 오더니 몬가쿠의 두 손을 붙잡아 땅으로 끌어올렸다. 주위에 있던 다른 사람들이 그 모습을 보고 몬가쿠가 추위와 저체온증으로 얼어 죽을까 봐 서둘러 불을 피웠다. 잠시 후 눈을 뜬 몬가쿠는 "폭포에서 다라니경을 30만 번 외워 수행을 완성하려고 하다 끝내지 못한 상태였는데 누가 왜 여기로 데려다놓은 거요?" 하고 화를 내고는 폭포 안으로 다시 들어가 수행을 계속했다.

이틀이 지나자 이번엔 아이 8명이 와서 몬가쿠를 물속에서 끌어내려 했으나 그는 거절했다. 그렇게 사흘이 지나자 몬가쿠는 저체온증에 걸려 죽고 말았다. 그때 아이 두 명이 폭포 위에서 내려와 몬가쿠의 머리부터 발끝까지를 손바닥으로 문지르자 향기가 진동했다.

살아난 몬가쿠가 아이들을 보고 "저를 살려낸 두 분은 누구십니까?" 하고 물었다. 아이들은 "우리는 부처 중 한 분이신 부동명왕의 사자들입니다." 하고 말하고는 하늘로 올라갔다. 몬가쿠는 자신이 부처의 보호를 받아 살아났다는 사실을 깨닫고는 그 후로 일본 각지의 산을 돌아다니며 수행을 성공적으로 끝냈다. 이내 몬가쿠가 신통력을 얻은 승려라는 소문이 퍼졌고, 수많은 백성이 그를 성인으로 추앙했다.

몬가쿠는 고시라카와 왕을 찾아가서 "신호사에 장원 하나를 기부해주십시오." 하고 요구했으나 춤과 음악 축제를 즐기고 있던 고시라카와는 거부했다. 그러자 몬가쿠는 고시라카와한테 "머지않아 왕과 신하들이 모두 망하고 말거요!" 하고 폭언을 퍼부었다. 화가 난 고시라카와는 몬가쿠를 이즈섬으로 귀양 보냈는데, 심한 폭풍이 불어 그를 태운 배가 31일 동안이나 바다 위를 맴돌았다. 그동안 아무런 음식을 먹지 못한 상황이었으나 몬가쿠는 굶주리는 기색이 없이 태연하게 수행하여 모두를 놀라게 했다.

당시 이즈섬 가까운 가마쿠라에 미나모토 가문의 우두머리인 미나모토노 요리토모가 귀양을 와 있었다. 몬가쿠는 요리토모를 찾아가서 "다이라 가문이 횡포를 부려 사람들이 미워하고 있으니 나리가 군사를 일으켜 집안의 원수인 다이라 가문을 무너뜨리십시오." 하고 권유했다. 요리토모는 몬가쿠의 거듭된 권유에 마음이 움직여 무사들을 모아 봉기를 일으켰다.

처음에 요리토모는 그다지 전공이 좋지 못해서 패배하고 궁지에 몰렸으나 요시나카와 요시쓰네 같은 미나모토 가문의 장수들이 열심히 싸워 다이라 가문이 무너지자, 미나모토 가문의 우두머리로 왕실을 대신하여 일본의 실권자로 올라서는 데 성공했다.

고시라카와 왕이 죽은 이후에 집권한 고토바 왕은 하루 종일 공차기나 즐기는 무능한 군주였다. 이에 몬가쿠는 예전에 죽은 다카쿠라 왕의 둘째 왕자를 새로운 왕으로 만들려 했다가 반역자로 간주되어 오키섬으로 유배를 가게 되었다. 몬가쿠는 "나는 이제 얼마 안 있으면 죽을 나이인데 가까운 곳으로나 귀양을 보내지 하필 오키섬같이 먼 곳으로 보낸다고? 맨날 공차기나 하는 왕인 주제에 괘씸하구나. 어디 두고 보자. 내가 귀양 가는 곳으로 똑같이 귀양 오게 만들어주마!" 하면서 불만을 터뜨렸다. 훗날 정말로 고토바 왕이 오키섬으로 귀양을 오자 예전에 죽은 몬가쿠의 귀신이 나타나 고토바 왕한테 나쁜 말을 마구 쏟아내며 괴롭혔다고 한다.

020 꾀병을 핑계로 살인을 한 모가미 요시아키

일본 동북부 데와 지역은 모가미 가문이 다스리는 곳이었다. 모가미 가문의 당주인 모가미 요시아키는 교활한 속임수로 유명했는데 적을 죽이기 위해서라면 꾀병조차 핑계로 이용하는 인물이었다.

요시아키는 같은 데와 지역의 호족인 요시쿠니가 가진 땅을 탐내어 그를 죽이고 땅을 빼앗고 싶어 했다. 섣불리 전쟁을 벌였다가는 큰 피해를 볼 것 같아서 오랫동안 고심한 끝에 그를 방심시키고 기습하여 죽이려는 계획을 세웠다.

그 계획의 일환으로 요시아키는 요시쿠니한테 "제 아들인 요시야스와 당신의 딸을 결혼시키는 것이 어떻겠습니까? 그렇게 된다면 우리 두 가문은 사돈 관계가 되니 우애가 돈독해지고 어려움이 닥치면 서로 한 몸이 되어 잘 극복할 수 있을 것이니 여러모로 좋은 방법이 아니겠습니까?" 하고 제안했다.

그러면서 요시아키는 "최근에 저는 몸 여기저기가 불편하고 움직이기 어려워 항상 자리에 누워 있습니다. 큰 병이 든 모양입니다. 머지않아 저는 죽을 것 같습니다. 그러면 아들을 돌봐줄 사람이 없으니, 당신께서 요시야스를 사위로 받아주시고 후견인 역할을 해주십시오. 그렇게 해주신다면 죽어도 걱정이 없겠습니다." 하는 말까지 덧붙였다.

요시쿠니는 평소 요시아키가 남을 잘 속이는 교활한 인물이라는 평을 듣고 있었기 때문에 처음에는 제안에 응하지 않았다. 하지만 요시아키가 계속해서 "직접 만나서 이야기를 나누고 싶습니다. 정말이지 저는 병이 심해서 오래 살지 못할 형편입니다"라고 연락을 보내오자 계속 가만히 있는 것도 도리가 아니라고 생각하여 하인과 병사들을 거느리고 요시아키의 집을 방문했다.

요시쿠니는 '이번에는 요시아키가 진실을 말했구나.' 하고 납득했다. 왜냐하면 요시아키의 집에 의원과 승려 들이 모여 서로 간에 "요시아키 나리의 병에 어떤 약이 좋을지 모르겠습니다. 이런 병은 처음 보고 우리가 가져온 어떤 약도 나리한테 통하지 않으니 말입니다.", "이는 아무래도 부처님의 뜻인가 봅니다. 무릇 사람은 부처님이 부르시면 지체 없이 떠나야 하는 법입니다. 나리도 이제 부처님의 부름을 받아서 이승을 떠날 운명인 게지요." 하고 우울한 내용의 대화를 주고받고 있었기 때문이다.

그뿐만 아니라 요시아키의 친척들도 구름처럼 모여들어서 "요시아키 어른께서 돌아가시면 모가미 가문은 어떻게 되려나? 데와 지역에서 우리 가문 사람들이 무사히 살아갈 수나 있으려나? 아버지를 잃을 요시야스 도련님이 어떤 신세가 될지 정말이지 걱정이 드네그려." 하고 우려 섞인 목소리로 안절부절못하고 있었다.

요시쿠니는 안내를 받아 요시아키가 있는 병실로 향했다. 요시아키는 두꺼운 이불을 덮은 채 땀을 뻘뻘 흘리는 모습으로 힘없이 누워 있다가 요시쿠니를 보자 떨리는 목소리로 "이렇게 와주셔서 감사합니다. 저는 더 못 살 것 같습니다. 제가 죽고 나면 부디 요시야스를 아들처럼 대해주시고 잘 보살펴주십시오." 하고 말했다.

요시쿠니는 요시아키가 곧 죽을 것이라고 여겨서 불쌍한 마음이 들어 눈물을 흘렸다. 그런데 바로 그때 예기치 못한 일이 벌어졌다. 조금 전까지만 해도 다 죽어가는 것처럼 보였던 요시아키가 벌떡 일어나더니 이불 속에 숨겨둔 칼을 뽑아 요시쿠니를 베어 죽여버린 것이다. 요시아키가 죽어간다고 여긴 요시쿠니는 아무런 저항도 해보지 못하고 순식간에 죽고 말았다. 요시아키가 고동을 불자 매복해 있던 모가미 가문의 무사들이 여기저기서 뛰쳐나와서 요시쿠니를 따라온 하인과 병사를 한 명도 남김없이 죽여버리고 말았다.

요시아키는 애초 병 따윈 걸리지 않았다. 의원과 승려와 친척 들은 그가 시키는 대로 연기를 했을 뿐이었다. 모든 것은 요시쿠니를 방심시켜 손쉽게 죽이고 그의 땅을 빼앗으려 한 요시아키의 교활한 속임수였을 뿐이었다.

하루도 전쟁이 끊이지 않는 전국시대를 살아가던 일본인들한테 속임수를 쓴 요시아키는 칭찬의 대상이 되었고, 상대편을 믿다가 죽은 요시쿠니는 어리석다고 비웃음을 받았다.

021 갑질을 일삼은 고노 모로나오, 고노 모로야스 형제

권력자들이 약한 사람들을 상대로 부당한 횡포를 저지르는 일을 가리켜 '갑질'이라고 부른다. 그렇다면 이런 갑질이 일본에는 없었을까? 일본에도 갑질을 하는 나쁜 권력자가 숱하게 많았다. 이번에 소개할 고노 모로나오와 모로야스 형제가 바로 그런 경우에 속한다.

고노 모로나오는 14세기 일본 전역이 내전에 휩싸인 이른바 남북조 시기에 북조의 실권자인 아시카가 다카우지의 신임을 받은 심복이었다. 그는 용맹하면서 교활하여 주군인 다카우지가 남북조 내전에서 최후의 승자가 되는 데 크게 공헌했다. 이로 인해 다카우지가 세운 일본의 무신 정권인 아시카가 막부에서 높은 자리에 올랐다.

하지만 모로나오는 예의범절이나 교양과는 담을 쌓은 인물이었다. 모로나오는 자신이 막부의 실세이자 다카우지의 신임을 받고 있다는 사실에 자만하여, 권력을 마구 휘두르며 다른 사람들을 상대로 갑질을 일삼는 소인배였다.

모로나오가 저지른 갑질의 대표적인 예는 여자 문제였다. 그는 무사라면 마땅히 조심스럽게 여겨야 하는 왕실의 여인들, 특히 고다이고 왕의 첩들마저 강제로 붙잡아 자신의 거처로 끌고 가서 능욕하는 짓을 저질렀다. 이것만으로도 충격적인 일인데, 모로나오는 여기서 한 술 더 떠서 부하들의 아내조차 겁탈할 만큼 여색에 빠져 있었다.

여색을 밝히는 것이 고노 모로나오에게 국한된 행태는 아니었다. 왕실의 여인들을 납치하여 감금하고 성노리개로 삼는 일은 200년 전에도 엄연히 존재했다. 12세기 말엽 겐페이 전쟁 시기에 미나모토 가문의 군벌인 미나모토노 요시나카의 부하 장수인 히구치 가네미쓰는 왕실의 원로인 고시라카와 법황을 상대로 주군을 도와 싸우고 나서 왕실의 시녀들을 붙잡아서는 자신의 처소에 가두고 벌거벗긴 채로 엿새 동안 능욕했다. 이 사실이 나중에 가네미쓰의 처소에서 달아난 시녀들에 의해 알려졌고, 그녀들은 매일 왕실을 향해 "(우리를 욕보인) 가네미쓰를 죽이지 않는다면 우리는 모두 죽어 버리겠습니다." 하고 하소연하여 가네미쓰는 결국 처형을 당한다. 그러니까 모로나오는 가네미쓰가 저지른 과오를 그대로 반복하며 갑질을 일삼은 셈이었다.

부하들의 아내에게 손을 대는 것도 일본 무사들 사이에서는 드문 일이 아니었다. 한 예로 전국시대를 끝내고 일본을 통일한 도요토미 히데요시는 지방의 영주들을 굴복시키고 나서 반란을 염려하여 그들의 아내들을 데려와 인질로 삼았다. 그런 이후 히데요시는 영주의 아내들을 마구 능욕했다. 영주들은 그런 사실을 알고도 혹시 히데요시가 자기 아내를 마음에 들어 하면 상을 내릴 것을 기대하며 참고 넘어갔다고 전해진다.

형인 모로나오에 못지않게 동생인 모로야스도 갑질에서 둘째가라면 서러울 인물이었다. 모로나오가 여색에 심취했다면 모로야스는 남의 땅을 뺏는 일에 열중했다. 한번은 이런 일이 있었다. 수도인 교토의 히가시야마에 별장을 만들고 싶었으나 그곳에 다른 사람의 무덤이 들어서 있었기에 섣불리 나설 수 없는 상황이었다.

그러자 모로야스는 무덤 자리의 땅주인을 불러서 "무덤과 그 안에 들어 있는 유골을 다른 곳으로 옮겨줄 테니 그 자리를 나한테 팔게나. 대가는 섭섭지 않게 치르겠네." 하고 설득했다. 막부의 높은 무사가 하는 말이어서 땅주인은 그 말을 믿고 모로야스한테 땅을 팔았다. 하지만 땅을 손에 넣은 모로야스는 무덤을 파서 나온 유골을 방치했다. 그 사실을 안 땅주인이 "모로야스가 나와 한 약속을 어겼다." 하며 분노했지만, 모로야스는 부하들을 보내어 땅주인을 죽이라고 지시했다. 나쁜 인상이 주위에 생길까 봐 두려웠기 때문이었다.

칼을 찬 자가 사회를 지배하는 무신 정권 치하였다고 해도 사람들한테 횡포를 부려 원한을 사게 된다면 무사할 수 없는 법이다. 모로나오와 모로야스 형제가 저지른 갑질로 피해를 보는 사람이 많아지자 아시카가 막부 내에서도 "두 형제를 처벌해야 합니다. 그래야 다카우지 장군의 명예가 더럽혀지는 일을 막을 수 있습니다." 하는 여론이 거세졌다.

두 형제를 탄핵하라는 여론이 형성되자 그들을 감싸주던 다카우지도 더는 그들을 보호해줄 명분이 없었다. 결국 다카우지는 모로나오와 모로야스 형제의 죄를 물어 관직과 재산을 빼앗고 귀양을 보냈다. 유배지로 가던 도중 두 사람은 원한이 쌓인 사람들에게 습격을 받아 죽임을 당하고 말았다.

022 적장의 목을 벤 도모에 고젠

예나 지금이나 일본은 남존여비의 문화가 강한 나라지만 날카로운 송곳이 주머니에서 튀어나오듯 뛰어난 자질을 갖춘 여성이 역사 속에서 돋보이는 경우가 있다. 남자들이 활약했다고 알려진 봉건 시대에 여자 무사도 존재했는데, 이번 항목에서 소개할 도모에 고젠(巴御前)이 그런 경우다.

도모에 고젠은 겐페이 전쟁 시기에 활약한 무사였다. 탄생 연도와 사망 연도는 알 수 없으나 확실한 것은 미나모토 가문 출신 장수인 미나모토 요시나카의 측근으로 활약했다는 점이다. 《겐페이 성쇠기(源平盛衰記)》에 의하면 그녀는 히구치의 딸로 태어났다고 한다. 일설에 의하면 요시나카의 아내가 도모에였다고 하지만 이는 잘못된 인식이고, 사실은 요시나카의 첩실 비슷한 위치에 있으면서 그를 경호하는 호위 무사에 가까웠다고 추정한다.

시나노에서 자란 요시나카가 1180년 가네토오의 후원을 받아 시나노에서 다이라 가문을 토벌한다는 명분을 내걸고 군사를 일으키자, 도모에 역시 요시나카를 따라 전쟁터로 나갔다. 겐페이 전쟁을 묘사한 소설인 《헤이케모노가타리》에서 도모에는 요시나카와 함께 행동했는데 긴 머리카락과 하얀 옥 같은 얼굴을 한 미녀이면서 강한 활을 당길 수 있었고, 말을 타고 있거나 걷는 상태에서 칼을 뽑으면 누구와도 맞서 싸워서 지지 않는 일기당천의 무예를 지녔다고 묘사되었다.

아울러 도모에는 사나운 말을 잘 다루었으며 아무리 험한 길이라도 말을 타고 잘 달렸다. 요시나카는 전투가 벌어질 때면 도모에한테 두꺼운 갑옷을 입히고 타치(큰 칼)와 강한 활을 주어 한 부대의 지휘관으로 임명하여 내보냈다. 도모에는 요시나카를 따라 여러 전투에 참가하면서 혁혁한 전공을 세웠다. 한편 요시나카가 미나모토노 요리토모의 군대에 밀려 수많은 병사가 죽거나 달아나는 상황에서도 도모에는 요시나카를 따라 전쟁터를 누볐다고 한다.

마지막 순간 요시나카를 따른 부하는 도모에를 포함하여 5명의 기마 무사가 전부였다. 요시나카는 도모에를 향해 "너는 여자의 몸이니 어디로든 떠나라. 목숨을 내놓는 마지막 싸움에서 내가 여자를 데리고 있었다는 사실이 알려지면 사람들이 나를 비웃을 것이다." 하고 말했다. 이는 도모에를 살려주려는 행동이었다.

하지만 도모에는 오랫동안 모신 주군을 쉽게 떠나려 하지 않았다. 결국 요시나카가 몇 번이고 그녀를 타일러야 했다. 요시나카의 뜻을 더는 꺾을 수 없다고 생각한 도모에는 떠날 결심을 하면서도 그냥 가기가 아쉬웠는지 "마지막으로 싸우는 모습을 주군께 보여드리겠습니다"라고 중얼거렸다.

그때 마침 일본 동쪽 무사시 지역에서 힘이 세기로 유명한 장사인 온다노 모로시게(恩田師重)가 30여 명의 기마 무사를 이끌고 나타났다. 그들을 본 도모에는 말을 몰아 달려가더니 자신의 안장 앞쪽으로 모로시게를 낚아채 바싹 붙이고 목을 비틀어 베어버린 다음 자른 목을 던져버렸다. 그 후 도모에는 갑옷을 벗어버리고 요시나카를 따라서 떠나온 일본 관동 쪽을 향해 떠났다고 한다. 여기서 도모에에 관한 《헤이케모노가타리》의 기록은 사라진다.

용맹한 여자 무사에 대한 안타까움이 많았던지 그녀와 관련된 전설이 여러 문헌에 남아 있다. 《헤이케모노가타리》의 판본 중 하나인 나가토본(長門本)을 보면 도모에가 일본 동북부의 에치고(越後)로 달아나 머리를 깎고 비구니가 되어 요시나카의 명복을 빌었다고 한다.

《겐페이 성쇠기》에는 요시나카가 죽은 후 요리토모가 그녀를 자신의 근거지인 가마쿠라로 불러들였는데 그 이후 와다 요시모리(和田義盛)라는 무사와 결혼하여 아들인 아사히나노 요시히데(朝比奈義秀)를 낳았다고 전해진다. 그러다가 남편과 아들이 죽자 에치고의 호족인 이시구로 씨(石黒氏)에게 몸을 의탁하고 비구니가 되어 91세의 나이로 죽었다고 한다.

023 배신으로 일관된 인생을 산 사사키 도요

일본의 무사, 즉 사무라이라고 하면 으레 한 명의 주군한테 평생토록 충성을 바치는 사람이라는 이미지를 떠올리기 마련이다. 그래서 '일본 무사들은 충직함과 강직함을 죽을 때까지 간직하는 훌륭한 사람들이다, 우리는 그런 일본 무사들의 정신을 본받아야 한다'는 식으로 일본을 맹목적으로 찬양하는 사람이 더러 있다.

하지만 일본의 사무라이들은 도를 닦는 수도승이 아니라 오늘날로 따지면 직장인이나 프로 스포츠 선수에 더 가까웠다. 그들이 원한 것은 좋은 대우를 받으며 누리는 풍족한 삶이었지, 현대의 일본 애호가들이 말하는 것처럼 고상한 철학을 위해서 목숨을 바치는 삶이 아니었다.

매일같이 전쟁이 끊이지 않았던 14세기 일본의 남북조 시대를 살아가던 무사 중에 사사키 도요라는 사람이 있었다. 그는 전란을 겪은 무사들이 어떻게 행동하는지를 보여주는 전형적인 사례다.

사사키 도요는 남북조 시대 이전까지 왕실을 대신하여 일본을 지배한 호조 가문을 섬기는 몸이었다. 호조 가문을 타도하기 위해 무사를 모아 반란을 일으킨 고다이고 왕의 거사가 실패하자 호조 가문의 지시에 따라 사사키 도요는 그를 오키섬으로 유배 보내는 일에 앞장섰다.

그러나 오키섬에서 탈출한 고다이고 왕이 전국의 무사들한테 "왕실을 무시하고 권력을 독점하며 온갖 횡포를 부리는 사악하고 부패한 호조 가문을 타도하라! 이 거사를 성사시키는 무사에게 큰 상을 내리겠다!" 하는 글을 보내어 반란을 선동하자, 호조 가문의 횡포에 불만이 많았던 일본의 무사들이 잇달아 반란을 일으켜 호조 가문에 맞서 싸웠다.

1333년 5월 22일 호조 가문의 본거지인 가마쿠라가 고다이고 왕의 편을 든 장수인 닛다 요시사다에 의해 함락되자, 다음 날인 5월 23일 호조 가문의 사람과 무사 1100여 명이 우두머리인 호조 다카토키(北条高時, 1304~1333)와 함께 모두 배를 갈라 자살해버렸다. 이리하여 가마쿠라 막부는 멸망했다.

호조가 무너지자 고다이고 왕은 직접 나라를 다스리려 했으나 권력은 총구에서 나온다는 말처럼 무력을 장악한 장수인 아시카가 다카우지가 왕을 대신하여 일본을 지배하는 실권자가 되었다. 이때 호조 가문의 사무라이였던 사사키 도요는 아무런 망설임 없이 다카우지를 새로운 주인으로 섬기겠다고 나섰다.

그러다 1335년 이후 다카우지와 요시사다의 사이가 멀어지며 둘이 적대 관계에 돌입하자 사사키 도요는 다카우지의 편을 들어 요시사다를 공격하는 데 앞장섰다. 하지만 요시사다의 군대가 강하여 사사키 도요의 군대가 어려운 상황에 놓이자 그는 곧바로 요시사다한테 굴복했다.

얼마 후 사사키 도요는 자신이 다시 다카우지를 섬긴다며 반란을 일으켜 요시사다의 군대를 기습했다. 이렇듯 사사키 도요는 주인을 네 번이나 바꾸면서 배신을 일삼은 변덕스러운 인물이었다. 남북조 시대에 편을 자주 바꾼 것은 사사키 도요만의 특징은 아니었다. 당시 일본은 남조와 북조, 두 개의 조정으로 나뉘어 내전을 벌이고 있었기 때문에 일본 각지의 무사들은 남조가 유리하다고 판단하면 남조 편에 가담했다가 북조 쪽으로 전세가 기운다고 판단하면 곧바로 북조 편을 들었다.

사사키 도요를 가리켜 구태의연한 가치관에 얽매이지 않고 자유롭게 살아간 인물로 칭송하는 의견도 있으나, 냉정한 시각으로 본다면 사사키 도요는 그저 세태에 영합하여 아무렇지도 않게 배신을 일삼은 기회주의자일 뿐이다.

한편 사사키 도요는 자신의 권력으로 남을 괴롭히는 이른바 갑질에도 능숙했다. 왕실의 총애를 받는 묘호인이라는 사찰에 사사키 도요의 부하가 방문했다가 나뭇가지를 꺾어서 승려한테 쫓겨난 일이 있었는데, 이 사실을 알게 된 사사키 도요는 "그까짓 나뭇가지 하나 때문에 부하한테 망신을 주다니 이럴 수가 있느냐? 참으로 괘씸하여 용서할 수가 없다." 하고 화를 내며 부하들을 보내 묘호인을 불살라버리는 횡포를 부렸다.

이런 사실에 분노하여 사사키 도요를 처형하라는 여론이 빗발쳤으나 사사키 도요는 다카우지의 총애를 받는 몸이어서 생명과 재산에 아무런 피해 없이 풍족한 삶을 누리며 편하게 살았다고 전해진다.

1592년 일본군이 조선을 침략한 임진왜란 당시 전세가 불리해지자 수많은 일본군이 조선에 항복했다. 이들을 항왜(降倭)라고 부르는데 그들 중에서 가장 유명한 인물이 사야가(沙也加)다.

사야가는 일본군 장수 중 한 명인 가토 기요마사의 선봉장이라고 전해진다. 그는 가토와 함께 조선에 건너왔다가 조선의 찬란한 문물을 보고 감동해 3000명의 병사(일설에는 300명)와 투항했다는 것이 일반적인 인식이다.

사야가의 정체와 관련하여 다양한 설이 존재한다. 그의 이름인 사야가가 전국시대 일본의 용병 집단이던 '사이가'와 비슷하다는 점을 들어 그를 사이가 부대의 일원으로 보는 설이 있는가 하면, 가족이 도요토미 히데요시에게 인질로 잡혀 어쩔 수 없이 조선에 왔다는 설도 있고, 그가 가토 기요마사가 아닌 고니시 유키나가의 선봉장이었다는 설도 있어 정확한 면모를 파악하기 어렵다.

1597년 11월 22일자 《선조실록》을 보면 사야가에 관해 이렇게 묘사되어 있다. 1만여 명의 일본군이 경상도 의령(宜寧)으로 가서 정진(鼎津)을 반쯤 건넜을 무렵, 조선군과 명나라 연합군이 일본군을 향해 달려들어 전투가 벌어졌다. 이 전투에서 조선군과 명나라 군대가 쏜 화살이 빗발치듯 쏟아지자 일본군 중에 화살을 맞고 갑옷을 버린 채 달아나는 자들이 많았다.

그 모습을 보고 조선군과 명나라 군대가 일본군을 깊숙이 쫓아가다가 역습을 받아 포위를 당했다. 조선군과 명나라 군대를 에워싼 일본군의 포위망이 탄탄하여 꼼짝없이 전멸할 뻔했으나 사야가가 포함된 항왜들이 목숨을 걸고 싸워서 포위망을 무너뜨렸다고 한다.

당시 전투 상황은 매우 치열했는데 손시로(孫時老)라는 항왜는 일본군이 쏜 조총에 맞아 왼쪽 가슴 밑과 오른쪽 무릎이 뚫렸으며 항왜 연시로(延時老)는 말에서 떨어져 칼을 맞고 바로 죽었다.

한편 검첨지(儉僉知)라는 직함을 가진 항왜 사고여무(沙古汝武)는 두 명의 일본군을 죽였고, 동지(同知)라는 직함을 가진 항왜 요질기(要叱其)와 첨지(僉知)라는 직함을 가진 항왜 사야가(沙也加)와 항왜 염지(念之)는 각각 일본군 한 명을 죽이고 그 목을 가져왔다고 한다. 아울러 일본군에게 붙잡혀 끌려가던 조선 백성 100여 명도 이때 구출해왔다고 전해진다.

사야가라는 이름이 언급된 공식 기록은 이것이 유일하다. 짧은 기록에서 사야가의 활동상을 어렴풋이 알 수 있다. 그가 첨지(僉知)라는 벼슬을 받았고, 조선군과 동료 항왜들과 함께 일본군에 맞서 싸워 전공을 세웠다는 것이다.

사야가가 남긴 문집인 《모하당집》과 그의 가문에 전해지는 기록을 종합해보면 사야가는 선조 임금으로부터 정3품 가선대부의 관직과 김충선(金忠善)이라는 이름을 하사받았고, 임진왜란이 끝난 뒤 경상북도 우륵에 정착하여 대구 목사 장춘점(張春點)의 딸과 결혼해 평화로운 말년을 보냈다고 한다.

그러던 중 1624년 이괄의 난이 일어나자 그는 관군이 되어 반란군에 맞서 싸웠다. 이괄의 난은 그 기세가 굉장했다. 조선 시대에 일어난 반란 중 거의 유일하게 수도인 한양을 점령할 정도였는데, 이괄의 반란군에 항왜가 상당수 가담했기 때문이었다. 당시의 정황을 묘사한 기록들을 보면 반란군의 선봉에 항왜들이 앞장서서 칼을 휘두르며 돌진하자 조선군 병사들이 그들의 모습을 보고 겁에 질려 달아났다고 한다.

이괄 편이 아니라 관군 편에 서서 반란군을 진압하는 데 힘을 쓴 사야가는 안타까운 일을 경험하게 된다. 임진왜란 당시 전투에 함께 참여한 동료 항왜 서아지(徐牙之)가 이괄의 반란군에 가담하고 있었기 때문에 그와 맞붙어 목을 베어 죽이게 된 것이다. 이괄의 난이 진압되자 사야가는 조정으로부터 상으로 토지를 받았으나 수어청의 둔전으로 남겨두어 다른 군사들의 녹봉으로 쓰도록 하는 겸손함을 보였다.

1636년 병자호란 때는 70여 세의 노구를 이끌고 쌍령(雙嶺) 전투에 나가 청군을 격파하고 많은 수급을 챙겨 남한산성으로 향했으나 도중에 인조 임금이 삼전도에서 청 태종에게 항복했다는 소식을 듣고 통곡하고는 고향으로 돌아가 조용히 일생을 마쳤다고 한다.

사야가의 후손들이 대구 달성동에 모여 살고 있는데 오래전 일본의 신문사와 방송국에서 그가 살던 집과 묘소를 방문하고 돌아가는 일도 있었다.

일본 천주교 지도자 아마쿠사 시로

배를 타고 먼 바다를 건너온 유럽인 선교사들은 16세기부터 일본에 기독교를 전했다. 이들은 일본인을 위해 서양의 글자와 음악을 가르치는 학교를 만들었을 뿐만 아니라 서양의 음식을 만드는 요리법까지 전해주었다. 지금도 일본의 대표적인 음식인 카스텔라와 덴푸라는 포르투갈 선교사들이 일본인들한테 가르쳐준 서양 요리인 빵과 튀김에서 유래한 문물이다.

17세기 초반에 이르면 일본 전국에 기독교 신자의 수가 75만 명에 달할 정도로 기독교가 융성했다. 일본 각 지역을 지배하는 영주 중에서 오토모 소린(大友宗麟, 1530~1587)처럼 기독교를 믿는 신자가 나올 만큼 기독교의 위세가 상당했다.

전국시대를 끝내고 일본을 통일한 도쿠가와 이에야스는 1612년 일본 전역에 기독교 금지령을 내리고 기독교 선교사들을 외국으로 쫓아내고 기독교 신앙을 포기하지 않는 일본인 신도들을 고문하고 죽여버렸다.

이에야스가 기독교 금지령을 내린 데는 그럴 만한 사정이 있었다. 당시 일본의 교회들은 전통적으로 일본인들이 믿던 불교의 상징물인 불상과 사찰을 우상숭배로 규정하여 마구잡이로 부숴버렸다. 이로 인해 불교 신자들은 기독교 신자들을 배척했다.

한편 선교사들과 함께 온 서양의 무역 상인들은 일본 각지의 영주들한테 화약 한 통을 주는 대가로 일본인 여자 10명을 받아 해외로 끌고 가 노예로 팔았다. 16세기 전국시대 동안 노예가 되어 해외로 팔려 온갖 고통을 당한 일본인의 수가 50만 명에 달했다. 이러한 문제 때문에 이에야스 이전에 잠시 일본을 지배한 도요토미 히데요시도 포르투갈인 선교사들을 불러 "당신들은 왜 일본인을 노예로 사서 해외로 팔아버리는가?" 하고 불쾌감을 드러내기도 했다.

일본 지방의 영주 중에는 서양 선교사와 결탁하여 그들에게 입수한 대포나 총기 같은 무기를 가지고 이에야스가 수립한 정권인 에도 막부에 맞서 반란을 일으키려는 이들도 있었다. 실제로 에도 막부는 불만을 품은 세력인 일본 서부의 사쓰마번와 조수번에 무너졌으니 말이다.

이런 여러 이유 때문에 시작된 에도 막부의 기독교 탄압은 악랄했다. 기독교 신자들을 모아놓고 신앙을 포기하겠다고 말할 때까지 온갖 고문을 가했는데, 손발을 묶고 물속에 얼굴을 빠뜨리거나 멍석에 말고 때리는 일이 비일비재했다. 여자 신도들한테는 말과 수간을 강요할 만큼 비인간적이었다. 그래도 신앙을 포기하지 않는 신도들은 십자가에 묶어서 창으로 찔러 죽이거나 산 채로 불에 태워 죽이는 잔혹한 징벌을 내렸다.

막부의 탄압으로 신음하던 기독교 신자들은 '성경의 예언대로 구세주가 등장하여 우리와 신앙을 지켜줄 것이다'라는 믿음을 가졌는데, 이때 나타난 인물이 일명 아마쿠사 시로(天草四郎)라고 불리는 16세 소년이었다.

1637년 일본 서부 지역인 규슈 북쪽의 시마바라(島原)에서 아마쿠사 시로가 이끄는 기독교 신도들이 막부의 탄압에 맞서 대대적인 반란을 일으킨다. 이 사건을 가리켜 일본 역사에서는 시마바라의 난이라고 부른다.

에도 막부는 난을 진압하기 위해 12만 명의 군대를 동원했는데, 신앙을 지키기 위해 목숨을 걸고 저항하는 반란군의 기세가 만만치 않아 관군 중에 2만 명의 사상자가 발생할 정도였다. 반란을 일으킨 기독교 신도는 몇 몇을 제외하면 지도자인 아마쿠사를 포함하여 모조리 전사했거나 붙잡혀 처형되는 참변을 맞았다.

시마바라의 난은 막부의 인해전술에 밀려 1년 만인 1638년에 끝났지만 이 사건이 낳은 여파는 만만치 않았다. 우선 막부의 기독교 탄압이 더욱 강경해졌다. 해마다 여러 지역의 마을 주민들을 상대로 후미에라고 하여 예수나 성모 마리아의 얼굴을 새긴 구리판을 발로 짓밟게 하는 행위를 강요했는데, 이를 거부하면 기독교 신자로 간주하여 처형했다.

또한 시마바라의 난으로 인해 일본 사회에서 기독교는 세상을 어지럽히는 사악한 반란 세력이라는 이미지로 낙인이 찍혔다. 이런 이유로 19세기 말엽 메이지 유신을 통해 일본 정부가 탄압을 멈추고 기독교 신앙을 허락했는데도 불구하고 일본에서 신자의 비율은 전체 인구의 고작 1퍼센트에 그친다.

1993년 한국에도 발매되어 큰 인기를 끈 비디오 게임인 〈사무라이 스피리츠〉에서 악역으로 등장하는 아마쿠사가 바로 시마바라의 난을 일으킨 아마쿠사에서 유래한 것이다.

026 사소한 시비로 복수극을 펼친 에도 시대의 무사들

전 세계를 통틀어 일본인만큼 복수에 집착하는 민족도 없을 것이다. 오늘날까지 일본인이 가장 사랑하는 고전 문학은 주군이 모욕을 받아 자살하자 그 원한을 갚기 위해 47명의 무사가 모여 복수를 꾀하는 《주신구라(忠臣藏)》다. 그 밖에도 일본의 대중문화에는 복수를 다루는 내용이 끝도 없이 넘쳐난다.

이러한 성향은 현대에 와서 만들어진 것이 아니라 근대 이전부터 문화적 풍토가 마련되어 있었다. 전쟁이 끊이지 않았던 남북조 시대나 전국시대는 말할 것도 없고, 평화로웠던 에도 막부 시절에도 사소한 시비로 복수를 저지르는 일이 다반사였다.

일본의 나베시마 가문에 구로카와 쇼에몬이라는 무사가 있었다. 그는 무척 가난하여 부유한 이웃인 도쿠나가 산자에몬한테 모기장을 빌려주는 대가로 돈을 빌려 쓰고 있었다. 알기 쉽게 설명하자면 오늘날 전당포에 물건을 맡기고 돈을 받는 것처럼, 쇼에몬도 산자에몬한테 모기장을 담보로 돈을 빌린 것이다.

한데 아내의 집안인 가모하라 가문을 방문하는 날짜가 잡히자 아무런 선물도 없이 빈손으로 가면 체면이 서지 않는다고 여긴 쇼에몬은 산자에몬한테 맡긴 모기장을 돌려받을 생각으로 그의 집을 찾아갔다.

쇼에몬을 본 산자에몬이 이유를 묻고 자초지종을 듣고서는 "모기장을 담보로 맡기고 여러 번 돈을 빌려다 썼는데, 그동안 한 번이라도 갚은 적이 있었나? 내가 알기로는 없었네. 그런데 모기장을 돌려달라고? 그런 말을 할 거면 빌린 돈부터 갚아야 순서가 맞지 않겠는가? 모기장을 정 돌려받고 싶다면, 또다시 내 집에 찾아올 경우 나한테 죽어도 좋다는 각서부터 쓰게." 하고 말하며 화를 냈다.

쇼에몬은 일단 산자에몬이 내미는 각서를 써주고는 집으로 돌아와서 곰곰이 생각하다가 복수해야겠다는 결론을 내렸다. 쇼에몬은 칼을 차고 산자에몬의 집을 다시 찾아가서 "어서 나와라!" 하고 외쳤다. 산자에몬은 본능적으로 쇼에몬이 복수하러 왔다는 사실을 눈치챘다. 그는 동생인 요자에몬을 불러 도움을 청했다. 그리하여 요자에몬은 쇼에몬과 맞서 싸웠고, 쇼에몬은 요자에몬한테 죽임을 당하고 만다. 그때 쇼에몬의 아내가 칼을 들고 달려와 산자에몬의 집으로 넘어가 요자에몬을 찔렀고 산자에몬의 하인들은 그녀를 죽여버렸다. 요자에몬은 쇼에몬의 아내한테 찔린 상처 때문에 사흘 후 죽었고, 산자에몬은 자기 때문에 소동이 일어난 것을 자책하여 자살했다고 한다.

그런가 하면 이런 일도 있었다. 일본 동북부 아이즈번에서 누이도노노스케와 소자에몬이라는 두 무사가 길을 가던 도중 이런저런 이야기를 나누었다. 소자에몬이 "내 아들 헤이시로는 늦잠 자는 버릇이 있다네." 하고 말을 꺼내자 누이도노노스케는 "늦잠 자는 것은 나쁜 버릇이니 자네가 뭐라고 하게나." 하고 대답했다. 이에 소자에몬이 "아들이라고 해도 나이가 들었으니 너무 뭐라고 할 수는 없네." 하고 말했다.

둘은 헤어져 각자 집으로 돌아갔는데 나중에 헤이시로가 누이도노노스케를 찾아왔다. 헤이시로는 "왜 당신은 그런 말을 해서 나를 모욕했습니까? 이는 무사의 명예를 더럽힌 것이니 결코 용서할 수 없습니다. 이 자리에서 결투를 신청하겠습니다." 하며 화를 냈다.

누이도노노스케는 친구의 아들과 싸우고 싶지 않아 "나는 결코 나쁜 뜻으로 말하지 않았다." 하며 만류했으나 헤이시로는 그 말을 듣지 않고 칼을 뽑아 누이도노노스케를 공격했다. 어쩔 수 없이 누이도노노스케도 칼을 뽑아 싸웠는데 결국 헤이시로가 죽고 말았다.

이 사건을 전해 들은 아이즈번에서는 누이도노노스케가 무사인 헤이시로의 명예를 손상시켰으니 책임을 지는 뜻에서 자결하라고 판결했다. 결국 누이도노노스케는 사소한 말 한마디 때문에 목숨을 잃고 말았다.

이러한 무사들의 행동을 어떻게 이해해야 할까? 일본 문화를 좋아하는 이들 중에는 "명예를 소중히 여기기 때문에 사소한 시비를 가리기 위해 칼을 뽑아 생사를 가름하는 것이다." 하며 그런 행동을 본받아야 한다고 주장하는 사람도 있다.

하지만 현대의 관점으로 본다면 사소한 시비를 가리겠다고 칼을 휘둘러 사람을 죽인 에도 시대의 무사들은 감정을 통제하지 못하고 잔혹한 폭력을 저지른 살인자일 뿐이다. 이런 자들의 행위를 멋지다거나 본받아야 한다며 추켜세울 가치가 과연 있을까?

4

신기한 보물들

027 일본 왕실의 상징, 삼종신기

일본을 대표하는 보물이라면 야타의 거울, 구사나기의 검, 야사카니의 곡옥, 이 세 가지를 꼽을 수 있다. 이 보물들은 이른바 삼종신기라고 불린다.

야타의 거울은 아마테라스가 스사노오의 난폭함을 피해 하늘의 동굴 속에 숨었을 때 그녀를 나오게 하기 위해 신들이 만들어 세운 보물이었다. 그래서 아마테라스는 손자인 니니기가 땅으로 내려갈 때 "이 거울은 나의 영혼이니 조심해서 간직하라." 하고 당부했다고 전해진다.

무라카미 왕 때 궁궐에서 불이 났는데 거울을 보관하던 곳의 불길이 거세어 들어갈 수 없었다. 한데 거울이 스스로 불길을 뚫고 나와 궁궐 앞에 있는 벚나무 가지에 매달려 있었다고 한다.

구사나기의 검은 아마테라스의 남동생인 스사노오가 지상에 내려와서 8개의 머리와 꼬리가 달린 뱀인 야마타노오로치를 죽이고 꼬리 안에서 꺼낸 칼이다. 구사나기의 검으로 훗날 야마토 조정의 왕자인 야마토 다케루가 동쪽 지역을 정복할 때 도적들이 풀에 불을 질러 죽이려 하자 풀을 베고 탈출했다는 전설이 있다.

야사카니의 곡옥에 대해서는 특별한 전설이 전해지지 않는다.

《일본서기》에 의하면 삼종신기는 니니기가 하늘에서 일본 열도로 내려

올 때 아마테라스에게 받은 보물이라고 한다. 그리고 삼종신기는 일왕이 즉위할 때 옥좌가 있는 단으로 올라가서 받아야 하는 보물이기도 하다. 즉위식 때 삼종신기를 받아야만 비로소 왕의 지위를 아마테라스한테 인정받게 된다는 믿음이 있기 때문이다. 삼종신기는 왕의 상징이기 때문에 상자에 넣어 보관하고 궁녀들이 지키고 있을 뿐 아니라 왕이 여행할 때도 항상 가까이에 둔다고 한다.

11세기 말엽 미나모토 가문과 다이라 가문이 일본의 지배권을 놓고 벌인 겐페이 전쟁 당시 다이라 가문은 삼종신기를 가지고 서쪽으로 달아났다. 다이라 가문의 우두머리인 기요모리의 외손자가 안토쿠 왕이었기 때문에 다이라 가문 사람들은 왕을 지킨다는 명분으로 삼종신기를 빼돌려 달아난 것이다. 삼종신기가 수중에 있는 상황에서는 안토쿠 왕만이 진짜고 다른 왕은 가짜라는 명분이 서기 때문이었다.

이런 사정 때문에 미나모토 가문의 편에 선 고시라카와 왕은 포로로 잡힌 다이라 가문의 사람인 시게히라를 시켜 "삼종신기를 돌려주면 시게히라를 살려서 보내주겠다"는 편지를 써서 다이라 가문에 전하게 했다. 하지만 보물을 내놓으면 정당성과 명분이 사라지는 것을 염려한 다이라 가문은 끝내 협조하지 않았다.

단노우라 해전에서 다이라 가문이 미나모토 가문에게 패망할 때 그들은 안토쿠 왕과 함께 삼종신기를 가지고 바닷속에 뛰어들어 집단으로 자살했다. 미나모토 가문은 서둘러 바닷속을 뒤져 곡옥과 거울은 찾았으나 검은 발견할 수 없었다고 한다. 《헤이케모노가타리》에 의하면 고시라카와 왕이 구사나기의 검을 찾고자 해녀들을 시켜서 바닷속을 뒤지게 하고, 승려들에게 사찰과 신사에 가서 검을 돌려달라고 빌도록 했지만, 어디에서도 찾을 수가 없었다고 한다.

이를 두고 어느 음양사는 점을 치고는 "구사나기의 검을 갖고 있던 뱀인 야마타노오로치가 자신의 것을 빼앗겨 아쉬워했는데, 그 영혼이 안토쿠 왕으로 환생하여 칼을 가지고 바다 밑으로 가라앉은 것이오. 안토쿠가 80번째 왕으로 8세에 즉위했는데, 야마타노오로치는 8개의 머리와 8개의 꼬리를 가지고 있었으니 오로치의 환생이 틀림없소. 이제 구사나기의 검은 영원히 오로치의 소유가 되어 두 번 다시 바다 위로 떠오르지 않을 것이오."

하고 말했다고 한다.

하지만 삼종신기 중 하나인 구사나기의 검이 없으면 권위를 인정받지 못하는 것이 일본 왕실의 불문율이었다. 이런 이유 때문에 이후 일본의 왕들은 가짜 칼을 만들어서 그것으로 구사나기의 검을 대신하고 있다.

훗날 제2차 세계대전 무렵 일본이 미국에 항복한 이유도, 전쟁이 길어지면 삼종신기를 미국에 빼앗겨 일본 왕실의 권위가 추락할 것을 두려워했기 때문이라는 말이 전해진다.

028 재앙을 내리는 사악한 검, 무라마사

칼을 든 무사들이 권력을 잡기 위해 1000년간 치열한 싸움을 벌였던 일본 역사 속에는 수많은 명검이 존재한다. 그중에서 가장 날카로우면서 무시무시한 이름을 가진 칼은 무라마사(村正)였다.

14세기 말엽부터 등장하는 무라마사는 일본 중부 이세현에서 무라마사라는 성을 가진 대장장이들이 만든 칼이었다. 무라마사는 날이 예리한 것으로 유명했다.

애초 무라마사는 무사들이 사용하는 여러 칼 중 하나였는데 희한하게도 전국시대의 강력한 영주인 도쿠가와 가문을 상대로 한 나쁜 일화와 관련이 생기는 바람에 유명세를 얻게 되었다.

도쿠가와 이에야스의 할아버지인 마쓰다이라 기요야스(松平淸康, 1511~1535)의 경우 미하리(尾張) 전투에서 부하인 아베 야시치로(阿部彌七郞)의 무라마사에 의해 오른쪽 어깨로부터 왼쪽 옆구리까지 잘려서 죽고 말았다. 도쿠가와 이에야스의 아버지인 마쓰다이라 히로타다(松平廣忠, 1526~1549)는 1545년 부하인 이와마쓰 하치야(岩松八彌)가 휘두른 무라마사에 의해 허벅지가 잘리는 큰 부상을 당했다.

도쿠가와 이에야스의 큰아들인 마쓰다이라 노부야스(松平信康, 1559~

1579)는 장인, 그러니까 아내인 도쿠히메(德姬)의 아버지인 오다 노부나가로부터 "너는 적인 다케다(武田) 가문과 몰래 손을 잡고 나를 해치려고 음모를 꾸미고 있는 것이 틀림없다. 그러니 잘못을 씻기 위해서 스스로 배를 갈라 죽어라!" 하고 압박을 받아 결국 할복하게 되었다. 노부야스가 할복했을 때 옆에서 그의 목을 내리치던 사람이 사용한 칼도 무라마사였다.

1600년 10월 21일, 일본의 지배권을 두고 도쿠가와 이에야스와 이시다 미쓰나리가 각각 수만 명의 대군을 이끌고 싸운 세키가하라 전투에서 도쿠가와 이에야스가 아군 병사들이 가진 무기를 점검하고 있을 때 창날을 만지다가 실수로 손가락이 잘리는 사고가 발생했다. 그런데 그 창도 무라마사라는 대장장이가 만든 것이었다. 결국 이에야스는 무라마사라는 이름이 붙은 창과 칼을 불길하다고 여겨 병사들이 가진 무기 중에 무라마사를 모조리 없애버리라고 명령했다.

이런 일화 때문인지 "무라마사라는 이름이 붙은 창이나 칼 등은 도쿠가와 가문에 재앙을 내리는 사악한 힘을 갖고 있다!"는 소문이 퍼져나갔다. 특히 도쿠가와 이에야스가 일본을 통일하고 에도 막부를 세우자, 무라마사는 창업자인 이에야스와 그 조상들한테 해를 입힌 무섭고 불길한 무기라는 인식이 더욱 강해졌다. 관리나 무사가 무라마사라는 이름이 붙은 칼과 창을 가진 사실이 막부의 관리한테 발각되면 도쿠가와 가문에 대한 반역으로 간주해 할복을 강요당해 목숨을 잃기까지 했다고 한다.

실제로 1634년 나가사키의 관리였던 다케우치 시게요시(竹中重義)는 그가 저지른 부패에 관련되어 막부로부터 조사를 받던 와중, 집에 24자루의 무라마사 검을 갖고 있던 사실이 발견되었다. 원래 시게요시가 저지른 부패 행위에 대한 처벌은 섬으로 귀양을 보내는 것이었으나 무라마사 검을 갖고 있었다는 이유로 처벌 수위가 높아졌다. 막부의 창업자인 도쿠가와 이에야스가 군대에서 무라마사를 모두 없애라고 명령했는데도 그것을 계속 가지고 있었기 때문에 반역죄를 물어 결국 시게요시는 할복을 강요당했다.

한편 무라마사라는 검을 갖고 있으면 자신도 모르게 그 검이 풍기는 사악한 기운에 감염되어 아무런 이유 없이 마구잡이로 사람을 죽이는 죄를 짓게 된다는 불길한 전설이 에도 막부 시대에 생겨났다. 자살하는 사람들이 쓰는 칼도 알고 보니 모두 무라마사였다거나 무라마사를 훔치려던 도둑이 칼에 팔이 잘렸다는 괴담이 꼬리에 꼬리를 물고 퍼져나가기도 했다.

이처럼 무서운 이미지에 휩싸여 있던 무라마사가 오히려 인기를 구가하는 경우도 있었다. 에도 막부 말엽 막부와 적대했던 초슈와 사쓰마의 무사들은 "무라마사야말로 도쿠가와 가문을 무찌르는 데 가장 좋은 무기다!" 하면서 무라마사의 이름이 붙은 검을 닥치는 대로 사들였다. 무라마사를 구하려는 사람이 많아져 구하기가 힘들어지자 무라마사가 아닌 칼에 이름을 새겨 꾸미고 다니는 이들도 있었다고 전해진다.

하늘을 나는 제비를 베어버린
모노호시자오

　일본을 대표하는 전설적인 검객인 미야모토 무사시의 맞수로 알려진 사사키 고지로(佐佐木 小次郎)는 모노호시자오(物干棹)라는 이름을 가진 칼을 평생 가지고 다녔다. 모노호시자오는 글자 그대로 해석하면 '빨래를 매다는 긴 장대'라는 뜻인데, 고지로가 장대를 들고 다녔다고 이해하면 안 된다. 모노호시자오는 장대같이 아주 긴 칼을 의미하기 때문이다.

　무사시의 전기인 《이천기(二天記)》에 의하면, 고지로는 도미타 고로자에몬(富田伍郎左衛門)이라는 무사한테 도미타류(富田流)라는 검술을 배웠다고 한다. 도미타류는 길이가 50센티미터 정도인 칼을 사용하는 검술이었는데 고지로는 도미타류를 배우면서 사용하는 칼의 길이를 두 배로 늘렸다. 이렇게 고지로가 사용하게 된 칼이 바로 모노호시자오였다. 모노호시자오는 칼날 길이만 1미터가량이어서 허리가 아니라 등에 차고 다녔다.

　여기서 몇 가지 설명을 덧붙이자면 모노호시자오 같은 칼은 노다치(野太刀)라고 하여 일본에서 따로 분류할 만큼 굉장히 긴 칼로 여겨졌다. 칼이 길어지면 무게도 그만큼 늘어나기 때문에 웬만큼 힘이 세거나 무예에 능숙하지 못한 사람은 칼자루를 쥐고 휘두르기도 어렵다. 무예를 처음 배우는 사람이 잘 모르고 멋있어 보인다고 긴 칼을 잡았다가 손목이 나가버리는 부작용이 있을 정도로 검도는 매우 어려운 일이다.

　이런 배경을 안다면 과거 역사를 다루는 TV의 사극이나 영화 속에서 우리나라 무사들이 칼을 등에 차고 다니는 모습으로 나오는 것은 고증이 제대로 안 된 경우임을 알 수 있을 것이다. 조선 시대만 하더라도 우리 무사들이 가지고 다니는 칼인 환도는 돈띠라는 띠에 칼자루를 묶어 허리에 차고 다녔지, 일본 사무라이들처럼 등에 매거나 그냥 손으로 들고 다니지 않았다. 이러한 설정은 사극 드라마나 영화를 만드는 제작진이 전통 무기에 대한 지식이 부족해서 생기는 문제인 셈이다.

　본론으로 돌아와 이야기하자면 모노호시자오는 고지로가 스스로 만든 칼이 아니었다. 《이천기》를 보면 일본 혼슈 서부의 오카야마(岡山)현의 비젠(備前)에서 오사후네 나가미쓰(長船長光)라는 대장장이가 모노호시자오를 만들었다고 나온다. 비젠은 일본에서 좋은 철이 나는 곳으로 유명했고, 일본 역사에서 명검은 대부분 이곳에서 만들어졌다.

　고지로는 모노호시자오를 가지고 수련한 끝에 쓰바메가에시(燕返し)라는 검술을 창시했다. 쓰바메가에시는 글자 그대로 풀이하면 '제비 베기'라는 뜻이다. 모노호시자오를 휘둘러 하늘을 빠른 속도로 날아가는 제비마저 베어버린 고지로는 그야말로 검술의 달인이라 할 만하다.

　모노호시자오를 등에 매고서 고지로는 일본 각지를 돌아다니며 수많은 상대와 싸워서 이겼다. 이 때문에 고지로의 이름은 일본 전역으로 널리 퍼졌는데, 그 이름을 들은 사람 중에 고지로 일생의 적수인 무사시도 있었다.

　무사시는 고지로의 이름을 듣고 '얼마나 대단한 검객이기에 명성이 이렇게 널리 퍼졌을까? 꼭 한번 겨뤄보고 싶다'는 열망이 들어 고지로를 찾아가서 결투를 신청한다. 고지로도 일본 각지를 방랑하던 도중 무사시의 명성을 듣고 그와 실력을 겨뤄보고 싶었기에 무사시의 결투 신청을 받아들인다.

　두 검객은 오늘날 일본 서부 야마구치현의 섬인 간류지마(巖流島)에서 만나 대결하기로 합의했다. 1612년 4월 13일, 무사시와 고지로는 간류지마에 각자의 검을 들고 나왔다. 고지로는 모노호시자오를 갖고 나왔고 무사시는 배의 노를 깎아서 만든 목도를 갖고 나왔다. 나무칼이라고 우습게 보면 안 된다. 나무칼도 머리에 맞으면 두개골이 부서질 정도로 파괴력이 있는 무기이기 때문이다. 게다가 무사시는 고지로와 일전을 치르기 위해 나무칼을 바닷물에 적셔서 무게가 많이 나가도록 하는 치밀함도 보였다.

대결이 벌어지자 고지로는 모노호시자오를 휘둘렀는데 그 일격으로 무사시가 머리에 두르고 있던 수건을 베었을 뿐이었다. 무사시가 목도로 고지로의 머리를 내리치자 고지로는 머리가 깨져서 죽고 말았다.

무사시가 결투에서 승리한 이유는 그가 만든 목도의 길이가 모노호시자오보다 길었기 때문이었다.

030 항아리와 도적을 함께 베어버린 가메와리

일본 에도 막부 시대의 유명한 검술인 잇토류(一刀流)를 만든 검객인 이토 잇토사이(伊東 一刀齊)는 생몰연도가 알려지지 않은 수수께끼의 인물인데 밝혀진 행적을 모아서 소개해본다.

이토 잇토사이는 어릴 때부터 오니야샤(鬼夜叉), 즉 '귀신 괴물'이라는 별명으로 불릴 정도로 힘이 센 장사였다. 그는 검객이 되겠다는 꿈을 품고 관동으로 배를 타고 떠났는데, 바람이 불어 배가 침몰하자 통나무를 붙잡고 바다를 떠돌다가 간신히 육지에 도착했다.

잇토사이는 미시마(三島) 신사에 머물렀는데 어느 날 도미타(富田) 가문에서 일하던 검객 한 명과 솜씨를 겨뤄볼 기회가 생겼다. 이 대결에서 잇토사이는 생각하지도 않았는데 도미타 가문의 검객을 이겨버렸다. 신관은 그런 잇토사이를 보고 뛰어난 무사가 될 소질이 있다고 여겨 신사에서 오랫동안 보관해오던 칼 한 자루를 선물했다. 그 칼은 뛰어난 기술자인 이치몬지(一文字)가 만든 무기였다.

칼을 선물 받은 잇토사이는 다음 날 아침이 되면 신사를 떠나서 검객의 꿈을 이루기 위해 방랑하기로 결심했다. 그러고는 밤에 잠을 자고 있었는데 그날 마침 도적들이 신사에 들어왔다. 무슨 오래된 보물이라도 있을까

해서 훔치러 들어온 것이었다.

도적들의 생각이 딱히 잘못된 것은 아니었다. 동서고금을 막론하고 종교 사원에는 신의 가호를 바라며 수많은 이들이 방문하여 기도를 드리며 금은보화나 보물 같은 값진 물건을 바치기 마련이기 때문이다. 서양에서도 수도원에 신도들이 바친 황금, 은, 보석 같은 값비싼 물건이 많았다. 표지에 루비나 사파이어 같은 보석을 박아넣은 화려한 성경책이나 금으로 만든 잔 등을 보관하고 있기도 했다. 이 때문에 스칸디나비아반도에서 배를 타고 서유럽으로 쳐들어온 바이킹들이 자주 약탈하는 곳도 수도원이었다.

그런데 미시마 신사를 약탈하려 한 도적들은 한 가지를 모르고 있었다. 그들이 노린 신사에 하필 잇토사이라는 출중한 검객이 자고 있었다는 사실 말이다. 도적들의 요란한 발자국 소리에 잠이 깬 잇토사이는 신관에게 받은 칼로 도적들과 싸워 그들을 제압했다. 만만치 않은 실력을 갖춘 검객이 신사를 지키고 있다는 사실을 알게 된 도적들은 도망쳤는데, 그중 한 명이 신사의 보물을 약탈하려는 미련을 버리지 못하고 큰 항아리 속에 숨었다. 잇토사이가 신사를 떠나거나 방심하여 잠을 자러 가는 틈을 노려 다시 도둑질을 할 생각이었던 듯하다.

하지만 이를 보고 있던 잇토사이는 항아리를 향해 칼을 내리쳤다. 그러자 항아리와 그 안의 도적이 한꺼번에 두 쪽으로 갈라져버렸다. 이 일화 때문에 잇토사이가 신관으로부터 받은 칼은 가메와리(甁割刀)라고 불린다.

도적들로부터 신사를 지켜낸 잇토사이는 아침이 되자 결심한 대로 신사를 떠나 검객이 되기 위해 방랑하다가 가네마키 지사이라는 유명한 검객을 알게 되어 그의 제자가 되었다. 가네마키 지사이는 훗날 일본을 대표하는 전설적인 검객 미야모토 무사시와 대결하는 사사키 고지로의 스승이 되는 인물이기도 하다.

가네마키 지사이로부터 도미타류의 검술을 배운 잇토사이는 5년이 지나자 더 배울 것이 없다고 판단하여 떠났다. 또 방랑 생활을 하던 잇토사이는 다른 검객과 무사 들을 만나 33회에 걸쳐 무예를 겨뤄 모두 승리했다고 한다.

그 후부터 잇토사이는 자신만의 검술인 잇토류를 완성하고, 각지를 떠돌면서 만난 청년들을 거둬들여 제자 양성에 주력한 것으로 보인다. 그의 노력은 큰 성공을 거뒀다. 미야모토 무사시나 사사키 고지로는 유명한 제자를 두지 못한 반면 잇토사이가 가르친 제자들은 후진 양성에 힘써 오늘날까지 잇토류의 검술이 일본에 전수되고 있기 때문이다.

잇토사이는 늙어가면서 잇토류를 물려줄 제자로 미코가미 덴젠을 골랐다. 덴젠은 잇토사이의 다른 제자인 젠키와의 대결에서 승리하여 스승으로부터 명검인 가메와리와 함께 정통 후계자 자격을 부여받았다. 덴젠은 훗날 에도 막부의 쇼군인 도쿠가와 히데타다한테까지 검술을 가르칠 만큼 훌륭한 검객으로 출세했다.

덴젠을 후계자로 지목한 잇토사이는 세상에 모습을 드러내지 않고 사라져버렸다.

031 가문에 행운을 주는 칼, 고가라스마루

　칼 한 자루가 한 사람의 인생을 바꾸고 가문을 빛나게 해준 일이 일본의 전설로 전해온다. 겐페이 전쟁 때의 상황을 묘사한 문헌인 《헤이케모노가타리》를 보면, 다이라 가문의 우두머리인 다이라노 기요모리가 신으로부터 받은 칼 덕분에 출세했다는 이야기가 실려 있다.

　다이라노 기요모리가 일본 혼슈 서부의 아키 지역을 다스리는 태수로 있던 시절, 이쓰쿠시마 신사를 찾아가 참배한 일이 있었다. 그 후 기요모리는 꿈을 꾸었는데, 이쓰쿠시마의 신이 나타나서 은으로 장식한 절도(節刀, 혹은 협도)를 선물로 주었다. 절도란 반란군을 토벌하러 군대를 이끌고 나가는 장군한테 조정이 권력의 일부를 맡긴다는 의미에서 부르는 이름이다. 그러니까 이쓰쿠시마의 신이 기요모리한테 절도를 주었다는 것은 신이 권력을 맡긴다는 것이고, 달리 말하면 기요모리가 일본의 실권자가 된다는 뜻이었다.

　그 칼에는 이름이 없었으나 다이라 가문에서는 고가라스(小烏) 혹은 고가라스마루(小烏丸)라고 불렀다. 칼의 이름에 까마귀를 뜻하는 가라스가 왜 붙었을까? 일본 신화에서 까마귀는 신의 뜻을 인간에게 전하는 성스러운 전령으로 여겼기 때문이다.

고가라스마루를 얻고 나서부터 기요모리에게 행운이 따랐다. 딸을 왕한 테 시집보내어 외척이 되었을 뿐만 아니라 그와 그의 가족이 나라의 권력과 부를 독차지하여 "다이라 가문이 아니면 사람도 아니다"라는 말이 나올 정도로 부귀영화를 누렸다.

하지만 왕실을 업신여기며 독재를 일삼는 기요모리의 횡포에 지쳐 나라 안의 민심이 다이라 가문으로부터 떠나게 되었다. 그러던 어느 날 미나모 토 가문 사람인 마사요리의 하인 하나가 이상한 꿈을 꾸었다.

대궐 같아 보이는 건물 안에서 관복을 잘 차려 입은 노인들이 회의를 하고 있었는데, 말석에 앉아 다이라 가문을 편드는 사람을 쫓아내었다. 그래 서 하인이 "저분은 누구십니까?" 하고 한 노인한테 묻자 그는 "다이라 가 문의 수호신인 이쓰쿠시마의 신이시라네." 하고 알려주었다. 윗자리에 앉 아 있던 노인이 "지금까지 다이라 가문에 맡겨두었던 절도를 이제 미나모 토노 요리토모한테 보냅시다." 하고 말하자 다른 노인이 "그다음은 내 후 손에게 절도를 맡기겠소." 하고 대답했다. 윗자리의 노인은 미나모토 가문 의 수호신인 하치만의 신이었고, 다른 노인은 후지와라 가문의 수호신인 가스가의 신이었다.

꿈에서 깬 하인이 그 내용을 다른 사람들한테 알리자 "다이라 가문이 신 에게 받은 절도를 빼앗겼으니 이제 망하는 일만 남았다." 하고 수군거렸 다. 실제로 다이라 가문은 하인이 꿈에서 본 대로 내리막길을 걷더니 단노 우라 해전에서 미나모토 가문의 군대에 패배하여 멸망하고 말았다.

《겐페이 성쇠기》에는 고가라스마루에 대해 다른 이야기가 수록돼 있다. 이세 지역의 스즈카(鈴鹿)산에 사는 어느 가난한 사람이 하루는 이세 신궁 을 방문하여 "제발 이 가난에서 벗어나게 도와주십시오." 하고 기도를 올 렸다. 그러자 신이 "산속에 들어가 사냥을 하면 너의 소원이 이루어질 것 이다." 하고 계시를 내렸다.

신이 시키는 대로 산에 들어가 사냥을 했으나 어찌된 일인지 짐승들이 통 잡히질 않았다. 허탈하기도 하고 한편으로 화가 나기도 한 그는 "신이 나를 놀린 걸까? 왜 이렇게 사는 게 힘들지?" 하고 투덜거렸다. 얼마 후 오래된 무덤 옆에 칼 한 자루가 놓여 있는 것을 보고는 "혹시 저 칼이 나한테 주는 신의 선물이 아닐까?" 하는 마음이 들어서 챙겼다.

그 칼을 갖고 나서부터는 도술이라도 부린 것처럼 짐승들을 너무나 손쉽게 잡을 수 있었다. 그는 사냥한 고기로 가족들을 배불리 먹였다. 하루는 칼을 큰 나무에 기대어놓고 사냥에 나섰는데 큰 나무가 순식간에 시들어 죽은 것을 보고는 칼에 신이 내려준 성스러운 힘이 담겨 있다고 여겨 이름을 고가라스라고 지었다.

가난한 사람이 신의 계시를 받고 발견한 칼 한 자루 때문에 인생이 바뀌었다는 소문을 듣고 다이라 가문 사람인 다이라노 다다모리가 그를 불러서 고가라스를 땅 3000평과 바꾸자고 제안했다. 그가 제안에 선뜻 응한 덕분에 다다모리를 통해 고가라스는 다이라 가문의 보배로 대대로 전해졌다고 한다.

한번은 다다모리가 산속에서 낮잠에 빠져 있었는데, 커다란 뱀이 나타나 그를 잡아먹으려 하자 다다모리의 머리맡에 놓인 고가라스가 저절로 칼집에서 빠져나와 뱀을 겨누었다. 뱀은 칼에 담긴 신비로운 힘에 겁을 먹었는지 달아나버렸다고 한다.

032 벼락을 막아낸 검,
고기쓰네마루

일본의 헤이안 시대에 고카지 무네치카라는 대장장이가 살았다. 어느 날 그는 일본의 66번째 왕인 이치조로부터 훌륭한 검 한 자루를 만들라는 지시를 받았다. 이치조 왕이 꿈에서 좋은 일을 보고 '가만히 있으면 꿈을 꿨다는 기억조차 잊어버리게 될 것이다. 그러니 기념하여 잊지 않도록 명검을 만들어야겠다'는 생각이 들어 당시 가장 훌륭한 대장장이인 고카지 무네치카를 떠올리고 칼을 만들라고 지시한 것이었다.

그런데 무네치카는 이치조 왕의 명령을 전달하는 사자인 다치바나 미치나리 앞에서 어려움을 토로했다.

"제가 대장장이 일을 하면서 이름이 알려진 것은 맞습니다. 하지만 당장은 좋은 칼을 만들기가 어렵습니다. 칼은 저 혼자 만드는 것이 아니라 좋은 조수가 필요합니다. 제가 모루에 놓인 쇠를 망치로 내려치면 따라서 두드릴 조수가 있어야 하는데 지금은 그런 이가 없습니다. 나중에 제가 조수를 구하면 그때 오도록 하십시오."

미치나리는 무네치카의 말을 수긍하지 못하고 물었다.

"조수야 구하면 되는 것인데 무엇이 그리 어렵단 말인가? 게다가 이건 보통 의뢰가 아니라 왕께서 직접 하시는 부탁이네. 그러니 이번 의뢰를 거부하면 안 되네. 무슨 일이 있어도 완수하게나. 조수가 필요하다면, 이 나라 최고의 대장장이인 자네와 함께하고 싶어 하는 사람이 왜 없겠나? 아무쪼록 이번 의뢰를 꼭 완수하길 바라네."

미치나리는 이렇게 일방적으로 지시하고는 떠났다. 무네치카는 앞길이 막막했다. 왕의 명령을 거부했다가는 노여움을 사서 무슨 벌을 받을지 모르는 상황이지만, 그렇다고 작업을 섣불리 시작할 수도 없었다. 자신을 도와 쇠를 두드릴 만한 솜씨를 갖춘 조수가 없었던 것이다.

한숨만 쉬던 무네치카는 이나리 신을 모신 신사를 찾아가 평소처럼 기도를 올릴 요량으로 집을 나섰다. 신사에 도착할 무렵 아이 하나가 무네치카 앞에 나타났다. 귀족 가문의 아이처럼 옷차림에 기품이 서려 있는 아이가 무네치카를 보더니 이렇게 말했다.

"저는 당신이 왜 신사에 찾아왔는지 압니다. 왕의 명령으로 칼을 만들어야 하는데 조수가 없어서 고민하다가 이나리 신께 도와달라고 부탁하러 왔죠? 제가 그 고민을 들어줄 테니 저를 데려가 조수로 쓰십시오."

무네치카는 아이가 자신의 고민을 훤히 아는 것을 보고 놀랐다. 왕의 명령으로 칼을 만들어야 한다는 것은 자신을 포함하여 임금과 사자로 온 미치나리밖에는 아무도 모르는 사실인데, 이 아이가 어떻게 알고 있단 말인가? 하지만 사정이 워낙 급하다 보니 지금은 아이가 아니라 귀신의 손이라도 빌려야 할 판국이었다. 무네치카는 아이가 조수가 되어주러 온 것을 하늘의 뜻이라고 여기고는 대장간으로 돌아왔다.

대장간에 틀어박힌 무네치카가 쇠를 두드리자 아이도 따라서 망치로 쇠를 두드렸다. 그렇게 하자 놀랍게도 검이 금방 만들어졌다. 눈부시게 빛나는 명검이 탄생하자 무네치카는 검의 이름을 고기쓰네마루(小狐丸)라고 지었다. 그런데 검이 완성되자 아이가 무네치카한테 절을 한 다음 "네가 도와달라고 찾아가던 이나리 신이 바로 나였다. 정성이 갸륵하여 내가 너를 도와주었느니라." 하고 말하며 하늘로 솟구쳐 사라졌다.

고기쓰네마루에 얽힌 또 다른 이야기가 있다. 1370년 8월 15일 유명한 검객인 구조 즈네노리는 비가 내리는 날 갑자기 머리 위로 벼락이 떨어지자 고기쓰네마루를 휘둘렀다. 그러자 놀랍게도 벼락이 사라졌다. 고기쓰네마루가 신의 힘으로 만들어진 명검이어서 그런지 벼락마저 막아내는 힘을 지니고 있었던 것이다.

033 유명한 창,
돈보키리와 니혼고

일본의 무기라고 하면 일본도를 떠올리기 마련이다. 그러나 일본의 무기가 일본도만 있었던 것은 아니다. 가마쿠라 시대의 일본 무사들은 활을 주요 무기로 삼았고 용맹한 무사는 뛰어난 궁수이기도 했다. 이후 전국시대에는 창이 주요 무기가 되었는데, 용맹한 무사가 창을 들고 적진에 가장 먼저 돌격했다는 의미에서 일번창이라고 불렸다.

이런 배경 때문에 몇몇 무사들은 창을 중요시하며 보물로 여겼다. 이번에 소개할 돈보키리(蜻蛉切)와 니혼고(日本號)가 대표적인 경우에 해당한다.

먼저 돈보키리부터 살펴보자. 돈보키리는 전국시대를 끝내고 일본을 통일하여 에도 막부를 연 도쿠가와 이에야스의 부하 장수인 혼다 다다카쓰(本多忠勝, 1548~1610)가 사용한 창이었다. 돈보키리는 창날의 길이가 40센티미터, 창대 길이가 3.9미터에 달하는 긴 창이었다.

돈보키리라는 이름을 풀이하면 '잠자리(돈보) 베기(키리)'라는 뜻이 된다. 왜 이런 이름이 붙었느냐 하면, 돈보키리에 얽힌 전설 때문이다. 첫 번째 전설에 의하면 다다카쓰가 창을 세워놓고 쉬는 도중 잠자리 한 마리가 날아와서 창날에 앉으려 했다가 몸이 동강 나고 말았다고 한다. 두 번째 전설에 의하면 다다카쓰가 돈보키리를 휘두르자 공중을 날아가는 잠자리가 잘려버렸다고 한다. 이처럼 돈보키리는 날아가는 잠자리를 잘라버릴 정도로 예리한 창이었다.

다다카쓰는 주군인 이에야스를 따라 전쟁터를 누비면서 한 번도 몸에 상처를 입지 않을 만큼 용맹스러운 장수였다. 1572년 일본에서 강력하기로 소문이 난 호족인 다케다 신겐이 군대를 이끌고 이에야스의 영토인 도토미를 공격해왔을 때 다다카쓰는 정면으로 신겐과 대결하면 불리하다고 여겼다. 이에 이에야스에게 철수하라고 권유한 뒤 자신은 아군의 후방을 지키면서 신겐의 군대가 쫓아오는 것을 막았다. 자고로 후퇴하는 군대의 후방을 지키는 일은 매우 위험하여 전국시대의 일본에서도 그러한 역할은 어떤 장수든 맡으려 하지 않았다. 다다카쓰는 주군인 이에야스에 대한 충심이 깊을 뿐 아니라 용기가 있었기에 어렵고 위험한 일을 자청하고 나선 것이다.

다다카쓰는 끈질기게 쫓아오는 적군을 상대로 여덟 번이나 돌격하여 기세를 꺾어 이에야스를 무사히 피신시키는 데 성공했다. 그 용맹함에 적수인 다케다 신겐조차 감탄할 정도였다고 한다. 이뿐 아니라 그 이후의 전쟁에서도 다다카쓰는 이에야스를 따라다니며 숱한 공적을 세웠다.

일본 최고의 세력가인 도요토미 히데요시 또한 다다카쓰를 눈여겨보고 자기 편으로 끌어들이려고 했으나 우직한 다다카쓰는 히데요시의 회유에 끝내 응하지 않았다.

이토록 훌륭한 장수인 다다카쓰를 기리는 의미에서 그가 사용한 창에 잠자리도 잘라버린다는 뜻을 지닌 돈보키리라는 이름이 붙은 듯하다.

이제 니혼고를 소개할 차례다. 니혼고는 원래 고요제이 왕이 가진 무기였는데 히데요시한테 선물로 주었다고 한다. 히데요시는 니혼고를 받아들고는 이 창이 일본에서 으뜸가는 것이라고 기뻐하며 간직하고 있다가 1590년 부하인 후쿠시마 마사노리(福島正則)가 전쟁터에서 쌓은 공로를 축하하기 위해 선물로 주었다.

니혼고는 79센티미터의 긴 창날을 가진 창으로 창대는 그리 길지 않았는데, 오히려 그런 특성 때문에 강력한 무기인 오미야리(大身槍)로 평가받았다고 한다. 참고로 오미야리는 창날이 길고 창대는 그리 길지 않은 창이다. 창날이 길기 때문에 일반적인 창보다 적을 찔렀을 때 더 큰 상처를 낼 수 있었다고 한다.

한 예로 일본을 통일할 뻔한 오다 노부나가가 이 창에 당한 사례가 있다. 혼노지에서 부하인 아케치 미쓰히데가 이끄는 군대로부터 습격을 받았을 때 처음에는 격렬하게 저항했으나 미쓰히데의 군사 중 하나가 오미야리로 옆구리를 찌르자 큰 상처를 입은 노부나가는 회복하기 어렵다고 판단해 할복했다고 알려졌다.

마사노리는 술을 마시면 행패를 부리고 주정이 심한 기질이 있었다. 히데요시에게서 니혼고를 받았다는 사실을 자랑스러워하며 떠벌리던 마사노리는 모리 다헤라는 무사한테 "당신은 술을 못 마시지만 내가 주는 술을 마신다면 이 니혼고를 주겠소." 하고 내기를 했다가 다헤가 술을 마셔버리는 바람에 니혼고를 빼앗겼다고 전해진다.

034 천하의 명검 다이덴타미쓰요

다이덴타미쓰요(大典太光世)는 일본 서부 규슈의 미쓰요라는 대장장이가 만든 칼로 가마쿠라 막부 시대에 천하오검 중 하나로 꼽힌 명검이었다.

이 칼은 길이가 65.8센티미터, 칼날의 폭이 3.5센티미터 정도 되었다. 가마쿠라 막부가 14세기 남북조 내란으로 무너지고 아시카가 막부가 일본의 지배권을 잡으면서 이 칼을 내내 차지하고 있었다고 한다. 그러다 16세기 전국시대로 넘어오면서 아시카가 막부가 무너지고, 일본의 지배권을 도요토미 히데요시가 획득하면서 다이덴타미쓰요는 히데요시의 손으로 넘어갔다.

히데요시가 이 칼을 차지한 데는 나름의 배경이 있었다. 천민 출신인 히데요시가 막강한 군사력으로 일본을 통일하긴 했지만, 그는 일본 무가 정권의 우두머리인 쇼군이 될 수는 없었다. 일본에 오랫동안 내려오는 불문율에 의하면 쇼군이 될 수 있는 사람은 미나모토 가문과 다이라 가문의 후손이어야 했기 때문이다. 이 때문에 조상조차 알 수 없는 천민 출신인 히데요시가 쇼군 자리에 오르는 것은 불가능했다.

고민에 빠진 히데요시는 한때 일본의 합법적인 지배자였던 아시카가 막부를 통해 자신이 일본의 정당한 지배자라는 명분을 얻으려 했다. 그 결과가 아시카가 막부가 소유하고 있던 보물인 다이덴타미쓰요를 획득하는 것이었다. 이미 망해버린 아시카가 막부로서는 칼 하나를 넘겨주고 일본의 지배자가 된 히데요시와 좋은 관계를 맺을 수 있다면 나쁘지 않은 거래라고 판단했기에 히데요시의 요구에 순순히 따랐다.

이렇게 해서 히데요시는 천하오검 중 하나인 다이덴타미쓰요를 손에 넣게 되었고, 그 사실을 자랑하기 위해 자신이 머무르는 후시미성에 일본 각지에서 유명한 영주와 무사를 불러모았다. 그런데 히데요시가 잠에 빠진 사이 성에 모인 무사들끼리 말다툼이 벌어졌다. 이유는 성에서 귀신이 나온다는 것이었다.

어떤 사람이 "밤에 혼자서 성의 복도를 걷고 있었는데 누가 계속 칼집을 붙잡는 바람에 겁이 나서 차마 앞으로 나아갈 수가 없었소." 하고 얘기를 꺼내자, 히데요시의 친구이자 다이로의 벼슬을 지내고 있는 마에다 가문의 우두머리인 마에다 도시이에가 "그건 헛소리일세. 아마도 겁이 나서 헛것을 본 것이겠지." 하고 비웃었다. 그러자 얘기를 꺼낸 사람이 "그러면 당신이 혼자서 복도를 가보시오!" 하고 대꾸하는 바람에 말다툼으로 번진 것이다.

시끄러운 소리에 히데요시가 잠에서 깨어났다. 하인을 통해 일의 자초지종을 들은 히데요시는 도시이에한테 "내 검인 다이덴타미쓰요를 줄 테니, 이걸 가지고 한번 복도를 혼자서 다녀오게나." 하고 말했다. 이에 도시이에는 다이덴타미쓰요를 지닌 채 혼자 복도로 향했는데 어떤 일도 일어나지 않았다. 그러자 히데요시는 도시이에의 용기가 대단하다며 다이덴타미쓰요를 도시이에한테 넘겼다고 한다. 그 이후로 다이덴타미쓰요는 마에다 가문에서 줄곧 보관하게 되었다.

천하오검 중 하나라 불리는 명검답게 다이덴타미쓰요는 불가사의한 신통력을 지니고 있었다.

118

한번은 히데요시의 부하인 우키다 히데이에와 결혼한 도시이에의 딸이 갑자기 병에 걸려 앓아눕는 일이 발생했다. 아무리 좋은 약을 쓰고 용한 의원을 불러온들 도무지 병이 낫지를 않았다. 이때 도시이에가 히데요시한테 받은 다이덴타미쓰요를 딸의 머리맡에 놓아두었는데, 며칠 만에 딸이 완전히 나아 건강한 모습으로 돌아왔다고 한다.

놀라운 일에 감탄한 도시이에는 다이덴타미쓰요를 보관하기 위해 창고를 따로 만들어 넣어둘 만큼 아꼈다. 얼마 후 다이덴타미쓰요를 보관해둔 창고 위로 새들이 날아왔는데 칼에서 풍기는 신비한 힘 때문인지 땅에 떨어져 죽어버렸다. 그 이후로는 어떤 새도 다이덴타미쓰요를 보관한 창고 주위로 날아오지 않았다고 한다.

또 한번은 마에다 가문의 후손인 마에다 하루나가 다이덴타미쓰요의 위력을 시험하기 위해 시체 세 구를 베어보았다. 두 구의 시체는 곧바로 잘렸고 남은 한 구의 시체는 척추까지 칼날이 닿았다고 한다.

5

요괴와 귀신

035 덴구

　일본을 대표하는 요괴라면 덴구(天狗)를 들 수 있다. 일본의 전설에서 덴구는 붉은빛 피부에 길고 큰 코를 가진 모습으로 묘사되는데, 여러 가지 도술을 부리며 하늘을 날아다니는 존재라고 전해진다.

　일반적으로 덴구는 일본 전국의 깊은 산과 골짜기에 살고 있다. 원래 덴구는 벼락이 내리쳤을 때 하늘에서 떨어진 개와 같다고 여겨졌다. 그런데 일본의 종교인 슈겐도(修験道)의 영향으로 산속에 들어가 도를 닦는 수행자의 모습으로 여겨지게 되었다. 덴구의 모습은 붉은 얼굴과 기다란 코가 특징이었는데, 굽이 높은 게다(나막신)를 신고 허리에 큰 칼을 차고 깃털 부채를 들고 있는 모습으로 변모했다고 한다.

　덴구도 여러 종류가 있다. 가라스텐구(烏天狗)는 얼굴이 새처럼 생겼고 코 대신 새의 부리를 지니고 있다. 가라스텐구는 쇼텐구(少天狗)라는 이름으로도 불리는데 모든 덴구를 지배하는 높은 계급의 다이텐구(大天狗)의 부하라고 한다. 다른 덴구들처럼 가라스텐구도 손과 발은 사람의 것과 비슷하지만, 때로는 독수리처럼 생긴 발을 한 종류도 있다. 보통 가라스텐구는 산속에서 도를 닦는 수행자의 옷차림을 하고서 게다를 신고 하늘을 날아다니며 요술로 사람들을 세뇌시키거나 불교 승려의 마음을 사악하게 만들어

계율을 어기는 파계승이 되게 한다. 하지만 덴구들 중에서 지위가 낮은 종류라서 큰 덕을 쌓은 훌륭한 승려를 당해낼 수 없다.

구라마텐구(鞍馬天狗)는 일본의 옛 수도인 교토의 구라마(鞍馬)산에 살았던 덴구다. 일설에 의하면 불교 사찰인 구라마사(鞍馬寺)에 모시는 수호신인 비사문천이 밤이 되면 구라마텐구로 변한다고 한다. 구라마텐구는 사악한 마귀들을 물리치고 자신이 보호하는 사람한테 복을 내려주는 능력을 지녔다고 한다.

일본의 아타고산은 옛날부터 덴구들이 모이는 곳이었는데, 이 산에 들어가서 승려가 되는 교육을 받은 미나모토 가문의 장수인 미나모토노 요시쓰네가 구라마텐구를 밤마다 만나 무예를 배워 훗날 용맹한 장수가 되어 아버지의 원수인 다이라 가문을 물리쳤다고 전해진다.

다이텐구는 모든 텐구 중에서 가장 힘이 세다. 모습은 여느 텐구와 비슷하다. 산속에 들어가서 도를 닦는 수행자의 옷차림을 하고서 굽이 높은 게다를 신고 깃털 부채를 쥔 차림새를 하고 있다. 다이텐구는 등에 날개를 달고 있으며 온몸의 피부가 붉고 코가 굉장히 길다.

일본의 전설에 따르면 높은 지위에 있던 오만한 승려가 죽으면 다이텐구가 된다고 한다. 다이텐구가 되면 살아생전 숭배하던 불교를 증오하게 되고, 불교에서 가르치는 불법을 파괴하기 위해 깃털 부채를 부쳐 도술을 일으킬 수 있는데, 그 도술은 태풍 같은 자연재해나 전쟁을 일으킬 수 있을 만큼 강력하다.

덴구 중에는 여성인 온나텐구(女天狗)도 있다. 오만한 마음을 품고 살던 비구니가 죽으면 온나텐구로 다시 태어난다고 알려져 있다. 가라스텐구와 비슷한 생김새인데 대머리에 가사를 입은 생김새를 하고 있다. 온나텐구는 사람을 해치거나 도술의 힘으로 사람을 텐구로 만들 수 있다고 한다. 이 밖에도 온나텐구는 얼굴에 하얀 분을 바른 아름다운 여인의 모습으로 둔갑하여 인간 남성을 유혹하기도 한다.

그런가 하면 가와텐구(川天狗)라는 요괴도 있다. 가와텐구는 덴구라는 이름이 붙어 있기는 하지만, 전체적으로 보면 덴구와 연관이 없어 보인다. 가와텐구는 승려의 옷차림을 하지 않았고 하늘을 날아다니지도 않으며 코가 높거나 길지도 않기 때문이다. 가와텐구는 일본 전통 우산을 손에 들고서 사람들한테 환상을 보게 하여 강에 빠뜨리는 장난을 좋아한다.

일설에 의하면 덴구는 일본에 표류한 서양인 승려, 즉 기독교 선교사들의 모습에서 유래했다고 한다. 당시 선교사들의 옷차림이 불교 승려와 비슷하고, 백인 특유의 하얗고 붉은 피부에 높고 큰 코를 지녔다 보니, 일본인들이 그들을 요괴라고 착각했다는 것이다.

036 눈의 요괴

흔히 일본은 따뜻한 나라라고 여기지만, 일본 북부 지역인 도호쿠나 홋카이도는 겨울이 길고 춥다. 이쪽 지역에는 겨울에 내리는 눈과 관련된 전설이 많은데 개중에는 눈의 요괴에 관한 내용도 있다.

먼저 소개할 눈의 요괴는 유키온나(雪女)다. 유키온나는 글자 그대로 '눈의 여자'라는 뜻인데, 눈이 내리는 겨울에 아름다운 여자의 모습으로 나타난다. 유키온나는 몸 전체가 눈으로 이루어져 있기 때문에 굉장히 차갑다. 아름다운 모습에 반한 인간 남성이 가까이 다가가면 유키온나한테 몸의 기운을 빼앗겨서 얼어 죽는다고 한다.

이뿐 아니라 유키온나는 밤이 되면 산속을 헤매다가 오두막집을 발견하면 그 안으로 들어가서 자고 있는 사람한테 새하얀 숨결을 내뿜어 얼려 죽이는 잔인한 습성을 지니고 있다. 하지만 유키온나는 눈 그 자체이기 때문에 치명적인 약점이 있다. 뜨거운 물이 가득한 목욕탕에 들어가면 순식간에 녹아서 사라지는 것이다.

모든 유키온나가 사악한 것은 아니어서 진심으로 사랑하는 인간 남성과 결혼하여 아이를 낳을 수도 있다. 이 때문에 일본의 민담에는 유키온나와 남자의 사랑을 다룬 이야기가 많이 전해온다.

유키온나의 아이를 가리켜 보통 유킨코라고 부른다. 유키온나는 유킨코를 데리고 다니다가 사람을 발견하면 다가가서 아이를 안아달라고 부탁한다. 그 모습에 동정심을 느낀 사람이 아이를 받아 안으면 유킨코의 몸무게가 점점 무거워져 짓눌려 죽고 만다.

가끔 유키온나가 유킨코를 인간 부부한테 맡겨 키우게도 하는데, 이때 유킨코를 목욕시키면 안 된다. 유키온나처럼 유킨코도 온몸이 눈으로 이루어져 있기 때문에 따뜻한 물에 들어가면 순식간에 녹아서 사라져버리기 때문이다.

유키온나와 약간 다른 눈의 요괴인 유키조로(雪女郎)도 있다. 유키조로는 보통 자신의 아이를 데리고 다니는데, 아이도 어머니처럼 온몸이 눈으로 이루어져 있다. 유키조로는 눈이 내리는 날 아이를 데리고 떠돌아다니다가 인간 남성을 발견하면 곧장 다가가서 아이를 한번 안아달라고 부탁한다. 그 말에 넘어가서 유키조로의 아이를 안으면 그 아이의 몸무게가 계속 무거워지는데, 그것을 참지 못하고 내려놓으면 곧바로 목숨을 잃고 만다. 간혹 아주 힘이 센 인간 남성이 유키조로의 아이를 계속 안고 있으면 그 대가로 더욱 강력한 힘이 생겨난다. 어느 무사는 유키조로의 아이를 끝까지 안은 보답으로 유키조로한테서 훌륭한 칼을 선물로 받았다고 한다.

유킨코와 비슷하게 눈으로 이루어진 아이의 모습을 한 요괴가 또 하나 있는데, 바로 유킨보다. 유킨보는 눈이 내리는 날 밤에 나타나는데 특이하게도 발이 하나밖에 없다. 유킨보는 외다리로 이리저리 뛰어다니기 때문에 눈이 내린 다음 날 아침 나무 밑에 작고 둥그런 발자국이 보이면 유킨보가 뛰어다닌 흔적이라고 여겼다. 간혹 유킨보는 허리 아래에 하얀 천을 두르고 다른 부분은 벌거벗은 상태의 모습으로 나타나기도 한다.

보기 드물지만 사람이 만든 눈뭉치에 생명이 붙어서 돌아다니는 경우도 있다. 이 요괴를 가리켜 유키와라시(雪童子)라고 부른다. 유키와라시는 아이가 없는 늙은 부부가 쓸쓸함을 달래기 위해 어린아이의 모습으로 만든 눈사람이 눈보라가 치는 날 갑자기 살아 움직이면서 나타난다. 유키와라시는 보통 아이처럼 부부가 키울 수도 있으나 겨울이 지나 봄이 찾아오면 몸이 약해져 어느 틈엔가 소리 없이 사라져버린다. 그러다가 겨울이 돌아와 눈이 내리면 다시 모습을 나타낸다고 한다.

유키온나와 비슷하면서 사람한테 해만 끼치는 요괴로 유키노도가 있다. 유키노도는 인간 여성의 모습으로 나타나는데, 산속 오두막에 찾아와 물을 달라고 요구한다. 이때 물을 가져오는 사람은 유키노도에게 죽임을 당하는 반면 뜨거운 차를 가져오는 사람한테서는 도망쳐버린다고 한다.

037 물고기 요괴

일본은 사방이 바다로 둘러싸인 섬나라다. 그런 지리적 요인 때문인지 일본에는 바다에 사는 요괴와 관련된 전설이 많다.

사자에오니(栄螺鬼)는 30년 이상을 산 바다 소라가 변한 요괴다. 보통의 소라와 달리 눈과 손과 발이 달린 모습을 하고 있다. 두 개의 팔이 달린 사자에오니가 껍데기에서 나오는 모습을 그린 옛 그림이 많이 있다. 사자에오니는 인간 여성의 모습을 하고서 여러 지역을 떠돌아다니다가 처음 본 집에 들러 하룻밤만 머무르게 해달라고 부탁한다. 여성으로 둔갑한 사자에오니를 보고 불쌍히 여겨 부탁을 들어주는 집주인은 목숨을 잃는다. 사자에오니는 바닷속에 조용히 있다가 달이 뜨는 밤이 되면 바닷물 위에서 춤을 추기도 한다.

신(蜃)은 원래 중국의 요괴인데 일본에 그 전설이 전해졌다. 신은 조개의 일종인 대합의 모습을 하고 있다. 신이 토해낸 기운에 의해 누각이 펼쳐지기 때문에 신기루(蜃氣樓)라는 말이 여기서 유래했다. 신기루는 실제가 아니라 환상이나 착시로 보이는 것이기 때문이다.

앗코로카무이는 홋카이도 지역에 전해지는 요괴다. 육지와 가까운 만에 사는데, 몸 길이가 110미터나 되고 지느러미가 40미터나 되는 커다란 물고기 모습이다. 온몸이 붉은빛으로 번쩍이기 때문에 앗코로카무이가 있는 곳은 바다와 하늘이 붉게 물들어 있다. 앗코로카무이는 사람을 싫어해서 배를 타고 지나가면 큰 입을 벌려 삼켜버린다. 이런 이유로 홋카이도 원주민인 아이누족은 붉게 물든 바다 주변에는 앗코로카무이가 숨어 있다고 여겨 가까이 가지 않았다.

어호(魚虎)는 신처럼 중국의 요괴인데, 일본에 그 전설이 전해졌다. 호랑이의 머리를 지녔고 배의 아래쪽에 날개가 달렸으며 온몸이 비늘 대신 독을 내뿜는 날카로운 가시로 뒤덮여 있다. 고래의 입 옆에서 고래가 무엇을 먹는지 감시하며 사는데, 고래가 작은 물고기가 아니라 커다란 물고기를 먹으면 어호는 고래의 혀를 깨물어서 잘라버렸다. 가뜩이나 덩치가 큰 고래가 커다란 물고기까지 마구 먹어버리면 씨가 마른다는 옛사람들의 걱정이 반영된 결과일지도 모른다. 어호는 바다에서 육지로 올라와 살 수도 있는데 그때는 호랑이 모습으로 둔갑했다. 어호는 일본의 성 지붕 위에 설치하는 장식물로 자주 쓰인다.

오나마즈(大鯰)는 일본의 전설에 등장하는 커다란 메기다. 옛날부터 일본인들은 커다란 메기가 섬들을 떠받치고 있기 때문에 이 메기가 몸을 뒤흔들면 지진이 일어난다고 믿었다. 이런 이유로 여러 신을 모시는 일본의 사원인 신사(神社)에는 요석(要石)이라는 돌을 놓았다. 요석이 오나마즈의 머리를 눌러 지진이 일어나지 못하게 하는 역할을 한다고 믿었기 때문이다.

이소나데(磯無で)는 상어처럼 생긴 요괴다. 꼬리지느러미는 가느다란 비늘로 뒤덮였는데 사람들이 배를 타고 가까이 오면 꼬리지느러미를 흔들어 유인하다가 잽싸게 낚아채어 잡아먹는다. 때론 배를 탄 선원들의 그림자를 삼켜버리기도 하는데 그러면 그 선원은 죽고 만다.

중동의 오안네스, 서양의 세이렌, 한국의 교인처럼 사람과 물고기의 모습이 뒤섞인 요괴인 인어(人魚)에 관한 전설이 일본에도 전해지고 있다. 다른 지역의 인어가 상반신은 사람의 형상을 하고 하반신은 물고기의 형상을 하고 있다면, 일본의 인어는 사람의 얼굴을 한 물고기처럼 생겼다. 일본의 전설에 의하면 인어의 고기를 먹으면 3000년을 산다거나 혹은 영원히 젊은 모습으로 무병장수할 수 있다고 한다. 아울러 인어의 지방을 몸에 바르면 아무리 추워도 몸을 따뜻하게 유지할 수 있다고 전해진다.

바케가니(化け蟹)는 커다란 게의 모습을 한 요괴인데, 특이하게도 바다가 아니라 산골짜기에 산다. 바케가니는 크기가 4미터 정도 되는데 절에 사는 승려들을 습격하여 잡아먹는다. 바케가니가 움직이면 지진이 일어난다는 전승도 있다.

038 뱀 요괴

일본에는 옛날부터 뱀의 모습을 한 요괴와 관련된 전설이 많았다. 그 종류는 대략 이렇다.

노즈치(野槌)는 길이가 1미터에 굵기가 15센티미터 정도되는데, 둥글게 생긴 뱀의 모습을 지녔다. 보통 뱀처럼 머리가 역삼각형이 아니라 망치처럼 넓적하다. 입이 굉장히 크고 눈과 코가 없다. 노즈치는 깊은 산속에 살면서 나무꾼이나 약초꾼을 노리고 습격하여 잡아먹는다. 나무꾼이나 약초꾼이 지루함을 달래기 위해 동료들한테 하던 농담에서 유래된 괴물로 여겨진다.

미즈치(蛟)는 중국의 요괴인 교룡이 일본으로 전해진 이후 변형을 거쳐 탄생한 요괴다. 원래 미즈치는 물을 다스리는 신이자 정령이었다. 일본에 불교가 전해지고 나서는 미즈치의 성격이 산과 강에 살면서 홍수를 일으켜 집을 떠내려가게 하고 사람들을 죽이는 사악한 요괴로 바뀌었다.

그런데 미즈치가 아무리 홍수를 일으켜도 물에 잠기지 않는 한 가지 물건이 있는데 그것이 바로 표주박이다. 자주 홍수를 일으켜 마을에 재앙을 끼치는 미즈치를 보다 못한 한 남자가 미즈치를 찾아가서 "네가 그렇게 신통한 도술을 갖고 있다면 강물 위에 떠다니는 표주박을 물속으로 한번 잠기게 해봐라." 하고 요구했다. 미즈치는 자신의 도술로 표주박을 물속에 잠기게 하려고 백방으로 노력했으나 아무리 물을 퍼부어도 표주박이 계속 떠오르자 화가 나서 스스로 목숨을 끊고 말았다는 전설이 전해온다.

미즈하메(罔象女)도 미즈치처럼 물의 정령이자 뱀이다. 원래 미즈하메는 물을 다스리는 용의 일종인 교룡의 모습이었으나 고대 일본의 문헌인《일본서기》에 의하면 태곳적 일본의 여신인 이자나미가 죽기 전에 배출한 오줌에서 여신인 미즈하메가 태어났고, 미즈하메를 물의 신을 섬기는 신사에서 숭배하게 되었다고 한다. 아울러 미즈하메를 섬기는 신사 주변의 강물 밑에는 용궁이 있다는 전설도 있다.

일본을 대표하는 뱀 요괴라면 야마타노오로치(八岐大蛇)를 빼놓을 수 없다. 그 행적이 《일본서기》에도 등장한다. 야마타노오로치는 8개의 머리와 꼬리를 가진 뱀으로 8개의 골짜기와 산봉우리를 몸으로 덮을 만큼 거대했다. 등은 이끼로 뒤덮였고 그 위로 늙은 소나무와 삼나무가 자라났고 배는 붉은 피로 물들어 있다. 눈은 붉은색이고 입에서는 항상 불같이 뜨거운 독을 뿜어내고 있다. 야마타노오로치는 매년 시마네현의 히이가와(斐伊川) 마을로 쳐들어와서 어린 소녀 한 명을 잡아먹는 무시무시한 괴물이기도 했다.

하늘에서 쫓겨난 신인 스사노오가 꾀를 내어 도수가 높은 술을 항아리에 잔뜩 담아 마을에 두었다. 야마타노오로치가 술 냄새를 맡고는 머리를 항아리 입구에 쑤셔넣고 술을 잔뜩 마신 뒤 취해서 잠들자 그 틈을 노려 스사노오가 칼을 휘둘러 야마타노오로치를 토막 내어 죽였다고 한다.

야마타노오로치 이외에 그냥 오로치(大蛇)라고 불리는 뱀에 관한 전설도 있다. 오로치는 미즈치나 미즈하메와 달리 땅의 힘을 가진 요괴다. 오로치는 암수가 쌍으로 나타나는 경우도 있는데, 이때 사람이 두 마리 중 한 마리를 죽이면 나머지 오로치가 복수하기 위해 거대한 지진을 일으켜 마을을 황폐하게 만든다고 한다.

이쿠치는 바다에 사는 바다뱀의 모습을 한 요괴다. 이쿠치는 몸 길이가 몇 킬로미터나 될 정도로 거대한데, 바다 위의 배를 발견하면 얼른 다가가 배를 타고 넘어간다. 이때 이쿠치의 몸에서 엄청난 양의 기름이 흘러나와 배를 가득 채우기 때문에 얼른 퍼내서 바다로 버리지 않으면 기름의 무게 때문에 배가 바다 밑으로 가라앉아버린다고 한다.

사람의 감정이 변하여 뱀 요괴가 되었다는 전설도 있다. 하타히로(機尋) 가 대표적인 사례다. 하타히로는 돈을 벌기 위해 집에서 천을 짜서 내다 파는 평범한 가정주부였는데 남편이 집 밖으로 놀러 나가 좀처럼 돌아오지 않자 화가 나서 천을 찢어버렸다. 그러자 그 분노가 천에 깃들어 뱀으로 변해 가출한 남편을 쫓아갔다고 한다.

039 벌레 요괴

일본은 오랫동안 모든 자연 속의 생물과 무생물에 정령이 깃들어 있다는 애니미즘을 믿어왔다. 그 때문인지 사람이 보기에 하찮은 벌레에 신비한 힘이 깃들어 강력한 힘을 발휘하는 요괴가 된다는 전설이 일본에 널리 전해지고 있다.

오세이추(應聲蟲)는 사람의 몸속에 생기는 벌레의 모습을 한 요괴다. 몸 길이는 30센티미터 정도로 가느다란 도마뱀처럼 생겼는데 머리에 뿔이 나 있다. 오세이추가 사람의 몸속에 생겨나면, 사람의 배에 입 모양을 한 종기가 솟아난다. 그 종기는 사람의 입처럼 말을 할 수 있는데, 자신이 기생한 숙주한테 이렇게 요구한다고 한다.

"난 무척이나 배가 고프다! 그러니 어서 내가 먹을 음식을 너의 배에 생겨난 입 안에 넣어라! 나는 항상 굶주려 있으니 너는 잠시도 쉬지 말고 음식을 내 입속에 계속 넣어야 한다! 내가 음식을 제때 먹지 못하면, 너도 나처럼 똑같이 배가 고프게 해주겠다! 그러니 게으름을 피우지 마라!"

오세이추가 기생하여 숙주가 된 사람은 오세이추의 요구에 따라 항상 음식을 넣어주어야 한다. 하지만 오세이추는 사람처럼 하루에 세 끼만 먹는 것이 아니라 시도 때도 없이 음식을 달라고 요구한다. 오세이추의 숙주가 된 사람은 음식을 마련하기 위해 돈을 계속 써야 하기 때문에 집안 살림이 무척이나 가난해진다. 오세이추는 그런 사정을 다 알고서도 사람을 괴롭히는 재미를 즐기기 위해서 계속 음식을 넣으라고 윽박지른다.

오세이추가 사람한테 저지르는 해악은 여기서 그치지 않는다고 한다. 숙주가 된 사람은 오랫동안 높은 열이 나서 고통을 받는다. 오세이추의 만행에서 벗어나려면 회충약을 먹어야 하는데, 그러면 사람의 항문을 통해 몸 밖으로 빠져나온다. 아마도 오세이추는 사람의 몸에 기생하는 기생충에서 유래한 요괴인 듯하다.

오키쿠무시(於菊虫)는 죽은 사람의 영혼에서 탄생한 요괴다. 1795년 히메지조의 오키쿠라는 우물에서 이 요괴가 대량으로 나타났다고 한다. 집안의 보물로 전해지는 접시를 깼다는 죄로 두 팔이 뒤로 묶인 채 우물 속으로 던져져 죽은 오키쿠라는 사람의 영혼이 원한을 품고서 오키쿠무시라는 벌레 요괴로 다시 태어났다는 유래가 있다. 그 모습은 생전에 죽은 모습 그대로 두 팔이 뒤로 묶인 벌레의 형태를 하고 있었다.

헤이로무시(平四郎蟲) 역시 오키쿠무시처럼 죽은 사람의 영혼에서 탄생한 요괴다. 헤이로무시는 오키쿠무시보다 한층 억울한 사연을 지니고 있는데, 그 내용은 대략 이렇다.

일본 야마가타(山形)현의 로쿠고무라(六郷村)에 전해지는 민담에 의하면, 옛날에 산과 들에서 놀기만 좋아하고 도무지 일은 하지 않아 마을 주민들로부터 "쓸모없는 밥벌레"라고 멸시받던 헤이시로(平四郎)라는 남자가 살았다고 한다.

어느 날 마을에 도둑이 들어 귀중한 물건을 잃어버리는 사건이 발생했다. 그러자 마을 사람 모두가 약속이나 한 듯 헤이시로를 범인으로 몰아붙였다. 평소 마음에 들지 않던 헤이시로를 이번 기회에 죽여서 도난의 책임을 떠넘기려고 작정한 것이었다. 헤이시로는 도둑이 아니라고 변명했지만,

마을 사람들은 그 말을 믿지 않고 헤이시로의 목을 잘라 죽였다.

그렇게 헤이시로가 죽은 지 1년 뒤부터 이상하게 생긴 벌레가 밭에 들끓으면서 작물을 모조리 먹어 치워 흉년이 들었다. 마을 사람들은 원인을 찾느라 고민하다가 헤이시로가 억울한 누명을 쓰고 죽어서 그 원혼이 헤이시로무시라는 벌레가 되어 마을에 복수를 하는 것으로 여기고는 사당을 세워 제사를 지내며 용서를 빌었다고 전해진다.

호타루캇센(蛍合戦)은 죽은 사람들의 영혼이 반딧불 모습의 요괴로 변한 것이다. 특히 일본 전역에서 전쟁이 계속 벌어지던 전국시대에 무사들끼리 싸운 전쟁터를 보면 밤마다 반딧불이 마치 허공에서 싸우는 것처럼 서로 부딪치는데, 이는 죽은 무사들의 영혼이 살아생전 전쟁에 워낙 심취했기 때문에 죽은 줄도 모르고 편을 갈라 싸우는 것이라고 한다.

040 거인

그리스 신화와 북유럽 신화, 켈트 신화와 중국 신화 등 전 세계 수많은 지역의 신화에 커다란 사람의 모습을 한 요괴인 거인이 등장한다. 일본의 신화와 전설에도 거인에 관한 내용이 많이 전해지고 있다.

구쿠노치(句句迺馳)는 아득히 먼 옛날 일본에 살았다는 거인이다. 먼 옛날 일본은 하늘과 땅의 사이가 너무 좁았던 탓에 동물들이 움직일 수조차 없었고 식물들이 숨을 쉬는 것도 힘들어할 만큼 답답했다고 한다. 그런 모습을 보다 못한 구쿠노치가 두 손으로 하늘을 높이 들어 올려 동물과 식물이 자유롭게 돌아다니거나 숨을 쉴 수 있도록 만들어주었다고 전해진다.

고대 일본의 문헌인 《일본서기》를 보면 구쿠노치는 태고의 여신인 이자나기가 낳은 나무의 정령이라고 기록되어 있다. 고대인의 눈에 나무는 그 울창한 가지들로 마치 하늘을 들어 올리는 것처럼 보이기에, 구쿠노치를 커다란 나무의 정령으로 생각했다고 해석할 수 있겠다.

다이다라봇치(大太法師)는 구쿠노치처럼 먼 옛날 일본에 살았다는 거인이다. 다이다라봇치는 그 키가 하늘에까지 닿을 만큼 매우 큰데, 그가 걸을 때 생긴 움푹 패인 발자국이 호수와 늪이 되었다고 한다. 다이다라봇치는 오늘날 일본 군마현의 아카기(赤城)산을 의자 삼아 앉아서 강물에 발을 씻었다고 한다.

다이다라봇치는 흙을 쌓아 올려 높은 산을 만드는 일을 좋아했다. 일본을 대표하는 높은 산인 후지산도 다이다라봇치가 만들었다는 민담이 전해온다. 다이다라봇치가 후지산을 만들려고 땅에서 많은 양의 흙을 퍼올렸는데 그때 생긴 구멍이 일본 중부의 호수인 비와호라고 한다. 또한 다이라다봇치는 발을 자주 동동 굴렀는데 그때마다 호수가 생겨났다는 이야기도 있다.

오비토(大人)는 글자 그대로 큰 사람을 뜻한다. 전승에 따라서 오비토의 체격이 다이다라봇치처럼 하늘에 닿을 정도로 크다는 이야기도 있으나 보통은 사람보다 약간 더 큰 정도라고 한다. 오비토는 맨발 차림에 나뭇잎이나 나무껍질을 허리에 두르고 있는데, 가끔은 너덜거리는 옷을 걸치고 있기도 하다.

오비토는 거인이라기보다는 귀신에 가깝다. 그래서 오비토에 관한 전승은 그를 무서워하는 내용으로 채워져 있다. 하지만 오비토가 사람들한테 해만 끼치지는 않았다. 일본 쓰가루 지역에서 오비토는 쇠를 만들거나 다루는 기술을 지닌 대장장이이면서 건물을 짓는 토목 기술에 능숙한 건축의 수호신으로 알려져 있다.

이런 이유로 쓰가루 지역에는 오비토가 마을 사람들의 농사를 도와주거나 혹은 산에서 캐낸 쇠로 농사를 지을 때 필요한 각종 농기구를 만들어 나눠주는 식으로 도와준다는 전승이 전해온다.

오비토요고로(大人彌伍郞)는 일본 서부 규슈 지역의 남부에 살았다는 거인이다. 다이다라봇치처럼 오비토요고로도 엄청난 양의 흙을 퍼서 산을 쌓았다거나 혹은 그가 지나가는 곳마다 땅이 깊게 패이면서 늪지대가 되었다는 전설이 전해온다. 어쩌면 오비토요고로는 다이다라봇치의 다른 이름일지도 모른다.

그런데 일설에 의하면 오비토요고로는 거인이 아니라 사람의 이름이었다고 한다. 고대 일본의 규슈 남부에 하야토라고 불리는 원주민 부족이 살았는데, 이들은 비록 키가 작았으나 사납고 용감하여 일본 조정을 상대로 맞서 싸운 적대 세력이었다.

일본 조정은 이 하야토족을 정복하기 위해 뛰어난 용사인 야마토타케루를 보냈는데, 그와 싸우다 죽은 상대가 바로 하야토족의 족장 오비토요고로라고 한다.

이런 이유로 오늘날까지 규슈 남부에서는 오비토요고로를 신으로 섬기는 신사가 있으며, 매년 그를 기리기 위해 키가 5미터나 되는 오비토요고로 인형을 만들기도 한다.

마지막으로 소개할 미코시뉴도(見越入道)는 이제까지 설명한 거인들과는 다르다. 앞서 언급한 네 거인이 먼 옛날 원초적인 존재이거나 나름대로 신성한 면이 있었다면, 미코시뉴도는 그저 사악한 요괴일 뿐이기 때문이다.

미코시뉴도는 혼자 길을 걷는 사람의 앞이나 뒤에 나타난다. 앞에 나타날 때는 작은 키인데, 보고 있는 사이에 점점 키가 커져서 사람이 고개를 들어서 올려다봐야 할 정도로 변한다. 그런데 그때 미코시뉴도를 올려다보는 사람은 목이 졸려 죽는다고 한다. 또한 미코시뉴도가 뒤에서 나타나도 사람의 키보다 세 배나 크게 변하는데, 사람의 머리 위로 자기 머리를 내밀면서 목을 졸라 죽이는 사악한 요괴라고 한다.

오니의 두령
슈텐도지

일본을 대표하는 거인이자 요괴라면 단연 슈텐도지(酒呑童子)를 꼽을 수 있다. 여기에 관련된 이야기의 내용을 간략히 소개하면 이렇다.

일본 단바(丹波) 지역의 오에(大江)산에 언제부터인지 사악한 오니(鬼)들이 살면서 일본의 수도인 교토를 자주 습격했다. 슈텐도지는 이 오니들의 대장이었는데, 자신을 따르는 오니들을 이끌고 사람들을 납치하여 죽이거나 혹은 교토까지 쳐들어와 귀족들의 딸들을 납치해 끌고 가서 하녀로 부리거나 능욕하다가 죽여서 잡아먹었다.

슈텐도지 일당의 횡포를 더 두고 볼 수 없었던 조정은 뛰어난 무사인 미나모토노 요리미쓰(源賴光)한테 슈텐도지와 일당의 토벌을 명령했다. 요리미쓰는 충성스러운 부하 우스이노 사다미쓰(碓井定光), 우라베노 마쓰부(卜部末武), 와타나베노 쓰나(渡邊綱), 사카타노 긴토키(坂田公時), 히라이노 야스마사(平井保昌)와 함께 오에산으로 향했다.

요리미쓰는 슈텐도지가 포악하고 강력한 힘을 지니고 있기 때문에 쉽게 이길 수 없다고 판단하여 오에산으로 가기 전에 이시시미즈 하치만(石淸水八幡), 스미요시 묘진(住吉明神), 구마노 곤겐(熊野權現) 신사에 참배하며 "백성을 해치는 사악한 오니인 슈텐도지를 무찌르러 가는 길이니 신령들께서 부디 저희에게 힘을 내려주시길 바랍니다." 하고 기도를 올렸다.

이후 단바의 산속으로 들어간 요리미쓰 일행은 도중에 세 노인을 만났다. 노인들은 요리미쓰 일행한테 이렇게 말했다.

"그대들이 슈텐도지를 무찌르러 간다는 소문을 들었소. 그래서 우리가 그대들에게 도움을 주고자 하오. 그 오니는 술을 무척 좋아하니 이 신편귀독주(神便鬼毒酒)를 가져가서 마시게 하시오. 정신없이 잠에 빠질 것이니 그 틈을 노려 죽이시오. 요리미쓰 그대는 이 투구를 머리에 쓰시오. 여느 투구와는 달라서 슈텐도지의 이빨과 손톱으로부터 그대를 지켜줄 것이오."

세 노인은 술과 투구를 건네고는 홀연히 사라져버렸다. 세 노인은 정체는 요리미쓰 일행이 방문한 세 신사에서 모시는 신이었다. 요리미쓰 일행은 사람의 모습을 하고 나타나 자신들을 도와준 신들에게 감사를 표하고는 길을 재촉하여 슈텐도지의 본거지인 오에산에 도착했다.

그곳은 성벽과 성문과 지붕이 모두 단단한 강철로 되어 있었다. 성문 입구에 오니 넷이 보초를 서고 있었다. 그들은 요리미쓰 일행을 보자 맛있는 술안주라고 여겨 대장인 슈텐도지에게 안내했다. 요리미쓰 일행이 대면한 슈텐도지는 온몸이 붉고 머리카락을 길게 늘어뜨렸으며 머리에 여러 개의 뿔과 눈이 달려 그야말로 흉측한 모습이었다.

요리미쓰는 슈텐도지한테 "우리는 길을 잃고 헤매던 승려들입니다. 결코 나쁜 뜻으로 찾아온 것이 아닙니다." 하고 거짓을 이야기했다. 슈텐도지는 "그렇다면 여기 내가 주는 안주와 술을 먹어보거라." 하고 요구했다. 슈텐도지가 요리미쓰 일행한테 내어준 안주와 술은 다름 아닌 사람의 팔과 다리에서 잘라낸 살점과 사람의 몸에서 뽑은 피였다. 보기만 해도 역겨웠지만 요리미쓰 일행은 슈텐도지를 속이기 위해서 구역질을 참으며 억지로 그것들을 먹고 마셨다. 그러자 슈텐도지와 다른 요괴들이 요리미쓰의 거짓말을 그대로 믿었다.

이때 요리미쓰가 신편귀독주를 나눠주자 오니들은 "너희가 다른 인간들처럼 우리의 술안주가 되기 위해서 찾아왔구나. 기분 좋다!" 하고 소리치며 춤을 추고는 술을 실컷 마신 다음 잠들어버렸다.

상황을 살피던 요리미쓰 일행은 곧바로 행동을 개시했다. 슈텐도지 일당이 납치해온 귀족 처녀를 모두 풀어주어 달아나게 한 다음 슈텐도지의 팔과 다리를 쇠사슬로 묶은 뒤 신들에게 받은 투구를 머리에 쓰고 칼을 뽑아 슈텐도지의 목을 잘라버린 것이다. 그러고 나서 오니 일당을 모두 죽이고는 교토로 돌아왔다.

이 이야기는 여기서 끝나지 않고 뒷이야기가 있다. 슈텐도지를 따르던 다른 요괴가 살아남아 요리미쓰 일행에게 복수한다는 내용인데, 다음 항목에서 소개하고자 한다.

042 이바라키 도지

오에산에서 슈텐도지 일당을 무찌른 후 미나모토노 요리미쓰는 부하들과 무용담을 나누면서 지루함을 달래고 있었다. 그때 부하 중 히라이노 야스마사가 "요사이 구조(九條)의 라쇼몬(羅生門)에 오니가 나타난다는 소문이 떠돕니다. 그래서 라쇼몬에 가면 잡아먹히거나 붙잡힐까 두려워 다들 그곳에 가지 못한다고 합니다. 우리가 나서서 라쇼몬의 오니를 무찌르는 게 어떨까요?" 하고 말을 꺼냈다.

그러자 다른 부하가 "그게 무슨 말인가? 우리가 주군을 모시고 오에산으로 가서 슈텐도지 일당을 죄다 죽인 뒤 교토에 오니라고는 얼씬도 하지 못하고 있네. 아마 잘못된 헛소문일 게야." 하고 반박했다.

이후로 야스마사의 의견에 동의하는 부하들과 그 의견에 반대하는 부하들 사이에 지리한 논쟁이 이어졌다. 부하들의 말다툼을 곁에서 보고 있던 요리미쓰가 절충안을 내놓았다.

"그럼 이렇게 하세나. 우리 중 누군가가 라쇼몬에 가서 정말로 오니가 나타나는지 그렇지 않은지 확인하고 오는 것일세. 내가 팻말에다가 글씨를 써줄 테니 자네들 중 한 사람이 이것을 가지고 라쇼몬에 가서 세워두고 오게나."

부하들은 요리미쓰의 제안에 찬성했다. 부하 중에서 가장 용감한 와타나베노 쓰나가 나서서 팻말을 가지고 라쇼몬으로 가는 임무를 맡기로 했다. 막상 라쇼몬에 가보니 오니의 흔적은커녕 고요하기만 했다. 실망한 쓰나가 라쇼몬에 팻말을 세워두고 돌아오는 도중 젊고 아리따운 여인을 만났다. 그녀는 쓰나한테 "집으로 가는 길에 근처에서 도적들이 나온다는 말을 듣고 불안했는데 무사님을 만나게 되어 반갑습니다. 혹시 저를 집까지 데려다주지 않으시렵니까?" 하고 부탁했다.

쓰나는 여인을 가련히 여겨 말에서 내린 다음 여인을 태우고는 길을 나섰다. 한참 말을 끌고 걷는 와중에 여인이 쓰나한테 "제가 사는 집은 여기서 머니 교토 밖까지 데려다주십시오." 하고 말했다. 쓰나는 그녀가 어디에 사는지 궁금하여 "어디까지 태워다 드리면 되겠습니까?" 하고 물었다.

그러자 여인이 날카로운 웃음을 터뜨리더니 피부가 붉어지고 입에서 커다란 송곳니가 튀어나와 흉측한 오니의 모습으로 변모했다. 요괴는 "나는 아타고(愛宕)산에 산다!" 하고 외치며 쓰나의 머리카락을 잡아채서는 허공으로 날아올랐다. 쓰나는 그 와중에 정신을 차리고 허리에서 칼을 뽑아 머리카락을 쥐고 있던 오니의 팔을 잘라버렸다. 그러자 오니는 고통스럽게 비명을 지르고는 산으로 날아가 버렸다.

요리미쓰한테 돌아온 쓰나는 자신이 겪은 기묘한 일을 이야기했지만, 다들 좀처럼 믿어주지 않았다. 그러자 쓰나는 자신이 벤 오니의 팔을 내놓았다. 검은색 피부에 하얀 털이 잔뜩 돋은 오니의 팔이었다.

그제야 쓰나의 말이 사실임을 인지한 요리미쓰는 교토에서 도력이 가장 높은 아베노 세이메이(安倍晴明) 도사를 불러 쓰나가 만난 오니의 정체가 무엇인지 물어보았다. 점을 친 뒤 세이메이가 이렇게 답했다. "그것은 슈텐도지를 따랐다가 그대들한테서 도망쳐 복수를 노리고 있는 오니인 이바라키 도지(茨木童子)입니다. 이바라키 도지는 자신이 점찍은 상대인 쓰나를 노리고 있으니, 앞으로 7일 동안 집 밖으로 나가지 말고 집 안으로 누구도 들여보내지 말라고 하십시오."

요리미쓰는 세이메이의 말을 쓰나한테 전했다. 쓰나는 두려운 마음이 들어 5일간 문을 걸어 잠그고 누구를 만나거나 집 안으로 들이지 않았다. 한데 6일째 되던 날, 어렸을 때 자신을 어머니 대신 키워준 큰어머니가 찾아오자 반가운 마음에 문을 열고 집 안으로 맞이했다.

오랜만에 큰어머니를 만난 쓰나는 자신이 겪은 신기한 경험담을 털어놓고 증거로 자신이 벤 이바라키 도지의 팔을 내밀었다. 그러자 큰어머니가 그 팔을 꽉 붙잡으며 "잘린 내 팔이 여기에 있었구나!" 하고 외치더니 본모습인 이바라키 도지로 변모했다. 이바라키 도지는 팔을 움켜쥔 채로 집을 뛰쳐나가 빛으로 변하여 아타고산으로 날아가 버렸다고 한다.

043 고통을 주는
땅게미

슈텐도지를 물리치고 이바라키 도지가 달아나는 소동을 겪은 후 요리미쓰는 어찌 된 일인지 갑자기 감기에 걸렸다. 처음에는 별일 아니라고 여겼으나 날이 갈수록 증세가 심해졌다. 기침과 재채기는 물론 이마에 열이 펄펄 끓어 결국 몸져눕고 말았다.

좋은 약을 쓰고 훌륭한 의원이 다녀가도 감기는 도무지 나을 기미가 없었다. 평소 감기 정도는 잠만 자도 나을 만큼 건강하던 요리미쓰로서는 참으로 희한한 일이었다. 그래서 어떤 사람들은 "요리미쓰 장군은 지금 누군가의 저주에 걸렸다네. 그렇지 않고서야 감기 따위로 저렇게 죽을 고생을 할 리 없지 않은가? 사악한 요괴가 장군을 죽이려고 지독한 병에 걸리는 주술을 쓴 것이 분명해!" 하면서 수군거렸다.

그렇게 며칠을 원인 모를 감기로 괴로워하는 와중에 어느 날 밤 어디에선가 발생한 새까만 안개가 요리미쓰의 집을 뒤덮더니 하늘에 뜬 달마저도 가려버렸다. 감기에 고통스러워하다 겨우 잠든 요리미쓰의 귓가에 누군가가 작은 목소리로 이렇게 속삭였다.

"어떠냐 요리미쓰? 아파 죽겠지?"

목소리에는 요리미쓰가 감기에 걸려 고통스러워하는 것을 즐거워하는 듯한 느낌이 담겨 있었다.

요리미쓰가 그 소리를 듣고 힘겹게 눈을 뜨자 방구석에 웅크린 검은 그림자가 눈에 들어왔다. 그것은 사람이 아니라 길고 가느다란 팔과 다리를 가진 벌레처럼 보였다. 처음에는 착각인가 싶었지만 아무리 봐도 거미를 닮은 듯했다.

"너는 누구냐?"

감기에 걸려 고통스러워하면서도 있는 힘껏 요리미쓰가 외치자 검은 그림자가 성큼성큼 다가와 손끝에서 가는 실을 수십 가닥 뽑아내더니 요리미쓰의 팔과 다리를 묶어버렸다. 하지만 요리미쓰는 만일의 사태를 대비해서 머리맡에 미리 놓아둔 칼을 잽싸게 빼서 그림자를 향해 냅다 던졌다. 그러자 그림자는 자취를 감춰버렸다.

요리미쓰의 바로 옆방에서 주군을 지키고 있던 부하인 히라이노 야스마사가 상황을 파악하고 얼른 달려왔다. 요리미쓰의 방 안에는 가느다란 실이 흩어져 있었고, 누구의 것인지 모를 피가 흥건했다. 요리미쓰는 자신을 실로 묶어 죽이려고 했던 누군가가 칼을 맞고 흘린 피라고 설명했다. 야스마사는 부하들을 이끌고 핏자국을 따라나섰다.

야스마사 일행이 핏자국을 따라 먼 길을 나선 끝에 어느 무덤에 이르렀다. 무덤에는 돌과 흙이 쌓여 있었는데, 사람이 죽어서 묻힌 곳이 아니라 벌레가 사는 음침한 장소처럼 보였다.

무덤 앞에 선 야스마사는 부하들을 시켜 무덤을 파헤치게 했다. 명령에 따라 부하들이 무덤에 놓인 흙과 돌을 치우자 주위에 뚫린 구멍에서 갑자기 불과 물이 뿜어져 나와 야스마사 일행을 공격했다. 하지만 이에 굴하지 않고 야스마사 일행은 계속 무덤을 파헤쳤다. 한참이 지나자 무덤 밑 두꺼운 바위에 뚫린 구멍 속에서 커다란 거미 한 마리가 기어 나왔다.

놀랍게도 거미는 사람의 목소리를 내며 야스마사 일행한테 저주를 퍼부었다.

"가쓰라기(葛城)산은 오랫동안 나의 거처였고, 나는 이곳에서 사는 땅거미다. 요사이 슈텐도지 같은 요괴들을 죽이고 있는 요리미쓰에게 저주를 내려 죽이려 했는데, 운이 나빠 실패하고 말았으니 분풀이로 부하인 너희부터 죽여야겠다!"

땅거미는 다리에서 하얀 실을 뿜어내며 무사들을 얽어매는 방식으로 공격했다. 그러나 야스마사가 뽑아 든 칼날에 비친 햇빛을 두려워하여 함부로 접근하지 못했다. 그 틈에 야스마사와 다른 부하들이 덤벼들어 땅거미를 베고 찌른 다음 다리를 몽땅 잘라 죽여버렸다.

야스마사는 부하들과 함께 커다란 땅거미의 목을 베어 요리미쓰의 집으로 돌아왔다. 그 이후 요리미쓰를 괴롭히던 감기가 깨끗이 나았다고 한다.

044 동굴 속 요괴
우라

서기 5세기 무렵, 고대 일본 열도에 야마토 조정이 들어서고 본격적인 통일 국가를 이루기 위해 군대를 보내어 지방의 호족들을 제압하거나 무찌르던 시절에 있었던 일이다.

현재 일본 세토 지역의 기비(吉備)에 우라(溫羅)라는 이름을 가진 요괴 한 마리가 살고 있었다. 우라는 동서남북이 낭떠러지로 에워싸인 동굴에 살면서 주변 백성들을 상대로 도적질을 일삼으며 행패를 부렸다. 포악함을 견디다 못한 백성들이 조정에 그 사실을 알리며 어려움을 호소했다.

이에 고레이(孝靈) 왕이 아들 중 하나인 기비노 다케히코(吉備臣建日子)를 장군으로 임명하고는 우라를 토벌하라고 명령했다. 다케히코는 시위를 당기는 데 엄청난 힘이 필요할 정도로 강한 활을 사용하는 뛰어난 무사인 동시에 주술로 요괴와 귀신을 물리치는 퇴마사이기도 했다.

다케히코는 군대를 이끌고 우라의 본거지인 기비 지역으로 떠났다. 한데 우라가 숨어 있는 동굴에 도착하고 보니 사방이 낭떠러지라서 접근하기가 매우 어려웠다. 동굴 속에 있는 성은 주변 마을에서 우라가 빼앗아온 식량으로 가득 차 있었다. 심지어 비가 내리면 빗물을 모아 마실 물로 사용하기 위한 인공 저수지까지 만들어놓은 상태여서 몇 년간 관군에게 포위당한다

한들 물과 식량이 모자라지 않을 정도였다.

아무리 머리를 쥐어짜서 생각해봐도 우라가 사는 동굴은 정상적인 방법으로는 도저히 공략이 불가능한 천연의 요새였다. 다케히코는 고심 끝에 군사들한테 "낭떠러지를 맨손으로 붙잡고 올라가서 우라가 숨은 동굴 속으로 들어가라." 하고 지시를 내렸다. 군사들은 당황하는 표정을 지으면서도 어쩔 수 없이 힘들게 낭떠러지를 올라가고 있었다. 바로 그때 동굴 밖으로 우라가 뛰쳐나오더니 다케히코와 병사들한테 조롱과 욕설을 퍼부었다.

"어리석고 나약해 빠진 것들아, 너희가 내가 사는 동굴을 향해 기어 올라온들 헛수고다! 나는 너희보다 훨씬 강하고 너희 따위는 한낱 개미 떼에 불과하기 때문이다! 그래도 끝까지 올라와 보겠다면 내가 주는 선물이나 받아봐라!"

우라는 커다란 바위를 두 손으로 번쩍 들어올리더니 낭떠러지를 맨손으로 겨우 올라가는 병사들을 향해 힘껏 내던졌다. 그대로 놔두면 꼼짝없이 바위를 맞고 머리가 깨져 죽기 십상인 상황이라서 다케히코는 우라가 던지는 바위를 향해 서둘러 화살을 날렸다. 다케히코가 쏘아댄 화살이 바위를 맞혀 다른 곳으로 떨어지게 한 덕분에 병사들 중 아무도 죽거나 다치지 않았다. 그 모습을 본 우라는 일을 망친 다케히코한테 분노를 터뜨렸다.

"이런 괘씸한 놈! 네까짓 놈이 감히 방해를 하다니! 너부터 죽여주마! 얼마나 버틸지 두고 보자!"

고함을 지르며 우라는 바위를 들어서 다케히코한테 던졌다. 다케히코 역시 바위를 향해 화살을 계속 쏘아댔다. 하지만 우라가 바위를 계속 던지는 바람에 다케히코는 점점 지쳐갔다. 그때 머리가 하얀 노인이 나타나 다케히코한테 "화살을 두 대씩 한꺼번에 쏘시오." 하고 알려주고는 사라졌다. 노인의 정체는 다케히코를 돕기 위해 나타난 기비의 수호신이었다.

다케히코는 그 말 대로 화살을 두 대씩 쏘았다. 그랬더니 화살 중 하나가 바위에 튕기더니 우라의 왼쪽 눈에 적중했다. 눈을 다친 우라가 동굴 속으로 도망치자 다케히코와 병사들이 그 뒤를 쫓아 동굴 속으로 들어가려 했다. 그때 우라가 저수지의 문을 여니 그동안 모인 물이 한꺼번에 쏟아져 병사들을 쓸어버렸다. 이에 아랑곳하지 않고 다케히코는 우라를 급히 찾았다. 주변에 피를 흘리는 커다란 잉어 한 마리가 물속에서 헤엄치고 있었다. 왼쪽 눈에 화살을 맞은 우라가 잉어로 둔갑한 것을 눈치챈 다케히코는 사다새(펠리컨)로 둔갑하여 부리를 이용해 우라를 물 밖으로 꺼냈다. 그러고는 원래 모습으로 돌아온 다케히코가 칼을 뽑아 우라의 목을 베어 죽였다고 한다.

045 사성귀를 부리는 후지와라노 지마

일본의 덴지(天智) 왕이 집권하고 있던 서기 668~672년 무렵, 후지와라노 지마(藤原千方)라는 사람이 반란을 일으켰다. 후지와라노 지마는 고대 일본의 강력한 귀족인 후지와라(藤原) 가문 출신으로 추정한다.

후지와라노 지마는 도술의 힘으로 귀신들을 부리는 사악한 마법사였다. 그는 특히 사성귀(四性鬼)를 다루는 도술에 뛰어났다. 사성귀는 바람의 힘을 가진 풍귀(風鬼), 불의 힘을 가진 화귀(火鬼), 물의 힘을 가진 수귀(水鬼), 그리고 모습을 숨기는 힘을 가진 은형귀(隱形鬼)를 말한다.

덴지 왕은 후지와라노 지마의 반란을 토벌하기 위해 관군을 보냈다. 하지만 그가 부리는 네 귀신이 강력한 도술의 힘으로 관군을 무찔렀다. 풍귀는 바람을 일으켜 먼지를 자욱이 피워 관군이 앞을 보지 못하게 사방을 가렸다. 수귀는 장대 같은 소나기를 퍼부어 전쟁터에 홍수를 일으켜 관군의 발을 묶었으며, 화귀는 여러 개의 불길을 관군에게 쏟아부어 혼비백산하게 했다. 은형귀는 모습을 숨기는 도술을 부려 관군을 몰래 습격하고 달아나는 방법으로 그들을 괴롭혔다.

이렇게 신출귀몰한 도술을 사용하는 사성귀와 그들을 부리는 후지와라노 지마는 덴지 왕이 보낸 관군을 손쉽게 물리쳤다. 관군의 패배 소식을 들은 왕과 신하들은 처음에는 놀라 어쩔 줄을 모르다가 후지와라노 지마를 물리치기 위해 지혜와 용기를 갖춘 장수를 보내어 그를 토벌하기로했다. 그 결과 우대장(右大將)의 벼슬에 있는 기노 도모오(紀友雄)를 토벌군 사령관으로 임명하여 후지와라노 지마와 사성귀를 진압하게 하기로 합의했다.

기노 도모오는 각종 무예와 병법에 뛰어났을 뿐만 아니라 강력한 도술을 부리는 경이로운 재주를 지녔다. 이 때문에 도술을 부리는 후지와라노 지마를 물리치는 데 기노 도모오가 적합하다고 덴지 왕과 신하들이 판단한 것이다. 단순히 군대만 보낸다면 또다시 후지와라노 지마의 도술에 휘말려 패배할 것이 뻔했기 때문이다.

기노 도모오는 관군을 이끌고 후지와라노 지마를 토벌하기 위해 출정했다. 새로운 관군이 온다는 소식을 듣고도 후지와라노 지마는 대수롭지 않게 여겼다. 자신이 부리는 도술과 사성귀의 힘이 워낙 강력하다 보니 관군 따위는 걱정할 필요가 없다고 자만한 것이다. 이 때문에 후지와라노 지마는 기노 도모오가 관군을 이끌고 그대로 도착하도록 내버려두는 실수를 저질렀다.

한편 후지와라노 지마의 근거지에 도착한 기노 도모오는 덴지 왕이 준 종이에 적힌 글귀를 읽어 내려갔다. 그 내용은 이러했다.

"무릇 일본 안의 모든 땅과 나무는 왕의 것이며 결코 귀신의 거처가 될 수 없도다."

동서고금을 막론하고 고대 사회에서 시는 곧 노래였고, 노래에는 사악한 귀신을 쫓는 힘이 담겼다고 믿었다. 또한 고대 일본에는 사람이 하는 말에 현실이 그대로 반영된다는 이른바 언령(言靈) 신앙도 있었다. 그러한 믿음이 효과가 있었던 것인지, 기노 도모오가 후지와라노 지마의 근거지에서 왕이 내린 글귀를 읊자 사성귀가 아무런 힘을 쓰지 못하고 사라져버렸다.

사성귀가 사라지자 화가 난 후지와라노 지마는 직접 말에 올라타 창을 쥐고서 관군에게 달려들었다. 후지와라노 지마는 용맹한 무사이기도 했기 때문에 혼자서 수많은 관군을 죽이거나 달아나게 만들었다. 아군 병사들이 고전하는 모습을 본 기노 도모오는 직접 칼을 들고서 후지와라노 지마와 맞서 싸운 끝에 그를 붙잡아 덴지 왕한테로 데려갔다. 후지와라노 지마와 그가 부리는 사성귀의 반란은 이렇게 끝이 났다.

046 마왕의 딸을 사랑한 오타케마루

오타케마루(大嶽丸)는 서기 9세기 일본의 헤이안 시대에 실존한 인물인 사카노우에노 다무라마로(坂上田村麻呂)와 싸운 것으로 알려진 일본의 요괴다.

다무라마로는 9세기 무렵, 일본 동북부 지역에 살아가며 일본 조정의 지배에 맞서 싸운 에미시 부족(일본의 원주민인 아이누족과 같은 민족이라는 설도 있다)을 정복한 정이대장군(征夷大將軍) 직책을 지낸 장수였다. 정이대장군을 해석하면 오랑캐, 즉 에미시 부족을 토벌하는 장군이라는 뜻이 된다. 이를 일본어로 세이이 다이쇼군이라고 읽는데, 여기서 일왕을 대신하여 일본을 다스리는 실권자인 쇼군(將軍)이 유래했다.

헤이안 시대 일본은 원래의 수도인 나라에서 헤이안쿄로 도읍을 옮긴 상태였는데, 어느 날부터 빛나는 공 모양의 물체가 하늘을 날아다니면서 수도에 나타나서 재물을 마구 빼앗아가는 이상한 일이 벌어졌다. 이에 조정에서는 일종의 도사인 음양사(陰陽師)한테 일의 진상을 알아보게 했다. 음양사는 점을 치더니 "이는 매우 불길한 징조로 다른 나라에서 쳐들어온 사악한 요괴가 일본을 빼앗으려고 합니다." 하고 보고했다.

조정에서는 크게 놀라 어찌해야 할지를 두고 고민하다가 가장 용감하고 지혜로운 장수인 다무라마로한테 요괴를 물리치도록 명령했다. 그는 수소문 끝에 요괴가 스즈카(鈴鹿)산에 있다는 사실을 알아내고는 2만 명의 관군을 이끌고 산을 에워쌌다. 하지만 요괴는 좀처럼 나타나지 않았다. 초조해진 다무라마로는 평소 자신이 열렬히 숭배하던 불교의 수호신 중 하나인 관음보살한테 "이번 일에 나라의 운명이 걸려 있으니 부디 저를 도와주시어 요괴를 무찌를 힘을 주소서." 하고 정성껏 기원했다.

다무라마로의 기원에 귀를 기울인 관음보살이 신통력을 발휘했다. 스즈카산에 숨어 있던 여자 요괴인 스즈카 고젠(鈴鹿御前)이 관음보살의 능력에 의해 다무라마로의 눈에 보이게 된 것이다.

스즈카 고젠은 인도에 사는 요괴들의 우두머리인 마왕의 딸이었는데, 아버지의 지시를 받아 일본의 토착 요괴인 오타케마루(大嶽丸)와 다카마루(高丸)와 손잡고 일본을 요괴가 사는 지옥의 나라로 바꾸기 위해서 숨어든 것이었다.

그런데 스즈카 고젠은 용감하고 늠름한 다무라마로의 모습에 반한 나머지 결혼해달라고 요구했다. 다무라마로는 그 말을 선뜻 믿지 못하다가 진심을 알아차리고는 요구에 응하여 결혼식을 올리고 스즈카 고젠을 아내로 맞았다.

다무라마로와 스즈카 고젠은 함께 다카마루와 오타케마루를 토벌하기 위해 모험에 나섰다. 부부가 먼저 상대할 요괴는 바닷가 동굴 속에 숨어 있는 다카마루였다. 다카마루가 깊이 숨어 나오지 않자 스즈카 고젠은 도술을 부려 12개의 별을 만들어 그것들을 다카마루가 숨은 동굴 입구로 보냈다. 동굴 밖이 갑자기 밝아지자 호기심을 느낀 다카마루가 동굴 밖으로 나왔다. 그때를 놓치지 않고 다무라마로와 스즈카 고젠은 화살을 쏘고 칼을 던져 다카마루를 죽이는 데 성공했다.

다무라마로와 스즈카 고젠은 다음으로 오타케마루를 죽이러 나섰다. 스즈카 고젠을 짝사랑했던 오타케마루는 그녀가 적인 다무라마로의 아내가 된 사실을 알고 화가 났지만 한편으론 질투심을 느껴 스즈카 고젠을 납치한 뒤 오슈로 끌고 갔다. 오타케마루는 스즈카 고젠을 아꼈기에 해치거나 나쁜 짓을 하지 않고 지켜보기만 했다.

그런데 그것이 문제였다. 오타케마루가 누군가를 진심으로 사랑하게 되다 보니 사악한 마음을 힘의 근원으로 삼는 요괴로서는 그만큼 약해졌기 때문이다. 그런 사실을 잘 알고 있는 스즈카 고젠은 남편이 구해주러 오기만을 기다렸다.

오슈로 온 다무라마로는 오타케마루의 부하를 모두 죽이고 난 뒤 스즈카 고젠을 구출하는 데 성공했다. 오타케마루는 혼자서 기린카의 동굴로 도망쳤는데, 거기까지 쫓아온 다무라마로와 스즈카 고젠은 각자 가지고 있던 보검인 소하야마루, 쓰렌, 고쓰렌, 진묘를 던졌다. 오타케마루는 이렇게 네 자루의 칼에 찔려 죽고 말았다.

일설에 의하면 오타케마루는 요괴가 아니라 다무라마로가 토벌한 에미시 부족의 족장이라고 한다. 일본 조정에 맞서 싸운 오타케마루를 비하하기 위해 일부러 사악한 요괴로 왜곡했다는 것이다.

047 거대한 지네

한국의 민담에는 뱀과 지네가 싸우는데 뱀이 용감한 무사를 끌어들여 적수인 지네를 죽이게 한다는 식의 이야기가 종종 등장한다. 일본에도 이와 비슷한 이야기가 있다. 이번 항목에서 그 내용을 소개하고자 한다.

스자쿠(朱雀) 왕이 일본을 다스리던 무렵(930~946), 후지와라노 히데사토(藤原秀鄕)라는 무사가 살았다. 그는 강한 활을 쓰는 궁술에 뛰어났고 매우 용감하여 주위로부터 칭송을 받고 있었다.

어느 날 일본 중부 오미(近江) 지역 세타(勢多)의 당교(唐橋)에 갑자기 커다란 뱀 한 마리가 나타나서 사람들이 다리를 건너지 못하게 막고 있다는 소식이 들려왔다. 그 소식을 듣고 히데사토는 '힘이 센 요괴를 물리쳐서 백성과 나라를 편안하게 하는 일은 무사로서 큰 영광이다'고 여기면서 당교로 향했다.

당교에 가보니 몸길이가 12장(36미터)이나 되는 커다란 뱀 한 마리가 다리의 입구를 막고 있어서 사람들이 오갈 수 없었다. 게다가 뱀의 머리에는 12개의 뿔이 솟아 있었고 입 밖으로 튀어나온 송곳니는 매우 날카로웠으며 붉은 혀를 계속 날름거렸는데 불이 나올 것같이 뜨겁게 이글거렸다.

보통 사람 같으면 무서워서 얼른 당교를 벗어났겠지만, 평소 용감하기로 소문이 난 히데사토는 "이런 뱀 따위야 전혀 겁나지 않는다." 하면서 태연하게 두 발로 뱀의 등을 밟으며 그대로 올라가서 당교의 반대편으로 건너갔다. 혹시 뱀이 화를 내고 해치지 않을까 하는 마음도 있었으나 어찌된 일인지 뱀은 위협을 가하거나 공격하지 않고 히데사토를 그대로 바라보기만 했다. 히데사토는 다소 이상하게 여기면서도 그냥 거처로 돌아갔다.

그런데 그날 밤, 젊고 아름다운 처녀가 히데사토를 찾아왔다. 그녀는 히데사토에게 자신의 정체를 밝히며 이렇게 부탁했다.

"저는 무사님께서 등을 밟고 넘어가셨던 당교의 뱀입니다. 제가 얼마 전부터 당교에 나타나 사람들을 놀라게 한 이유는 누군가를 해치고자 함이 아니었습니다. 저는 원래 비와 호수에 살았는데, 미카미(三上)산에 살던 커다란 지네 한 마리가 갑자기 저를 찾아와서 괴롭혔습니다. 저의 힘으로는 도저히 물리칠 수가 없어서 도와줄 무사를 찾고 있었습니다. 그러려면 우선 저를 보고도 놀라거나 달아나지 않을 용기가 있어야 하기에 일부러 당교로 나가서 저의 모습을 드러내고 용감한 사람을 찾고 있었던 것입니다. 부디 저를 불쌍히 여기시어 미카미산의 지네를 물리쳐주십시오."

여인의 모습을 한 뱀의 말을 듣고 히데사토는 "알겠소, 그대의 소원대로 내가 지네를 죽이겠소." 하고 답했다. 이후 히데사토는 집안의 보물인 황금의 칼과 세 대의 화살과 커다란 활을 챙겨 여인이 말한 미카미산으로 떠났다. 도착하니 밤이 되었는데, 천둥이 치는 것 같은 소리가 울려 퍼지면서 수많은 불빛이 산을 흔들었다. 마치 번개가 치는 것 같은 위압감을 주었다. 히데사토가 자세히 살펴보니 산을 휘감을 만큼 거대한 지네가 꿈틀거리고 있는 것이었다.

히데사토는 지네가 가까이 오기를 기다렸다가 화살을 쏘았다. 그러나 지네의 몸통은 쇠보다 단단해서 히데사토가 쏜 화살을 튕겨버렸다. 다시 화살을 쏘아도 결과는 마찬가지였다. 고민에 빠진 히데사토는 마지막 남은 세 번째 화살촉에다가 침을 뱉고는 하치만 보살에게 제발 지네를 죽여 달라며 "나무하치만대보살"이라고 기원한 후 화살을 쏘았다. 신이 소원을 들어준 덕분인지 화살을 맞은 지네는 죽어버렸다. 지네가 다시 살아날지 몰라서 히데사토는 칼로 지네의 시체를 도륙해버렸다.

지네를 물리친 히데사토가 집으로 돌아오자 뱀 여인이 나타나서 감사의 뜻을 표하며 쌀이 계속 나오는 쌀가마니와 먹고 싶은 음식이 저절로 나오는 솥과 줄어들지 않는 비단을 선물로 주었다고 한다.

북두칠성의 화신 다이라노 마사카도

히데사토가 미카미산의 지네를 물리친 이후의 일이다. 일본 동부인 관동(關東) 지역에서 다이라노 마사카도(平將門)라는 호족이 8개 지역을 점령하고 자신을 평친왕(平親王)이라고 부르면서 조정에 맞서 반란을 일으켰다.

마사카도라는 반란자가 나타났다는 소식을 들은 히데사토는 대체 어떤 인물인지 알아보고 싶은 마음이 들어서 직접 마사카도가 머무르고 있는 성을 방문했다. 속옷 차림으로 머리카락을 깎고 있던 마사카도는 예기치 못한 손님이 찾아왔다는 소식을 듣고는 정장도 입지 않은 채로 히데사토를 맞이했다. 마사카도는 음식을 차려 히데사토를 대접했는데 바지에 밥알이 떨어지자 그것을 손가락으로 툭툭 털어냈다.

마사카도의 모습을 본 히데사토는 '저렇게 경망스럽고 허술한 작자는 결코 반란을 일으켜서 성공할 수 없다. 반드시 실패하고 말 것이다.' 하고 속으로 생각했다. 마사카도의 성을 떠난 히데사토는 서둘러 말을 타고 수도로 가서 마사카도가 조정에 맞서 반란을 일으켰다고 알렸다. 소식을 전해 들은 조정에서는 마사카도의 반란을 진압할 관군의 선봉장으로 히데사토를 임명했다.

히데사토가 선봉에 선 관군은 마사카도의 본거지인 관동으로 향했다. 관군이 온다는 정보를 입수한 마사카도는 그동안 기른 군사들을 이끌고 관군과 맞서 싸우기 위해 나섰다. 두 군대는 시모우사에서 일전을 벌였는데 양측의 전력이 비슷하여 한참을 싸워도 승패가 나지 않았다.

그러자 답답한 마음이 들었는지 마사카도는 스스로 나서서 승부를 결정 지으려는 듯 관군을 상대로 싸움을 걸었다. 그때 마사카도는 도술을 부려 몸을 변화시켰는데, 갑자기 키가 7척으로 늘어나고 몸 전체가 황금빛으로 번쩍였으며 한쪽 눈에 눈동자가 하나 더 생겨났다. 마사카도는 원래 사악한 힘을 가진 요괴였던 것이다. 아울러 마사카도는 분신술을 부려 자신과 똑같이 생긴 6명의 분신을 만들고는 관군을 향해 번개처럼 나타났다 사라지며 공격을 감행했다.

당황한 관군이 마사카도와 그의 분신을 향해 있는 힘껏 공격을 가했지만, 아무리 칼로 내리치고 활을 쏘아도 마사카도와 분신의 몸에는 흔적조차 나지 않았다. 어떤 무기로도 상처를 입힐 수 없도록 사악한 마법의 힘으로 몸을 감싸고 있었기 때문이었다.

도저히 상처를 낼 수 없는 마사카도의 몸 때문에 결국 관군은 늘어나는 피해를 감당하지 못하고 후퇴했다. 그 와중에도 히데사토는 어떻게 하면 마사카도를 죽일 수 있을지를 고민했다. 섣불리 무력으로 제압하려 하면 안 된다는 사실만큼은 확실했다.

고심 끝에 히데사토는 마사카도를 찾아가 부하가 될 테니 받아달라고 거짓으로 항복했다. 마사카도는 히데사토를 대수롭지 않게 여기던 터라 얼마든지 그러라고 허락했다.

마사카도의 성에서 지내는 사이 히데사토는 마사카도의 약점을 찾으려고 애썼다. 그러다 마사카도가 연모하는 대상이던 오노 사이쇼(小宰相)라는 아름다운 여성한테서 마사카도의 비밀에 관해 알게 되었다. 마사카도는 하늘에 떠 있는 별자리인 북두칠성의 화신이어서 어떤 무기로도 타격을 입힐

162

수 없지만, 관자놀이는 보통 사람과 똑같기에 그 부위를 공격당하면 죽는다고 했다.

이런 사실을 알게 된 히데사토는 마사카도가 사이쇼의 방을 찾아와 이야기를 나누는 날 밤에 숨은 상태로 마사카도를 유심히 살폈다. 그때 마사카도의 여섯 분신에게는 그림자가 없었고, 나머지 한 명의 관자놀이가 움직이는 모습을 볼 수 있었다. 히데사토는 그쪽을 진짜 마사카도라고 판단하여 관자놀이를 향해 화살을 쏘았다. 결국 마사카도는 쓰러져 죽어버렸고 분신들은 사라져버렸다.

히데사토는 마사카도의 머리를 잘라 수도로 개선했고, 마사카도의 머리가 수도의 옥문(獄門) 위에 걸렸다. 한데 잘린 마사카도의 머리가 밤이 되면 "내 몸은 어디 있느냐? 몸을 찾아서 다시 싸워주마!" 하고 3개월 동안 소리를 쳤다. 그러자 어떤 사람이 "몇 번이고 목을 몸에다 붙여보아라. 몇 번이고 다시 잘라주마." 하고 시를 지어 노래하자 마사카도의 머리가 웃더니 썩어버렸다고 한다.

마사카도는 역사상 실존 인물로 903년에 태어나 940년에 죽었다. 조정에 맞서 반란을 일으켰다가 죽임을 당한 것이다.

049 먹구름 요괴와
울부짖는 요괴

고노에(近衛, 재위 1139~1155) 왕이 일본을 다스리던 시절, 이상한 사건이 발생하여 불안감을 느꼈다. 장소는 다름 아닌 궁궐이었다. 매일 새벽이 되면 먹구름이 피어올라 궁궐을 뒤덮어버리는 것이었다.

그 모습을 본 고노에 왕은 불안해서 잠을 이룰 수 없었다. 요괴가 목숨을 노린다고 여겨 두려웠기 때문이었다. 요괴를 내쫓는 데 효험이 있다고 하여 명망 있는 승려들을 불러 불경을 암송하게 했으나 먹구름이 피어올라 궁궐을 뒤덮는 괴현상에는 아무런 효과가 없었다.

그러자 고노에 왕의 측근 사이에서 "승려의 불경이 소용없다면 답은 뻔하다. 용맹한 무사를 불러서 먹구름이 피어오르게 하는 요괴를 무찌르게 하면 된다"는 여론이 퍼져나갔다. 어느 무사에게 일을 의뢰할지를 놓고 논의하던 도중 "200년 전 세상을 시끄럽게 하던 요괴인 슈텐도지를 물리친 용맹한 무사인 미나모토노 요리미쓰의 5대 후손인 미나모토노 요리마사(源賴政)가 좋겠다"는 의견이 나왔다.

고노에 왕의 측근은 요리마사한테 사람을 보내어 "부디 그대가 궁궐의 처소를 먹구름으로 뒤덮어 왕을 불안하게 하는 사악한 요괴를 무찔러 달라." 하고 부탁했다. 요리마사는 의뢰에 응한 뒤 활과 화살 두 대를 가지고 부하 한 명과 함께 궁궐로 들어갔다. 그들은 왕이 잠을 자는 처소 남쪽의 정원에 몸을 숨기고 새벽이 오기만을 기다렸다.

새벽이 되자 먹구름이 나타나더니 처소 위를 새까맣게 뒤덮었다. 요리마사가 먹구름을 자세히 살펴보니 그 안에서 그림자가 나타나서 움직이고 있었다. 요리마사는 그림자의 정체가 임금을 불안하게 하는 수상한 요괴라고 생각했다. 요리마사는 일단 부처의 도움을 받기 위해 마음속으로 '나무팔번대보살(南無八幡大菩薩)'이라고 주문을 외고 먹구름을 겨냥한 뒤 활시위에 화살을 메겨 날렸다.

요리마사가 쏜 화살이 먹구름에 꽂히자 바람에 휩쓸린 것처럼 흩어져버렸다. 그 와중에 요리마사는 먹구름을 유심히 살폈다. 그때 흩어진 먹구름의 가운데에서 검은 형체가 땅바닥으로 떨어지는 모습이 보였다. 요리마사는 부하에게 "저것을 어서 붙잡아라!" 하고 외쳤다. 부하가 서둘러 달려가서 검은 형체가 달아나지 못하도록 재빨리 칼로 9번을 찔렀다. 미리 대기하고 있던 다른 무사들이 등불을 켜고 요리마사의 부하를 찾아 비추자 원숭이의 머리에 호랑이의 팔과 다리를 하고 뱀의 꼬리가 달린 채 호랑지빠귀처럼 울부짖는 괴상한 짐승이 쓰러져 있었다. 그 짐승이 먹구름을 일으켜 고노에 왕으로 하여금 잠자지 못하도록 방해한 것이었다.

7년이 지난 뒤 요리마사는 왕의 부름을 받아 처소로 들어왔다. 이상한 짐승이 계속 울부짖는 바람에 왕이 잠을 이룰 수 없어 불안에 떨다가 7년 전의 일을 떠올리고 요리마사를 불러들였기 때문이었다.

이번에는 밤에 달이 뜨지 않는 어두컴컴한 5월 중순이었다. 요리마사 입장에서는 지난번 요괴 퇴치 때보다 조건이 까다로웠다. 게다가 이 요괴는 요리마사의 존재를 아는지 요리마사가 처소에 머무르자 그의 화살을 피해 자취를 감추기도 했다.

그래도 요리마사는 요괴가 나타나 울부짖기를 기다렸다. 기다림 끝에 처소 위 허공에 나타난 요괴가 이상한 울음소리를 내자 요리마사는 그곳을 향해 화살을 날렸다. 그것을 피한 요괴가 다시 울부짖자 소리가 나는 곳을 향해 요리마사가 다시 힘차게 화살을 날렸다. 그러자 화살에 맞은 요괴가 땅바닥으로 떨어졌는데, 이를 가리켜 누에라고 부른다.

요괴를 물리친 공으로 요리마사는 종3품 벼슬을 받았으나 그의 최후는 그리 좋지 못했다. 요리마사는 다이라 가문이 왕을 무시하고 일본의 권력을 장악하는 것에 반대하여 맞서 싸우다가 75세에 고향인 우지(宇治)에서 전사하고 말았다고 한다.

050 천두왕귀가 된
구스노키 마사시게

일본의 남북조 시대에 고다이고 왕을 섬기며 활약한 장수인 구스노키 마사시게는 일본을 대표하는 충신으로 숭상을 받았다. 그런데 일본의 민담에는 "북조와의 전쟁에서 패배하고 죽은 고다이고 왕과 구스노키 마사시게가 지옥에 떨어져 일본을 멸망시키려는 사악한 요괴로 변했다"고 하는 부정적인 인식도 전해온다. 그 내용은 이렇다.

남북조 시대 무렵, 북조의 세력을 이끈 장수인 아시카가 다카우지는 남조의 세력을 이끈 고다이고 왕과 그의 장수인 구스노키 마사시게에 맞서 싸웠다. 이때 오모리 히코시치(大森彦七)라는 무사가 다카우지 편에 있었는데, 그는 1336년에 벌어진 미나토가와(湊川) 전투에서 뛰어난 용맹을 발휘했다. 한편 이 전투에서 패배한 구스노키 마사시게는 더는 이길 수 없음을 깨닫고 "앞으로 일곱 번을 다시 태어나더라도 나라를 위해 싸우겠다(七生報國)"는 유언을 남기고 자결하고 말았다.

마사시게가 죽었다는 소식을 들은 고다이고 왕은 절망에 빠졌다. 그도 그럴 것이 마사시게 주변에 있는 무사와 신하는 포상을 받기 위해 그를 따른 것이지, 마음에서 우러나오는 충성심으로 그를 따른 것이 아니었기 때문이다. 순수한 충심으로 고다이고를 따른 무사는 마사시게뿐이었다. 그런 마사시게의 죽음은 충신이 남아 있지 않다는 것을 의미했다. 그래서일까 마사시게가 죽고 3년 후인 1339년 8월 16일, 고다이고 역시 병에 걸려 죽고 말았다.

반면 미나토가와 전투에 참가하여 공을 세운 히코시치는 다카우지로부터 넓은 땅을 선물로 받아 기분이 좋아서 큰 잔치를 열었다. 그 현장으로 가는 도중 어떤 여자가 나타나 가는 길을 호위해달라고 요청하자 히코시치는 흔쾌히 동행해주었다.

어두운 산길로 들어서자 여인의 입이 길게 찢어지더니 뿔이 달린 요괴로 변하여 히코시치를 죽이려 들었다. 놀란 히코시치는 요괴와 끌어안고 싸우다가 밭으로 굴러 떨어졌다. 히코시치의 부하들이 달려왔을 때 요괴는 사라지고 없었다.

괴상한 사건으로 며칠 미뤄진 잔치가 다시 열렸다. 히코시치는 악사와 광대를 불러 요란하게 음악을 연주하고 춤을 추게 했다. 그 모습을 지켜보던 히코시치는 잠시 마음이 놓였는데, 그때 갑자기 하늘이 어두워지더니 수많은 빛이 나타났다. 곧이어 남북조 내란에서 죽은 무사의 영혼들이 하늘을 날아다니는데 요괴들까지 합세하여 사람들을 공포에 떨게 했다. 그러더니 허공에서 이런 목소리가 들려왔다.

"잘 있었느냐, 히코시치? 나는 구스노키 마사시게다. 이 몸은 어찌된 일인지 지옥에 떨어져서 사악한 요괴인 천두왕귀(千頭王鬼)가 되었다. 내가 섬기던 고다이고 왕도 지옥에 떨어져서 제육천마왕(第六天魔王)으로 변했다. 제육천마왕은 일본에 계속 전쟁을 불러일으키기 위해 나에게 세 자루의 검을 손에 넣으라고 했는데 네가 가진 검이 마지막이다. 그러니 반드시 너의 검을 빼앗고 말겠다."

히코시치와 다른 사람들은 죽은 마사시게가 요괴로 변했다는 소리에 놀라 혼비백산했다. 며칠이 지난 후 만일의 사태를 대비해 무장한 히코시치

앞으로 마사시게가 7마리의 소를 탄 무사 7명의 영혼과 함께 나타났다. 히코시치는 무사 7명의 공격을 간신히 물리쳤으나 크게 다친 상태로 방에서 숨을 돌리고 있었다.

그런데 잠시 후 천장이 열리더니 커다란 팔이 히코시치를 움켜쥐었다. 히코시치는 서둘러 칼로 그 팔을 베어버렸다. 그러자 팔의 주인이 울부짖으며 밤하늘로 사라졌다.

다음 날에는 커다란 거미 요괴가 들이닥쳐 히코시치와 부하들을 공격했다. 히코시치가 힘겹게 죽인 요괴는 사람의 잘린 머리 반쪽으로 변했다. 밤이 되자 히코시치의 검이 꽂힌 머리 반쪽이 마당으로 떨어졌다. 무사들이 그것을 불속에 던지자 허공으로 솟아올랐는데, 그것을 다시 불속으로 던져 태우고 찢어버렸다. 히코시치가 "이제 마사시게의 부하를 모두 죽였으니 안심이다." 하고 중얼거리자 "아니야!"라면서 정원 한구석에서 갑자기 커다란 여자의 얼굴이 나타나 비웃고는 하늘로 사라졌다.

그 이후 날이면 날마다 히코시치를 비웃는 목소리가 허공에서 들려왔다. 귀신을 쫓는다는 음양사들이 히코시치의 집 곳곳에 부적을 붙여도 아침이 되면 찢어지고 말았다. 히코시치의 친척인 승려가 다른 승려들과 함께 대반야경(大般若經)을 암송하자 그제야 마사시게와 요괴들이 사라졌다고 한다.

051 미마사카의 원숭이 요괴

도요토미 히데요시가 1세기에 걸친 전국시대의 내란을 끝내고 일본을 다스리고 있을 때 일본 서부 미마사카(美作)의 산속에서 사나운 원숭이 요괴가 주민들을 괴롭히고 있었다.

원숭이 요괴는 늙었는데 보통 원숭이보다 덩치가 크고 힘이 세고 성질이 사나워서 주민들은 단순한 요괴가 아니라 신으로 숭배하고 있었다. 하지만 원숭이 요괴는 신이라면 응당 가져야 할 성스러움이나 자비로움이 전혀 없었고 먹이를 끝없이 먹어치우는 끔찍한 식성을 지녔을 뿐이었다. 원숭이 요괴가 특히 좋아하는 먹이는 사람이었는데, 그중에서 젊고 아름다운 처녀의 살점을 즐겨 먹었다.

그런 이유로 원숭이 요괴는 마을 주민들한테 "너희는 앞으로 매년 젊은 처녀 한 명을 제물로 바쳐라. 나는 하얗고 살이 포동포동 찐 처녀의 살코기를 좋아하니 제물로 바치기 전 1년 동안 아주 잘 먹여야 한다. 만일 너희가 처녀를 제물로 바치지 않을 때는 마을로 내려가 눈에 보이는 대로 죽이고 잡아먹고 때려 부술 테니 함부로 반항하지 마라." 하고 협박했다.

마을 주민들은 겁에 질렸지만 아무리 머리를 쥐어짜도 어쩔 도리가 없다. 관아는 너무 멀었고 부패하여 뇌물을 바치지 않으면 도와주지 않았다.

미마사카는 가난한 지역이라 관아에 바칠 뇌물도 없었다. 행여 관아에서 무사들을 보내 도와준다고 해도 원숭이 요괴를 잡거나 죽이지 못하면 다시 돌아와 자신들을 괴롭힐 게 뻔했다.

결국 주민들은 원숭이 요괴의 요구대로 처녀를 매년 한 명씩 제물로 바치기로 결정했다. 처녀의 가족들한테는 "이게 다 마을의 안전을 위한 것이니 어쩔 수 없다고 여기시게." 하고 강요했다. 아무리 그렇다 하더라도 지명된 처녀와 가족들에겐 두렵고 끔찍한 일이었다.

그러던 와중에 이와미 주타로(岩見重太郎)라는 떠돌이 무사가 미마사카 마을을 찾아왔다. 주민들이 눈물과 한숨으로 슬퍼하는 모습을 본 주타로는 지나가는 사람을 붙잡고 자초지종을 물었다. 그러자 주민은 주타로한테 자신이 아는 대로 원숭이 요괴에 관한 일을 털어놓았다.

사정을 파악한 주타로는 크게 화를 내며 "어떻게 산 사람을 한낱 요괴한테 제물로 바칠 수 있단 말이오? 도저히 용납할 수 없소!" 하면서 처녀를 제물로 바치는 일을 그만두라고 했다. 주타로는 원숭이 요괴의 분노를 살까 봐 두려워하는 주민들한테 "당신들은 원숭이 요괴한테 제물을 바친다고 했으니 내가 대신 제물이 되겠소. 그러니 나를 원숭이 요괴한테 데려다주시오." 하고 말했다.

마을 주민들은 주타로의 용기 있는 모습을 보고 '혹시 이 무사가 원숭이 요괴를 물리쳐줄지 모른다.' 하는 생각이 들어서 찬성했다. 사람들은 주타로를 커다란 상자 안에 넣어서 원숭이 요괴가 살고 있는 산속으로 데려간 다음 재빨리 산에서 내려왔다.

시간이 흘러 해가 지고 밤이 되었다. 커다란 원숭이 요괴와 그를 따르는 100여 마리의 작은 원숭이가 나타나더니 상자의 둘레에 앉았다. 드디어 원숭이 요괴가 상자에 손을 대자 그 안에 웅크리고 있던 주타로가 재빨리 뛰쳐나와 원숭이 요괴와 엎치락뒤치락하면서 싸움을 벌였다. 주타로가 원숭이를 깔고 앉은 상태에서 칼로 목을 베어버리자 다른 원숭이들이 겁에 질려 달아났다.

그렇게 주타로는 원숭이 요괴를 죽이고 마을로 돌아왔다. 마을 주민들은 아무런 위협을 받지 않고 편안하게 살 수 있게 되었다. 이후 주타로는 히데요시의 부하가 되어 1615년 히데요시의 아들인 히데요리를 도쿠가와 이에야스의 위협으로부터 지키기 위해 오사카 전투에 참가했다가 전장에서 목숨을 잃었다고 한다.

052 바다의 요괴

누레오나고는 일본 서부 규슈나 시코쿠 지방에 나타나는 요괴다. 비가 내리는 날 바다에 나타나는데, 머리카락을 늘어뜨리고 온몸이 물에 젖은 젊은 여자의 모습을 하고 있다. 누레오나고는 이리저리 떠돌아다니다가 사람을 만나면 웃음을 짓는데, 따라 웃는 사람한테 들러붙어서 죽을 때까지 떨어지지 않는다.

누레온나는 일본 서북부 시마네현의 바닷가에 나타나는 요괴로 여자의 모습을 하고 있다. 누레온나한테는 규키(牛鬼)라는 남편 요괴가 있다고 알려져 있다. 누레온나는 갓난아기를 안고 나타나 지나가는 사람한테 아기를 안아달라고 부탁하는데 누레온나를 불쌍히 여겨 갓난아기를 안으면 안 된다. 아기를 안으면 누레온나는 바다로 돌아가고 규키가 나타난다. 이때 아기의 몸무게가 점점 무거워지고 손에서 떨어지지 않아 아기를 안은 사람은 규키한테 목숨을 잃고 만다고 한다.

우미오쇼는 사람의 얼굴에 자라의 몸을 가진 요괴로 대머리에 몸이 붉고 키는 1.8미터가량이다. 자라처럼 생긴 탓인지 우미오쇼는 어부들이 생선을 잡으려 친 그물에 자주 걸린다. 이때 우미오쇼는 눈물을 흘리며 살려달라고 애걸하는데, 우미오쇼를 죽이면 재앙을 산다고 여겨서 어부들은 술을 먹이고 바다에 놓아준다. 흥미롭게도 이와 비슷한 이야기가 우리나라에도 전래되는데, 어부들은 그물에 바다거북이나 자라가 걸리면 바다를 다스리는 용왕의 사자라고 여겨 막걸리를 먹이고 풀어준다고 한다.

우미자토는 지팡이를 손에 들고 비파를 짊어진 눈 먼 악사의 모습으로 나타나는 요괴다. 달이 저문 어두운 밤, 바닷물 위를 걸어 다니는데 바다를 오가는 배를 발견하면 뒤집어버리는 못된 장난을 친다. 우미자토가 꼭 나쁜 짓만 하는 것은 아니다. 사람한테 이런저런 부탁을 해서 다 들어주면 사라져버린다고 한다.

우미코조는 일본 시즈오카현의 바닷속에 사는 요괴로 보통 머리카락을 눈 위까지 늘어뜨린 소년의 모습으로 나타난다. 평소 우미코조는 바다 밑에 살고 있다가 낚시꾼이 물고기를 낚으려 낚싯줄을 바다에 던져넣으면, 그 낚싯줄을 붙잡고 바닷속에서 올라와 낚시꾼을 보고 웃음을 터뜨린다. 그 외에는 별다른 장난을 치지 않는다.

우미보즈(海坊主)는 바닷속에 사는 거인으로 머리카락이 없는 대머리를 하고 있다. 키가 매우 커서 바다 위를 오가는 배를 보면 몸을 움직여 침몰시키거나 붙잡아서 삼켜버리는 못된 장난을 친다. 우미보즈가 나타났을 때 배에 실린 화물 중에서 가장 값비싼 것을 던지면 그것을 받은 대가로 배를 무사히 보내준다. 경우에 따라서 젊고 아름다운 여인의 모습을 한 우미보즈도 있다. 이 우미보즈는 뱃사람한테 같이 수영하자고 유혹하는데 뱃사람이 바다로 뛰어들면 잡아먹어버리는 잔인한 습성을 지녔다.

이소온나(磯女)는 일본 서부 규슈 지역의 바다에 나타나는 여자 요괴다. 허리춤까지 내려오는 긴 머리카락을 지녔으며, 젊고 아름다운 여인의 모습을 하고서 남자들을 유혹한다. 이소온나의 아름다움에 매혹당해 바다로 뛰어드는 남자들은 긴 머리카락에 온몸이 묶인 상태로 피를 빨려 죽고 만다. 이소온나를 보기만 해도 치료가 불가능한 병에 걸려 죽고 만다는 민담도 전해온다.

하마구리뇨보(蛤女房)는 조개의 일종인 커다란 대합이 여자로 변신한 요괴다. 일본에는 하마구리뇨보가 사람과 결혼했다는 민담이 전해지는데, 그 내용은 이렇다.

어느 어부가 바다에 그물을 치고 물고기를 잡는데 커다란 대합 하나가 걸렸다. 한데 대합 속에서 웬 젊고 아름다운 여인이 나타났다. 어부와 여인은 사랑하게 되어 결혼했는데 날이 갈수록 살림살이가 좋아졌다. 어부는 아내가 만들어주는 국이 굉장히 맛있어서 좋아했다. 어느 날 어부는 아내가 국을 어떻게 만드는지 궁금해서 몰래 숨어서 부엌을 훔쳐보았다. 놀랍게도 아내는 국이 들어 있는 냄비 안에다가 오줌을 쌌다. 그 모습을 보고 놀란 어부가 인기척을 내자 아내는 "비밀을 들켰으니 이제 더는 당신과 함께 살 수 없습니다." 하고 말하고는 바닷속으로 돌아가 버렸다. 혼자 살게 된 어부는 아내를 그리워하며 후회했다고 한다.

053 바다의 귀신

몬자비(亡者火)는 일본 아오모리현에 나타나는 유령이다. 한밤에 바다에 나타나는데 그 모습이 배나 등대처럼 보이는 탓에 선원들이 몬자비를 향해 가다가 항로를 잘못 들어 조난한다. 때때로 몬자비는 불덩어리 모습으로 변하여 항해하는 배의 돛 주변을 돌아다니거나 배에서 내린 선원의 집으로 쫓아오기도 한다. 보통 몬자비는 바다에서 죽은 사람의 영혼이 변한 모습으로 알려졌다.

후나유레이(船幽靈)는 밤에 바다를 오가는 배를 향해 떼를 지어 몰려오는 유령이다. 일본의 민담에는 바다에 빠져 죽은 사람의 영혼이 편안히 저승으로 가지 못하면 후나유레이가 된다고 전해진다. 후나유레이는 살아 있을 당시 사람의 모습을 하고 배로 몰려와서는 이런 부탁을 한다.

"이보시게들, 우리를 보고 무섭다고 여기지 말고 부디 우리 신세 좀 들어보소. 우리는 원래 자네들처럼 바다를 오가며 고기를 잡거나 장사하던 사람들이었다네. 그런데 운이 나쁜 날 바다로 나갔다가 심한 바람과 파도에 휩쓸려 배가 기우는 바람에 바닷속에서 죽어 이런 상태로 떠돌아다니는 유령 신세가 되고 말았다네. 고향에 두고 온 아내와 아이들 생각이 간절하지만 지금 우리는 죽은 몸이라서 육지로 갈 수 없다네. 그러니 우리를 불쌍히 여겨 부탁 한 가지만 들어주게나. 뭐냐 하면, 국자 하나씩만 빌려주게나. 국자를 보면 살아생전 아내가 끓여주던 된장국이 생각난다네. 그러고 있노라면 잠시나마 그때로 돌아간 것 같아서 말일세….”

이렇게 후나유레이들이 뱃사람들을 상대로 구구절절 신세 한탄을 늘어놓으면, 아무리 심지가 굳고 마음이 얼음장처럼 차가운 사람이라 해도 불쌍한 생각이 들기 마련이다.

후나유레이들의 처지를 동정한 뱃사람들이 부탁을 들어주려고 국자를 가져와 “여기 자네들이 원하는 국자가 있으니 마음껏 보다가 돌려주시게나.” 하고 말하면, 후나유레이들은 받아든 국자로 갑자기 바닷물을 퍼서 뱃사람들이 탄 배에 쏟아붓는다.

배가 바닷물의 무게를 견디지 못하면 결국 바다 밑으로 가라앉게 마련이다. 당황한 뱃사람들이 왜 이런 짓을 벌이느냐고 소리를 치면 후나유레이들은 “이런 한심한 놈들아! 우리는 이미 죽었고 차가운 바닷속에서 쓸쓸하게 지내는 판국이라 너희 같은 새로운 길동무가 필요한 차였다!” 하고 싸늘하게 비웃는다.

후나유레이들은 자신들과 같은 처지인 뱃사람들을 왜 죽이려는 것일까? 확실하지는 않지만 살아 있는 사람을 질투해서 그러는 것이라고 짐작할 수 있다.

후나유레이들처럼 살아생전 사람이었다가 죽어서 바다의 귀신이 되는 경우가 하나 더 있는데, 바로 우미뇨보(海女房)다.

우미뇨보는 젊고 아름다운 여인의 모습을 하고 있으나 온몸에 비늘이 돋아 있고 손가락 사이에 물갈퀴가 있는 귀신이다. 우미뇨보는 일본을 둘러싼 바닷속에 살고 있는데, 땅 위로 올라와 걸어 다닐 수도 있고 사람처럼 말할 수도 있다. 어떻게 이런 일이 가능한가 하면 우미뇨보는 원래 인간 여자였기 때문이다.

우미뇨보는 물고기를 잡으러 간 어부들을 기다리는 여인들이었다. 한참이 지나도 남편들이 돌아오지 않아 걱정하고 있다가 어느 우미뇨보가 거센 바람에 휩쓸려 바다에 빠져 죽은 남편들의 머리를 보자기에 싸서 가져와 보여주자 놀란 나머지 이들은 바다에 빠져 죽고 말았다. 시간이 지나자 이들이 우미뇨보로 다시 태어났다는 전설이 전해지고 있다.

아마 후나유레이들처럼 최초의 우미뇨보는 남편이 바다로 고기를 잡으러 갔다가 바람에 휩쓸려 빠져 죽자 충격과 슬픔을 이기지 못해 바다에 빠져 자살했다가 우미뇨보로 다시 태어나지 않았을까? 그리고 자신의 슬픔을 다른 사람들한테 알리기 위해 일부러 죽은 어부 남편의 머리를 아내에게 가져다주는 것이 아닐까 싶다.

054 산속 요괴

고나키지지는 일본 도쿠시마현 산속에 나타나는 요괴다. 노인의 얼굴을 하고 있지만 몸은 갓난아기와 똑같은 괴상한 모습이다. 고나키지지는 갓난아기와 똑같은 소리로 울부짖는다.

산속에서 그 울음소리를 들은 사람은 "이게 대체 뭐람? 어디서 갓난아기가 울고 있나? 어서 가서 구해줘야겠다"는 생각이 들어 고나키지지가 우는 곳으로 달려가게 된다. 그다음에 고나키지지를 발견하고 갓난아기라고 생각하여 두 팔로 안아서 올리는데 이때가 위험하다. 고나키지지는 자신을 안은 사람한테 들러붙어 결국엔 생명을 훔쳐 죽게 만들어버리기 때문이다.

고다마네즈미는 일본 아키타현 산속에 사는 요괴로 쥐와 똑같이 생겼다. 그런데 사람이 보면 몸이 부풀다가 터져 내장이 흩어진다. 고다마네즈미는 왜 이런 이상한 모습을 보일까? 사실 고다마네즈미는 산신의 사자이고, 사냥꾼들한테 사냥하러 오지 말라고 경고의 메시지를 전하러 나타나기 때문이다. 옛날 일본의 사냥꾼들은 산에서 고다마네즈미를 보면 곧바로 집으로 돌아갔다고 한다.

바산은 일본 서부 시코쿠의 산에서 사는 요괴로 닭과 똑같이 생겼다. 대나무가 우거진 숲에서 사는데 낮에는 모습을 보이지 않다가 밤에만 나타난다. 보통 닭과 달리 바산은 아주 멀리까지 나는 능력이 있다. 밤중에 마을로 날아가서 요란하게 날갯짓을 하지만, 창문을 열고 내다봐도 볼 수 없다. 한편 바산은 입에서 불을 토해내는데, 그 불은 뜨겁지도 않고 물건을 태우지도 않는다고 한다.

야마오토코는 '산의 남자'라는 뜻인데, 글자 그대로 일본 전역의 산에서 나타나는 요괴다. 온몸이 긴 털로 뒤덮였고, 보통 사람보다 키가 훨씬 크며, 긴 머리카락을 늘어뜨리고 있기 때문에 원시인과 고릴라를 합한 것 같은 인상을 준다. 야마오토코는 산에서 숯을 굽고 사는 이들의 집에 자주 나타난다. 개중에는 사람이 주는 주먹밥을 먹고 사람과 어울려 놀기도 하는 선량한 종류도 있다. 하지만 일본 시즈오카현에 나타나는 야마오토코는 사람을 만나면 바로 죽여버리는 포악한 습성이 있기 때문에 보면 서둘러 숲속에 숨어야 목숨을 건질 수 있다고 한다.

야마온나는 '산의 여자'라는 뜻으로 젊고 아름다운 여인의 모습을 한 요괴다. 야마온나는 머리카락이 매우 길어서 발뒤꿈치에 닿을 만큼 늘어뜨리고 있다. 또한 야마온나는 보통 여자보다 키가 크고 피부가 매우 희다. 전통적으로 일본 문화에서 아름다운 여인의 특징으로 하얀 피부를 꼽는다. 하지만 야마온나의 겉모습만 보고 방심하면 안 된다. 야마온나는 사람을 보면 소름 끼치게 웃으면서 달려들어 피를 빨아먹고 죽이기 때문이다.

야마지는 일본 고치현 산속에 사는 요괴로 눈과 발이 하나밖에 없고 머리카락이 벗겨진 노인의 모습으로 나타난다. 야마지는 비교적 키가 작아 난쟁이처럼 보이지만, 성격이 매우 잔혹하여 산에 사는 동물을 목부터 산 채로 뼈까지 모조리 씹어먹으며 살아간다.

야만바는 일본 전역의 산에 사는 요괴로 할머니의 모습을 하고 있다. 하지만 보통 할머니와 달리 낡은 옷이나 나무껍질을 대충 걸치고 있는 형색이다. 이러한 야만바를 보고 하찮게 여긴다면 큰 잘못을 저지르는 것이다.

야만바는 산속 나무 위에 앉아 사람이 오기를 기다렸다가 자신을 힘없는 노파라고 속이고는 업어달라고 부탁한다. 이를 불쌍히 여겨 업어주는 사람은 큰 화를 당하게 된다. 업어준 사람의 목을 졸라 죽이기 때문이다.

오니구마는 산속에서 수백 년을 산 곰이 신통력을 얻어 탄생한 요괴다. 겉모습은 곰과 똑같지만 날씨를 마음대로 조종하는 능력이 있다. 한편 오니구마는 산신의 사자(使者)로 알려져 있기도 하다. 오니구마를 보통 곰으로 오해하여 죽이면 거센 바람이 불거나 우박이 쏟아지는 복수가 따른다고 한다.

055 집에 나타나는 요괴와 귀신

로쿠로쿠비는 집에서 먹고 자고 살면서 평소에는 보통 사람과 똑같이 산다. 그러다 밤중에 깊은 잠에 빠지면 자기도 모르게 목이 늘어나 집 천장까지 뻗친다. 이는 의지와 상관없이 벌어지는 일이기 때문에 로쿠로쿠비는 자신이 요괴라는 사실을 알지 못하는 경우가 많다고 한다.

마지문은 일본 남부 오키나와의 요괴로 소, 돼지, 오리 등 가축의 생김새를 하고서 사람들 앞에 나타난다. 오키나와 사투리로 마지문은 사람한테 해를 끼치는 사악한 악령을 뜻한다. 마지문은 사람을 보면 두 다리 사이로 빠져나가려고 하는데, 그렇게 되면 사람은 마지문한테 영혼을 빼앗겨 목숨을 잃게 된다. 마지문은 어떤 가축의 모습으로든 둔갑할 수 있다. 소로 둔갑한 마지문은 우시마지문이고, 돼지로 둔갑한 마지문은 우와구와마지문이고, 오리로 둔갑한 마지문은 아이후라마지문이라고 불린다.

마쿠라가에시는 밤이 되면 객실에 나타나 잠자는 사람의 베개를 뒤척이게 만들어 머리를 북쪽으로 눕게 하는 요괴다. 전통적으로 동양에서 북쪽은 죽음과 통하는 불길한 방위로 여겨졌다. 머리를 북쪽으로 돌리고 잠에 빠지면 자기도 모르게 죽게 된다는 믿음이 오래전부터 일본 민간 신앙에 존재했다. 마쿠라가에시는 그렇게 사람의 머리를 북쪽으로 돌리게 해서 사람을 죽이는 무서운 힘을 가진 요괴였다. 실제로 일본 와카야마현에서 나무를 하러 간 7명의 나무꾼이 늙은 노송나무를 베었는데, 그날 밤 마쿠라가에시를 만나 모두 목숨을 잃었다는 전설이 전해온다.

미카리바산은 일본 가나가와현에서 11월 15일부터 12월 5일까지 입에 햇불을 문 모습을 하고서 집집을 돌아다니는 요괴다. 미카리바산은 눈이 하나뿐인 노파의 모습으로 나타난다. 미카리바산은 아이가 나쁜 짓을 하는지 유심히 살피는데, 미카리바산의 출현을 달갑게 여기지 않는 사람들은 쫓아내기 위해서 술책을 쓴다. 바구니를 엉성하게 만들어 장대에 매달아 문 앞에 걸어두거나 팥을 넣은 경단을 만들어 문 앞에 놓아두면 그 집에 나타나지 않는다고 한다.

빈보가미는 '가난의 신'이라는 뜻으로 노인의 형색을 하고 있다. 갑자기 집에 나타나 죽치고 살다가 몇 년은 지나야 사라진다. 노파의 모습을 하고 집에 나타나 나쁜 아이를 잡아내는 일이라도 하는 미카리바산과 달리 빈보가미는 집에 사는 사는 사람들을 위해 어떠한 좋은 일도 해주지 않는다. 오히려 빈보가미가 들러붙은 집의 사람들은 아무리 열심히 일해도 돈이 벌리지 않아 가난에 시달리며 힘들게 살게 된다. 모두가 가난에 고통을 받게 되면 빈보가미가 이름을 밝히고 집 밖으로 나가는데, 그제야 집안에 내린 가난의 재앙이 사라져 형편이 나아진다고 한다.

아카나메는 사람의 때를 핥아먹는 요괴다. 배를 채우기 위해 때가 많은 집의 목욕탕에 나타난다. 때가 많으면 많을수록 좋아하여 그 집에 오랫동안 머문다. 아카나메는 머리를 길게 풀어헤치고 긴 혀를 내밀어 때를 핥아먹으려는 아이의 모습을 하고 있다. 아카나메는 오래된 때에 정령이 붙어서 태어난 요괴라고도 한다.

아카샤구마는 일본 서부 시코쿠 지역에 나타나는 요괴로 헝클어진 머리와 붉은색 피부를 가진 아이의 모습을 하고 있다. 주로 밤이 되면 불단에 나타나서 부엌에 남은 밥을 먹어버리고 사람들이 자는 틈을 노려 거실에서 시끄러운 소리를 내며 장난을 쳐 잠을 방해하는 못된 버릇을 지니고 있다. 하지만 아카샤구미가 나쁜 일만 하는 것은 아니다. 자기가 깃든 집에 돈벌이가 잘되게 해주는 능력도 있다. 다만 아카샤구미가 나타났다가 나가버린 집에는 돈이 벌리지 않아 가난해지는 저주를 내리는 악동 같은 모습이 동시에 있다.

아쿠보즈는 일본 아키다현에서 불을 피운 재 속에 나타난다는 요괴다. 어린아이들이 재를 파헤치는 장난을 피우면 아쿠보즈가 나온다고 하면서 겁을 주는 데 주로 이용된다.

056 행운과 풍요를 주는 요괴

가네다마(金靈)는 이름처럼 황금의 정령이다. 착한 마음을 가진 사람들 앞에 나타나 부자로 만들어준다. 가네마다는 착한 사람의 창고 안에 금화와 은화를 소나기처럼 퍼부어 가득 채워주는 놀라운 능력이 있다. 가네다마는 저녁 무렵 얇은 구름의 모습으로 사람이 사는 집 처마 부근에서 시끄러운 소리를 내어 사람들을 끌어모은다. 이때 소리가 나는 곳을 칼로 조심스럽게 자르면 동전이 가득 나온다고 전해진다.

가네다마와 발음은 같은데 한자가 다른 가네다마(金玉)도 있다. 가네다마는 이름처럼 황금빛 옥으로 알처럼 생겼다. 보통 하늘에서 빛과 함께 내려와 사람의 발밑에 떨어져 굴러다닌다. 이때 가네다마를 함부로 굴려버리면 모처럼 내려온 축복이 사라지고 불행이 찾아온다. 발밑에서 굴러다니는 가네다마를 발견하면 조심스럽게 가져가 좋은 곳에 보관해야 부자가 될 수 있다고 한다.

가네다마처럼 축복을 내려주는 환상의 존재가 하나 더 있다. 가넨누시는 단순한 요괴나 정령이 아니라 신이다. 사람이나 동물의 모습을 하고서 부자가 되는 축복을 내려준다. 보통은 무거운 짐을 진 몇 마리의 말이 걸어가는 모습으로 사람 앞에 나타난다. 가장 앞에 선 말이 진 등짐에는 눈부신 황금이 잔뜩 들어 있다. 이걸 잘 잡지 않고 가만히 있으면 말이 그대로 지나가버려 물질의 축복을 받을 수 없다. 맨 마지막 말의 등짐에는 동전이 들어 있다고 한다.

가랏파는 강이나 냇가 혹은 산에 사는 요괴다. 전체적으로는 사람과 생김새가 비슷하지만, 머리가 깊이 파였고 몸과 손발이 가늘다. 특히 손과 발이 몸보다 두 배나 긴 모습을 하고 있다. 가랏파는 자신에 대해 나쁘게 말하는 사람을 미워하여 반드시 복수하러 나타난다. 입에서 역겨운 냄새를 풍겨 그 냄새를 맡은 사람은 기절해버린다. 한편 가랏파한테도 좋은 점이 있기는 한데, 자신과 좋은 관계를 맺은 사람한테는 강이나 냇가에서 물고기를 많이 잡을 수 있게 해준다고 한다.

쿠레자토는 어린이를 납치해가는 사악한 요괴로 일본 전역에 전설이 있다. 가쿠레자토는 발꿈치가 없는 장님의 모습을 하고 나타나는데, 아주 깊은 산속이나 동굴 혹은 외딴 마을에 살기 때문에 보통 사람들이 가기 어렵다. 하지만 이러한 장소를 방문해 가쿠레자토의 발소리를 듣는 사람은 부자가 되는 행운을 얻게 된다고 한다.

용궁동자(龍宮童子)는 글자 그대로 바다 밑 궁전인 용궁에 사는 어린아이의 모습을 한 신이다. 바다를 다스리는 해신한테 사람이 제물을 많이 바치거나 하는 식으로 환심을 사면, 해신이 답례로 용궁동자를 보낸다. 용궁동자는 콧물을 흘리고 침을 흘리는 더러운 모습을 하고 있지만, 잘 기르고 아껴주면 소원을 이루어주는 능력이 있다. 다만 소원이 이뤄지고 나면 용궁동자는 더 더러워지기 때문에 이를 견디지 못한 사람들이 해신한테 돌려보내고 마는데, 그러면 용궁동자에게 받은 재물의 축복이 사라져버린다고 한다.

효토쿠는 용궁동자처럼 못생긴 얼굴의 어린아이 모습으로 나타나는 요괴다. 효토쿠의 얼굴을 흉내 내어 뾰족한 입과 두 눈의 크기가 서로 다른 얼굴을 새긴 가면을 집 기둥에 걸어두고 제사를 지내면 집안에 풍요가 온다고 전해진다.

히토기쓰네(人狐)는 두 발로 걸어다니는 여우 요괴다. 사람을 홀리는 나쁜 버릇이 있으나 황금을 입에 물고 오기 때문에 잘 대우하고 아껴주는 사람은 황금을 선물로 받아 부자가 된다고 한다.

057 길거리에 나타나는 귀신과 요괴

시치닌도시(七人同志)는 글자 그대로 귀신 일곱이 한 조를 이루어서 나타난 현상을 뜻한다. 이들은 비가 오는 날 저녁에 나타나는데 도롱이를 입은 차림으로 서로 대화하면서 길거리를 걸어간다.

길거리를 걷다가 시치닌도시를 발견한 사람은 조심해야 한다. 왜냐하면 이들은 원래 봉건 영주들의 가혹한 세금 착취에 분노하여 잇키(일본의 농민 반란)를 일으켰다가 실패하여 사형을 당한 농민의 영혼이 원한을 품고 이승을 떠나지 못하고 방황하는 것이기 때문에 만나는 사람들한테 감염병 같은 재앙을 전파하기 때문이다.

여기서 잠시 일본 역사와 문화 이해를 돕기 위해 잇키에 관해 간략히 설명하겠다. 일본의 역사에 무지한 사람들은 근대 이전, 일본의 세금에 대해 이런 오해를 하기 십상이다.

"조선은 관리들이 백성을 수탈해서 먹고살기가 워낙 힘들었고, 걸핏하면 기근이 들어 수십만 명이 굶어 죽었다. 그에 반해 일본은 조선보다 세금이 적어서 백성이 살기가 훨씬 편했고, 기근이 들어도 조선처럼 수십만 명이 굶어 죽는 일 따위는 없었다. 그러니까 일본은 근대화에 성공해서 선진국이 되었고, 조선은 근대화에 실패하여 일본의 식민지가 된 것이다. 우리

한국인들은 이런 역사에 대해 반성하고 죄책감을 가져야 한다…."

이런 인식은 실제 역사와 완전히 반대다. 일본이야말로 같은 시기의 조선보다 세금을 훨씬 더 많이 걷어 백성을 수탈했기 때문이다. 조선은 백성이 바치는 세금이 전체 소득의 10~30퍼센트가량이었던데 반해 일본의 백성이 기본적으로 내야 하는 세금은 '5공5민' 정책에 의해 전체 소득의 50퍼센트였다. 전쟁이 격렬했던 15~16세기 전국시대에는 일본 백성이 내야 하는 세금이 전체 소득의 70~80퍼센트에 육박할 만큼 높았다.

전쟁이 끝나고 평화가 찾아온 에도 막부 시기에도 일본 농민의 세금 부담은 변함이 없었다. 에도 막부의 관리들은 "참기름과 백성의 세금은 짜면 짤수록 더 많이 나온다"고 믿었기에 해마다 세금을 늘리기 일쑤였다. 가혹한 현실을 견디다 못한 농민이 세금을 줄여달라고 쇼군 앞에 나아가 호소하면 곧바로 붙잡혀 목이 잘려 죽었다. 그런 호소가 법으로 금지된 일이었기 때문이다.

이렇게 고통스러운 세금 착취에 시달리던 일본 농민들은 농기구를 손에 쥐고 영주의 성이나 관아를 습격하는 반란인 잇키를 자주 일으켰다. 에도 막부 시대에 일어난 잇키만 해도 그 횟수가 3000건 이상이나 될 정도로 잦았다.

에도 막부 시대에는 90만 명이 굶어 죽은 덴메이 대기근 같은 재해가 자주 일어났다. 물론 조선에도 경신대기근같이 수많은 사람이 굶어 죽는 기근이 존재했다. 하지만 조선은 국가 차원에서 굶주린 백성을 먹여살리려 노력한 반면 에도 막부 시대의 일본은 조선과 달리 중앙집권적인 통치 체제가 아니라 봉건 사회였기 때문에 다른 번(지역)에서 일어난 대기근을 방관했다.

시치닌도시가 농민 봉기로 죽은 원혼들이라면 햣키야코(百鬼夜行)는 그냥 요괴들의 행진이다. 햣키야코, 즉 백귀야행은 글자 그대로 밤에 길거리를 걸어 다니는 수많은 요괴의 모임이다. 백귀야행의 요괴들은 밤에만 나타나기 때문에 아침이 되면 곧바로 사라져버리는데, 그렇다 해도 안심할 수는 없다. 왜냐하면 한밤중에 길을 걷다가 요괴가 뱉는 침에 맞으면 요괴로 변한다고 전해지기 때문이다.

도리아쿠마는 시치닌도시나 백귀야행과 달리 혼자 나타나는 요괴다. 도리아쿠마는 길을 걷는 사람을 갑자기 미치게 만들어 사람을 마구 죽이게 하고는 사라져버린다. '묻지마 살인'이라고 하여 아무런 이유 없이 칼로 사람을 해치는 사람이 있으면 도리아쿠마에 홀렸다고 보기도 한다.

개인적인 추측이지만 도리아쿠마는 근대 이전까지 일본에 있었던 나쁜 풍습인 시참에서 유래했다고 본다. 시참은 일본 무사들이 새로 얻은 칼의 날카로움을 시험하기 위해 밤중에 숨어 있다가 길을 가는 사람을 칼로 베어 죽이는 일이었다.

058 다이라 가문을 저주한 귀신들

한때 왕실마저 능가하며 부귀영화를 누리던 다이라 가문의 우두머리인 다이라 기요모리(平淸盛, 1118~1181)는 독선적이고 오만한 독재 정치를 일삼았기에 주변으로부터 지탄을 받았다. 세간에는 온갖 귀신이 기요모리를 괴롭혀서 죽게 만들고 다이라 가문도 망하게 했다는 유언비어가 나돌 정도였다.

젠페이 전쟁 때의 상황을 묘사한 문헌인 《헤이케모노가타리》에 이러한 일과 관련된 흥미로운 일화가 실려 있어서 인용해본다.

기요모리가 수도를 헤이안에서 후쿠하라로 옮기고 얼마 안 되었을 때의 일이다. 기요모리의 꿈에 크기가 방 한 칸은 족히 차고도 남을 정도로 커다란 얼굴을 가진 귀신이 방 안으로 들어와서는 기요모리를 살벌한 눈으로 계속 노려보았다. 기요모리가 놀라지 않고 두 눈을 힘껏 뜨고 똑같이 노려보자 잠시 후 귀신이 사라졌다.

기요모리가 언덕 위에 짓게 한 별궁에서 어느 날 밤 나무가 쓰러지는 소리가 울려 퍼지고 수십 명이 한꺼번에 웃음을 터뜨리는 일이 발생했다. 이를 이상하게 여긴 기요모리가 "이는 사악한 요괴들이 저지르는 짓거리다." 하고 여겨서 낮에는 50명, 밤에는 100명의 무사에게 소리가 나는 곳을 향해 화살을 쏘라고 했다. 활을 쏘면 조용해졌다가도 소리가 안 나는 곳을 향해 화살을 쏘면 다시 웃는 소리가 들렸다.

어느 날 아침 기요모리가 창문을 열고 뜰 안을 보자 어마어마한 양의 해골이 산처럼 쌓여 이리저리 움직이면서 시끄러운 소리를 냈다. 그 모습을 보고 불길하게 여긴 기요모리가 "이리 오너라!" 하고 외쳐도 누구 하나 오는 이가 없었다.

그러다 해골들이 어느 순간 하나로 뭉치더니 무려 45미터 높이로 쌓였다. 그 가운데에 있는 커다란 해골 하나에 사람의 눈이 무수히 솟아나더니 기요모리를 무섭게 노려보았다. 일전에 꿈에서 똑같은 경험을 한 적이 있어서 기요모리는 해골을 상대로 지지 않고 노려보았다. 그렇게 한참 노려보던 해골들은 서서히 사라져버렸다.

괴현상은 기요모리가 4만 명의 군대를 보내 반란을 일으킨 동대사의 승려들을 공격하다가 뜻하지 않게 동대사를 불태워버린 일을 계기로 더욱 심해졌다. 동대사는 일본에서 오래된 사찰로 모두가 귀히 여겼는데, 그런 사찰을 불태워버리자 기요모리는 다이라 가문을 제외한 모두로부터 '불타는 지옥에 떨어져 영원히 고통을 받을 죄인'으로 낙인찍히고 말았다.

화재 사건으로부터 얼마 지나지 않은 어느 날 기요모리의 정실부인인 이위(二位)가 꿈을 꾸었다. 소와 말의 얼굴을 하고 사람의 몸을 가진 요괴들이 불타는 수레를 밀며 기요모리의 저택 문 안으로 들어오려 했다. 수레 앞에 한자로 '무(無)'라는 글자가 적힌 쇠판이 세워져 있었다.

이위 부인이 수레를 밀고 들어오는 요괴들한테 "이 수레는 어디서 보낸 것입니까?" 하고 묻자 요괴들이 "염라대왕이 기요모리를 저승으로 데려가려고 보낸 것이다." 하고 대답했다. 이위 부인이 "그러면 '무'라는 글자가 적힌 쇠판은 무엇을 뜻합니까?" 하고 물으니 요괴들은 "동대사의 불상을 모두 태운 극악무도한 죄인인 기요모리를 붙잡아 무간지옥에 떨어뜨리기 위해서라오." 하고 알려주었다.

이위 부인은 너무나 무서워 놀라며 꿈에서 깨어났다. 주위 사람들한테 내용을 들려주자 그들 역시 두려운 마음이 생겨 사찰이나 신사에 보물을 바치면서 "제발 기요모리 어른을 살려주십시오." 하고 빌었다. 하지만 어떤 신이나 부처도 기요모리를 살려주겠다고 응답하지 않았다.

그로부터 얼마 지나지 않아 기요모리는 열병을 앓다가 죽었다. 관동에서는 다이라 가문에 맞서 미나모토 가문의 요시나카와 요리토모가 반란을 일으켰다. 그런데도 죽은 기요모리와 다이라 가문을 저주하는 괴현상은 그치지 않았다.

다이라 가문을 도와 요시나카와 싸우기 위해 에치고 지역의 태수인 스케나가가 3만 명의 군대를 이끌고 출정하려던 전날 밤, 갑자기 폭풍이 불고 번개가 치더니 하늘에서 "동대사를 태운 다이라 가문을 편드는 자가 여기 있으니 어서 잡아들여라!" 하는 소리가 세 번이나 울려 퍼졌다. 그 소리를 듣고도 스케나가는 출정했는데, 성 밖으로 나갔다가 먹구름에 휩싸이더니 말에서 떨어져 죽고 말았다. 한편 다이라 가문 사람들이 신사와 사찰에 미나모토 가문을 물리쳐달라고 사람을 보내 기도를 올리기도 했으나 되레 그들이 죽고 말았다고 한다.

059 나무의 요괴

가부키레와라시는 일본 이와테현에서 잎이 큰 보리수나무에 살고 있다
는 요괴다. 보통은 어린아이의 모습으로 나타나는데, 나무 밖으로 나와서
가까운 집 안으로 들어가 그 집의 딸을 놀리거나 장난을 친다. 가부키레와
라시는 호두나무 위에서도 나타나는데 이때는 얼굴이 붉은빛을 띠고 있다
고 한다.

고다마는 일본 전역의 오래된 나무에 살고 있다는 요괴 혹은 정령을 부
르는 말이다. 고다마는 우거진 숲속에서 이상한 소리를 내기도 하고 사람
과 똑같은 형태를 하고 사람들 앞에 나타나기도 한다. 나무가 100년을 넘
게 살면 고다마가 생겨난다고 한다. 소나무에서는 할아버지와 할머니의 모
습을 한 고다마 부부가 한꺼번에 나타난다. 나무가 1000년을 넘게 살면 사
람처럼 고통과 즐거움 같은 감각을 느낄 수 있게 되는데, 나무꾼들이 이런
오래된 나무를 베면 나무에서 피가 나오는 이상한 현상이 벌어진다. 이는
그 나무에 고다마가 살고 있기 때문에, 사람들한테 "당신들이 도끼로 나무
를 찍으면 나무와 한 몸인 내가 고통스러우니 베지 말고 내버려 두라!" 하
고 하소연하는 것이라고 한다.

기누시는 일본 남부 오키나와에 사는 나무의 정령이다. 깃든 나무 밖으

로 나가지 않아 어느 누구도 모습을 제대로 본 일이 없다고 한다. 나무 안에 머물러 있다가 나무가 죽을 때가 되면 나무가 쓰러지는 것 같은 소리를 며칠 동안 계속 낸다. 이는 기누시가 주변 사람들한테 나무가 오래되어 죽을 때가 되었다는 사실을 알리는 신호라고 한다.

기지무나는 기누시처럼 오키나와에 사는 나무의 정령이다. 목 아래로 머리카락을 늘어뜨리고 있으며 몸 전체가 붉은색 피부로 뒤덮인 어린아이의 모습을 하고 있다. 기누시와 달리 나무 밖으로 나가 사람들 앞에 드러내기를 좋아한다. 드물게 집 안에 자라는 나무에 기지무나가 사는 경우도 있다. 이럴 때 기지무나는 집안사람들과 친구가 되어 함께 바다로 나가서 물고기를 잡아주는데 물고기의 눈알만 먹고 나머지 부위를 사람들한테 양보하기 때문에 기지무나가 사는 집의 사람들은 음식이 넉넉해진다. 그렇다고 안심하면 안 된다. 기지무나는 사람에게 욕을 먹거나 나쁜 일을 당하면 화가 나서 떠나고 마는데, 그러면 그 집안에 재앙이 닥쳐 망하게 되기 때문이다.

단코로린은 감나무에 사는 정령으로 보통 불교 승려와 똑같은 옷차림을 하고 나타난다. 감나무에 달린 감에 아무도 손을 대지 않아서 썩으면 그 감에 생명의 기운이 맺혀 탄생하는 요괴가 단코로린이다. 저녁이 되면 감나무에서 내려와 동네를 돌아다니면서 썩은 감을 하나씩 떨어뜨려 동네에 썩은 감 냄새를 풍기는 못된 취미를 갖고 있다.

주못코는 오래된 전쟁터에서 자란 나무에 붙어 태어난 요괴다. 겉모습은 일반 나무와 다를 바 없지만, 사람들이 서로 죽고 죽이는 전쟁터에서 태어났기 때문인지 잔인한 습성을 지니고 있다. 주못코는 나무 밑을 지나는 사람한테 가지를 뻗어 도망가지 못하게 막은 다음 피를 빨아먹어 죽게 한다. 서양의 흡혈귀가 사람의 피를 빨아 젊음을 유지하는 것처럼 주못코도 사람의 피를 빨아먹고 살기 때문에 언제나 젊은 나무의 모습을 하고 있다.

후루소마는 일본 전역의 숲속에 나타나는 요괴로 나무를 베는 소리를 내는데 모습은 정확히 알려진 바 없다. 나무꾼들이 숲에 들어가서 나무를 베면 후루소마는 나무가 넘어가는 것 같은 소리를 낸다. 나무꾼들이 그 소리를 듣고 찾아가면 흔적이 없다. 이런 식으로 후루소마는 사람들을 골탕 먹이는 짓을 좋아한다.

060 모습을 감추고 사람을 해치는 요괴

가마이타치는 모습을 드러내지 않지만 순식간에 사람을 습격하는 요괴다. 손톱이 낫처럼 예리해서 허벅지같이 살이 많은 부위만 노려 찌르거나 베어버린다. 하지만 모습을 보이지 않기 때문에 사람들은 공격을 받고도 거센 바람이 불어서 피부가 터졌다고 여기며 넘어가기 일쑤다. 그런 착각을 하는 게 이상하지 않을 정도로 가마이타치는 바람을 타고 나타나 사람들을 습격하곤 한다.

일본의 민간 전승에 의하면 가마이타치는 셋으로 나누어져 있는데, 첫 번째 가마이타치는 사람을 넘어뜨리고, 두 번째 가마이타치는 사람의 살을 베어버리고, 세 번째 가마이타치는 사람한테 약을 발라주어 고통을 느끼지 못하게 한다고 전해온다.

노리코시는 일본 이와테현에 나타나는 요괴인데 그 모습을 알 수가 없다. 노리코시는 검은 그림자나 어둠처럼 모호하게 생겨서 모습을 정확히 표현하기가 불가능하기 때문이다. 노리코시가 길을 가는 사람 앞에 나타나면 검은 그림자나 어둠이 가로막는 것 같다. 놀라서 "이게 뭐지?" 하고 중얼거리면 그 소리를 들은 노리코시의 크기가 점점 커져 사람의 키를 넘고 지붕에 닿을 정도가 된다. 이때 노리코시의 위압감에 겁을 먹고 달아나면 안 된다. 아무리 빠른 걸음으로 달아나도 그 뒤를 바싹 붙어 쫓기 때문이다. 무사히 벗어나는 가장 좋은 방법은 노리코시가 사람의 키보다 작을 때 내려다보는 것이다. 그러면 노리코시의 크기가 서서히 줄어들다가 없어져버린다고 한다.

아나지는 일본 서부에 부는 바람의 형태를 한 요괴다. 단순한 바람이 아니라 저승이 있는 서북부에서 불어오는 바람이기 때문에 웬만한 건물은 모조리 무너져버린다. 심지어 그 바람을 맞은 사람은 영혼을 빼앗겨 죽게 된다고 한다.

아즈키아라이는 노인의 모습을 한 요괴로 알려져 있으나 모습이 정확하지 않다. 대부분의 목격담을 미루어 냇가에서 팥을 씻는 소리를 내는 요괴로 추정할 뿐이다. 아즈키아라이는 팥을 씻는 일에 집중하기 때문에 웬만해서는 사람을 해치지 않는다. 그렇다고 놀리거나 화나게 하면 안 된다. 화가 난 아즈키아라이는 자신을 모욕한 사람을 강에 빠뜨려버리기 때문이다. 일본 사이타마현에 전해지는 전설에 의하면 아즈키아라이는 팥만 씻는 게 아니라 사람을 납치해 잡아먹는 무서운 식습관도 있다고 한다.

야로카미즈는 일본 아이치현의 기소가와에 사는 요괴로 그 모습을 제대로 드러내지 않는다. 강의 상류에 살면서 홍수를 일으켜 마을을 물에 잠기게 하고 사람과 가축을 쓸어버리는 재앙을 일으킨다. 야로카미즈는 홍수를 일으키기 전 강가에서 "어디 한번 홍수를 일으켜볼까?" 하는 소리를 내는데, 그 소리를 듣고 "능력이 있다면 해보아라!" 하고 비웃으면 안 된다. 야로카미즈는 그런 조롱을 들으면 화를 내며 진짜로 홍수를 일으키기 때문이다.

오라비소우케는 일본 히젠의 산에 사는 요괴로 모습을 드러내지 않는다. 산속에서 사람이 큰 소리로 외치면 똑같이 응답해준다고 한다. 산에서 울리는 메아리가 의인화된 현상이 오라비소우케가 아닌가 싶다.

오이테케보리는 일본 도쿄 스미다가와에 나타나는 요괴다. 역시 모습을 드러내지 않아 목소리만 들을 수 있을 뿐이다. 오이테케보리는 낚시하러 온 사람이 물고기를 잡아 돌아가려고 하면 강물 속에서 "(물고기를) 두고 가라"고 하는 소리를 내어 사람을 기분 나쁘게 한다. 그 말을 듣고 물고기 몇 마리를 강에 던지면 무사히 집으로 돌아갈 수 있으나 물고기들을 전부 가져가려 하면 오이테케보리는 화가 나서 저주를 내리거나 길을 헤매게 한다.

히다루가미는 배고픔을 느끼게 하는 저주를 내리는 요괴다. 어떻게 생겼는지는 알 수 없다. 히다루가미한테 홀린 사람은 배고픔이 심해 움직이지 못하게 되거나 기절하여 죽기까지 한다고 한다.

061 밤에 나타나는 요괴

동서고금을 막론하고 밤은 낮에 볼 수 없는 온갖 요괴가 나타나기에 좋은 시간이다. 수많은 요괴에 얽힌 민담 문화를 가진 일본에서도 낮에 나타나는 요괴보다 밤에 나타나 장난을 치거나 사람들에게 해를 끼치는 요괴와 관련된 전승이 많다.

노부스마는 일본 고치현에 나타나는 요괴로 밤중에 길을 걷고 있는 사람을 방해하는 장난을 친다. 노부스마를 피해 왼쪽으로 가려고 하면 그쪽으로 옮겨 못 가게 막고, 오른쪽으로 가려고 하면 또 그쪽으로 옮겨 못 가게 막는다. 앞이나 뒤로 가려고 발걸음을 옮겨도 똑같이 못 가게 막기 때문에 노부스마를 상대로 걸음을 재촉한들 헛일이다. 이럴 때는 담배라도 피우며 차분히 기다리다 보면 노부스마가 저절로 사라진다는 믿음이 민간 신앙으로 전해온다.

노주쿠비는 밤중의 숲에서 나타나는 요괴로 모습은 사람들이 추위를 막기 위해 피운 모닥불과 비슷하다. 사람들이 불을 쬐면서 이야기를 나누는 것 같은 소리마저 울리면 영락없이 누군가 불을 피우고 이야기를 나누고 있다는 착각을 불러일으키게 만든다. 밤길을 걷다가 반가운 마음에 달려 도착해 보면 아무도 없는 곳에서 불이 타오르는 모습을 본 뒤에야 요괴의 장난이었구나 하고 실망감을 느끼게 된다. 노주쿠비는 손으로 만져도 뜨겁지 않고 물체를 태우는 힘도 없다.

놋페라보는 사람과 똑같이 생겼고 남녀와 같은 성별이 있으며 사람처럼 옷을 입고 밤길을 걷는다. 대체 어디를 보고 놋페라보를 요괴라고 하는지 의문이 들 수 있지만 조심해야 한다. 사람과 똑같이 생겼지만 눈과 코와 귀가 없기 때문이다. 놋페라보는 사람들에게 얼굴을 보여주고 깜짝 놀라게 하는 장난을 즐긴다. 놋페라보 중에 남자의 경우는 음식점에서 일하는 종업원으로 둔갑했다가 손님이 오면 민얼굴을 내보이는 장난을 치기도 한다.

덴조나메는 사람과 똑같이 생겼으나 혀가 매우 길고 사람이 살지 않는 집에 나타나 혀로 천장을 핥는 요괴다. 거미줄을 즐겨 먹기 때문에 덴조나메를 사로잡아 집에 늘어진 거미줄을 먹어 치우게 하는 일을 맡길 수도 있다.

덴조사가리는 사람과 비슷하나 온몸이 검고 긴 털로 뒤덮여 있으며 두다리가 보이지 않는 요괴다. 밤이 되면 집 천장에 거꾸로 매달린 모습으로 나타나 사람을 놀래는 장난을 좋아한다.

도시돈은 일본 가고시마에 나타나는 요괴로 코가 길고 하얗게 샌 머리를 가진 노인의 모습을 하고 있다. 매년 섣달그믐 밤이 되면 목이 잘린 말을 타고 와서 집집이 돌아다니기 때문에 사람들은 도시돈이 와야 비로소 한 살 더 먹는다고 생각한다. 도시돈은 부모의 말을 듣지 않는 못된 아이를 보면 혼을 내주고, 집을 떠날 때 떡을 선물로 주고 간다고 한다.

오쿠비는 밤이 되면 하늘에 나타나는 요괴로 몸이 없고 목만 허공을 떠다니는 모습을 하고 있다. 오쿠비는 길게 자란 머리카락을 늘어뜨린 상태로 긴 혀를 쑥 내민 섬뜩한 모습을 하고 있지만, 사람들한테 딱히 큰 피해를 주지는 않는다.

오하구로벳타리는 앞서 설명한 놋페라보와 비슷하게 얼굴에 눈과 코가 없고 입만 달린 괴상한 모습을 한 여자 요괴다. 놋페라보처럼 밤에만 나타나는데, 사람이 다가가서 말을 걸면 눈과 코가 없는 얼굴을 내밀면서 놀래 주기를 좋아한다.

조친비는 밤에 허공을 날아다니는 불덩어리인 도깨비불의 일종이다. 조친비는 일본 전역에 나타나지 않는 곳이 없다. 특히 나라현에서는 수많은 조친비가 행렬을 짓듯 떼를 지어 몰려다닌다. 이때 조친비를 때리거나 공격하면 안 된다. 자신들을 공격하는 사람이 있으면 즉시 에워싸 열이 오르게 하여 죽이는 저주를 내리기 때문이다.

062 동물의 모습을 한 요괴

일본에는 동물과 관련된 전설이나 민담이 많이 있다. 여우, 족제비, 너구리, 늑대, 개 등의 동물이 주로 등장한다. 그중에서도 특히 너구리와 얽힌 이야기가 많다. 이번 항목에서는 동물과 관련된 요괴 이야기를 추려 소개해본다.

교부다누키는 너구리 요괴로 808마리나 되는 너구리를 부하로 데리고 일본 서부 시코쿠에 살고 있었다. 교부다누키가 이끄는 너구리 무리는 사람들을 상대로 행패를 부리며 즐거워했다. 그런 장난을 견디지 못한 주민들은 법력이 높은 승려를 불러와서 교부다누키와 다른 너구리들을 모두 산속 동굴에 가두었다. 그러고는 굴 밖으로 나와 행패를 부리지 못하도록 해마다 제사를 지냈다고 한다.

구다키쓰네는 일본 니가타 지역에 사는 여우 요괴로 사람을 홀리는 능력이 있다. 구다키쓰네는 족제비 크기의 몸을 가졌는데 두 눈이 세로 방향으로 붙어 있는 것이 특징이다. 구다키쓰네는 된장을 아주 좋아하여 이 요괴에 홀린 사람은 다른 음식을 제쳐두고 된장만 먹어대는 이상한 식성을 보인다. 그 밖에도 구다키쓰네는 사람들이 사는 집 안으로 들어와 사는 경우도 있다. 이때 구다키쓰네를 잘 돌봐주면 답례로 집안을 부자로 만들어주지만, 학대하거나 제대로 돌보지 않으면 그 집안에 저주를 내려 거지로 만들어버린다고 한다.

다누키오쇼는 오랜 세월을 살면서 신통력을 얻은 너구리 요괴로 불교 승려의 모습을 하고 이리저리 떠돌아다닌다. 일본 시즈오카의 전설에 따르면 옛날 한 승려가 집에 머물렀는데 밥을 담은 그릇에 머리를 틀어박고 먹어대는 모습이 마치 너구리가 먹이를 먹는 것 같았다고 한다. 오다와라로 떠난 그 승려는 개한테 물려서 죽고 말았는데 시신이 너구리로 변했다. 승려의 정체가 바로 다누키오쇼였던 것이다.

마메다누키는 아주 크고 넓은 고환(불알)을 가진 너구리 요괴다. 마메다누키는 신통력이 있어 둔갑술을 발휘할 수 있다. 때로는 커다란 집처럼 둔갑하기도 한다. 일본 전설에 이와 관련된 재미있는 이야기가 있다. 어느 시인과 친구가 밤에 시를 지으며 놀고 있었다. 그런데 친구가 그만 실수로 담뱃재가 담긴 재떨이를 바닥에 떨어뜨리자 집 전체가 순식간에 사라져버렸다고 한다. 알고 보니 그 집은 마메다누키가 둔갑한 것이었고, 방바닥을 이룬 부분이 바로 마메다누키의 고환이었다. 친구가 떨어뜨린 담뱃재에 고환을 데인 마메다누키가 화들짝 놀라 둔갑술을 풀어버린 것이었다.

마치이누는 개의 모습을 한 요괴로 길을 걷는 사람 앞에 나타나서 끈질기게 쫓는다고 한다. 일부 지역에서는 마치이누가 "갖고 싶다"는 소리를 반복하며 사람 앞에 나타난다는 이야기도 전해온다.

분부쿠차가마는 일본 북부 군마현의 사찰인 모린지에 살고 있는 너구리 요괴다. 분부쿠차가마는 절에서 음식을 만드는 솥의 밑바닥에 살고 있는데, 절에 있는 스님과 방문하는 손님들을 위하여 신통력을 발휘해 솥에 담긴 차를 끝없이 나오게 하는 능력이 있다. 한번은 스님이 차를 마시기 위해 국자로 솥에 담긴 차를 퍼냈는데, 아무리 해도 차가 떨어지지 않아 이상하게 여겨서 보니 솥 밑바닥에 살던 분부쿠차가마가 나왔다고 한다.

오쿠리이누는 일본 효고 지역의 전설에 등장하는 늑대 요괴다. 밤에 산을 걷는 사람 뒤를 끈질기게 쫓다가 넘어지면 재빨리 달려들어 해치는 잔인한 습성이 있다. 때로는 늑대 무리로부터 사람을 지켜주기도 하는데, 무사히 집에 도착하여 오쿠리이누한테 주먹밥과 짚신을 주면 아무런 해를 끼치지 않고 돌아간다고 한다.

오토라키쓰네는 사람을 홀리는 재주를 가진 여우 요괴다. 오토라키쓰네한테 홀린 사람은 자신을 여우라고 믿어서 여우처럼 행동하고 사람이 알아듣지 못하는 여우의 언어로 중얼거린다. 오토라키쓰네를 해친 사람한테는 저주가 내려 왼쪽 눈의 시력과 왼쪽 다리가 나빠진다고 한다.

063 물의 요괴 갓파

일본에는 호수나 연못, 그리고 강 같은 내륙의 물에서 사는 요괴인 갓파와 관련된 이야기가 많이 전해온다. 이번 항목에서는 갓파의 종류와 행동양식에 대해 알아보겠다.

가와아카고는 갓난아기처럼 생긴 갓파로 강가의 숲이나 물가에서 살아간다. 모습을 드러내지 않은 채로 소리를 내어 사람들로 하여금 이리저리 주위를 돌아보게 하는 장난을 좋아한다.

가와오토코는 '냇가의 남자'라는 뜻인데, 글자 그대로 강가에 살아가는 갓파다. 전체적으로 검은 피부를 지녔고 키가 매우 크다. 가와오토코는 둘이서 함께 다니는데, 강에 물고기를 잡으러 온 사람을 보면 자신들이 알고 있는 이야기를 들려주며 반갑게 맞이한다.

가와이로는 강과 연못에 사는 갓파로 주로 어린이의 모습을 하고 있다. 눈앞에 나타난 사람을 보면 씨름을 하자고 보챈다. 하지만 이때 조심해야 한다. 가와이로는 두 손이 하나로 연결되어 있어서 한쪽 팔을 잡아당기면 곧바로 빠져버리기 때문에 사람이 이길 수가 없다. 한편 가와이로는 머리 위에 움푹 파인 부분이 있는데 여기에 아주 강력한 독이 있다. 가와이로가 독을 강에 흘려보내면 물이 끈적거리게 변하기 때문에 강에 들어간 사람은 도저히 물가로 나올 수 없다. 아울러 가와이로는 사람의 항문 끝에 붙어 있다고 상상했던 구슬을 빼내 물에 빠져 죽게 하는 악질적인 장난을 치기 때문에 가와이로를 본 사람은 조심해야 한다.

가와자루는 냇가에 사는 갓파로 원숭이를 닮았다. 어린아이 모습으로 변하는 둔갑술을 부릴 줄 안다. 술을 아주 좋아하고 몸에서 생선 비린내를 풍긴다. 가와이로처럼 가와자루도 사람에게 해를 끼칠 수 있다. 동물한테 병을 옮기기 때문에 가축을 데리고 강을 건널 때 가와자루를 만나지 않도록 조심해야 한다.

가와코조는 강에 사는 갓파로 행동 양식은 가와이로와 비슷하다. 가와이로보다 성질이 사나워서 강에서 수영하고 있는 사람을 발견하면 재빨리 다가가 항문을 공격해 죽이고 만다.

가이후키보는 오래된 성 안의 물속에 산다. 목소리는 소라고둥으로 만든 나팔 소리와 같다. 가이후키보는 조심성이 많아 사람들한테 보이기를 꺼리며 다른 갓파들처럼 물속에 몸을 담그고 머리만 내놓고 살아간다. 크고 파란 눈동자를 지녔다고 한다.

간기코조는 강가에 살면서 날카로운 이로 소리를 내면서 물고기를 잡아먹는다. 배와 가슴을 제외한 몸 전체가 털로 뒤덮여 있고 원숭이처럼 꼬리가 달렸고 손과 발에 물갈퀴가 있어서 아주 빨리 헤엄칠 수 있다. 이빨이 줄처럼 예리하고 날카롭다고 한다.

간치키도 다른 갓파와 비슷한 모습이다. 손과 발에 물갈퀴가 있고 등에 거북의 등껍질이 달려 있으며 주둥이가 새처럼 길고 뾰족하다. 성질이 잔혹하여 사람을 보면 재빨리 다가가 붙잡고는 손가락을 항문 속으로 집어넣어 창자를 뽑아 먹어버린다. 간치키는 힘이 무척 세기 때문에 붙잡혀 강물속으로 들어가면 아무리 발버둥을 쳐도 달아날 수 없다고 한다.

고보시는 바다 밑에 사는 갓파다. 해산물을 채취하는 해녀들을 보면 다가가서 놀래켜 죽게 하는 악질적인 장난을 즐긴다. 고보시는 쇠를 싫어하기 때문에 해녀들이 바다에 쇠를 떨어뜨리면 그 해녀를 찾아가 반드시 죽여버린다고 한다.

064 그밖의 요괴

    가와야신은 오래된 변소, 즉 사람이 싼 똥을 퍼내야 하는 재래식 화장실에서 살아가는 요괴다. 똥통 속에서 두 손으로 사람이 싸는 똥과 오줌을 받는데, 사람이 침을 뱉으면 그 침을 자기 입으로 받아야 해서 화를 낸다고 한다.

    가와우소는 다양한 동물의 모습을 하고 강에 살면서 사람의 말을 흉내 내거나 사람으로 둔갑하는 요괴다. 가와우소가 아름다운 여인으로 둔갑하여 밤마다 거리에 나타났는데 한 청년이 반해 다가가자 본모습을 보이며 잡아먹었다는 이야기도 있다.

    가타키라우와는 돼지처럼 생긴 요괴다. 한쪽 귀가 없는 모습이어서 보통의 돼지와는 다르게 생겼다. 가타키라우와는 그림자가 없는데 사람이 지나가면 쫓아가 가랑이 사이로 지나가려고 한다. 이때 가타키라우와의 이런 행동을 허용해서는 안 된다. 가타키라우와가 가랑이 사이를 지나가면 영혼을 빼앗겨 죽기 때문이다. 운이 좋아 살아난다 해도 성기가 망가져 평생 성불구자로 살아야 한다. 가타키라우와는 남자보다 여자를 주로 노리는데 재앙에서 벗어날 방법이 아예 없는 것은 아니다. 가타키라우와가 나타났을 때 두 다리를 꼬면 화를 면할 수 있다고 한다.

도후코조는 비가 오는 날에만 나타나는데 큰 삿갓을 머리에 쓰고 두부를 담은 그릇을 들고 있는 동자승과 비슷하게 생겼다. 대나무 숲에서 모습을 드러냈다가 지나가는 사람이 있으면 다가가서 그릇을 내밀며 "여기 맛있는 두부가 있으니 한번 잡숴보시오." 하고 권유한다. 도후코조가 내미는 두부가 아무리 맛있어 보이더라도 먹어서는 안 된다. 몸에 곰팡이가 번식해 끔찍한 고통을 받기 때문이다.

호소신은 천연두를 퍼뜨리는 요괴다. 일본에서 천연두는 오랫동안 두려움의 대상이었다. 예방법이 발견되기 전까지 손을 쓰거나 치료할 방법이 없어 속수무책으로 사람들이 죽어나갔기 때문이다. 이 때문에 호소신은 무서운 재앙을 끼치는 으스스한 요괴로 인식됐는데, 어린이나 처녀나 할머니 모습으로 둔갑해 사람들을 찾아다닌다. 호소신이 무리를 지어 여러 마을을 돌아다니며 천연두를 퍼뜨린다는 전설도 전해지고 있다.

화차는 고양이의 모습을 한 요괴다. 주로 장례식장에 나타나서 영혼을 빼앗아간다. 화차가 나타나면 바람이 심하게 불고 먹구름이 하늘을 뒤덮는다. 눈이 내리는 추운 겨울날 화차는 불에 휩싸인 모습으로 죽은 사람의 영혼을 빼앗기 위해 시신이 안치된 관을 덮치기도 한다.

히자마는 집에 불을 지르는 요괴로 닭처럼 생겼다. 비어 있는 항아리나 물통을 발견하면 그 안에 들어가서 산다. 히자마가 살지 못하게 하려면 항아리와 물통에 물을 채우거나 뒤집어두면 된다. 히자마가 집에 들어오면 불이 나기 때문에 승려를 불러서 쫓아내는 의식을 해야 했다.

히토다마는 죽은 사람의 몸에서 빠져나온 영혼을 부르는 말이다. 땅 위에서 약 1미터 정도의 허공을 날아다니다가 떨어지면 빛을 잃으며 사라진다. 히토다마가 떨어진 곳에는 작고 검은 벌레가 우글거린다. 히토다마한테 돌을 던져 쫓아내니 죽은 사람이 돌아왔다는 민간 전승도 있다.

히토쓰메뉴도는 사람의 모습을 하고 있지만 대머리에 눈이 하나밖에 없는 요괴다. 길을 가는 사람한테 다가가 몸을 키워 겁을 주거나 달아나게 하는 장난을 즐긴다.

오뉴도는 눈과 다리가 하나밖에 없는 승려의 모습을 하고 있는 요괴다. 밤에 혼자 길을 걷는 사람을 보면 재빨리 쫓아가거나 몸을 부풀려 겁주기도 한다. 히토쓰메뉴도와 비슷하게 행동하는데, 일부 전승에 의하면 오뉴도가 사람을 죽였다는 이야기도 있다.

아부라스마시는 사람과 똑같이 생긴 요괴로 머리가 지나치게 크고 몸을 도롱이로 감싼 채 지팡이를 짚은 모습을 하고 있다. 기름이 든 병을 손에 들고 나타나는 게 특징이다. 길을 걷는 사람들이 "여기에 기름이 든 병을 가진 요괴가 나타난다고?" 하고 대화를 나누면 아부라스마시가 재빨리 다가가 "그게 바로 나다!" 하고 고함을 질러 놀라게 한다. 일설에 의하면 기름을 훔쳤다가 죽은 사람의 영혼이 변한 요괴라고 한다.

6

기묘한 이야기

065 일본의 UFO, 우쓰로부네

UFO라고 하면 현대에 와서야 발견되었다 생각할지 모르지만 전혀 그렇지 않다. 중국이나 한국 등 동아시아 국가에서 근대 이전부터 각종 사서에 '하늘이나 바다에 나타난 이상한 물체'라는 식으로 UFO에 대한 기록을 상세히 수록했기 때문이다.

일본에도 UFO에 관한 전설이 전해지고 있는데, 이를 가리켜 우쓰로부네(うつろ舟)라고 한다. 우쓰로부네는 '안이 비어 있는 배'라는 뜻이다.

1803년 2월 22일, 오늘날 일본의 수도인 도쿄 동북부 이바라키현 히타치 지역 해안가에서 고기를 잡고 있던 한 무리의 어부들이 평소 보지 못한 이상하게 생긴 배가 먼 바다 위에서 이리저리 떠도는 장면을 목격했다.

호기심이 든 어부들이 다가가 그 배를 붙잡고 육지로 끌어올렸다. 가까이서 보니 배는 높이가 3.3미터에 넓이는 5.4미터였고, 전체적인 모습이 일본의 전통 향로인 코하코와 비슷했다.

배의 윗부분은 붉은색으로 칠한 자단나무로 만들어졌고, 아랫부분은 놋쇠로 만든 판으로 덮여 있었다. 배의 윗부분에 유리나 수정으로 되어 안이 훤히 비치는 창문이 여러 개 있었다. 창문을 통해 배의 안쪽을 들여다보자 이해할 수 없는 글자가 잔뜩 씌어 있었다. 배 안에서 침대에 깔 이불 두 장,

3.6리터의 물이 담긴 병, 빵과 반죽된 고기가 발견되었다.

무엇보다 어부들을 놀라게 한 것은 배 안에 나이가 18~20세 정도 되어 보이는 아름다운 여인이 있었다는 사실이다. 키는 1.5미터 정도였는데 붉은색 머리카락과 눈썹에 옅은 분홍색 피부를 지녔고 어부들이 지금까지 한 번도 보지 못한 미모의 여인이었다. 그녀는 어부들이 보지 못한 길고 매끄러운 천으로 된 옷을 입고 있었다.

여인이 어부들을 향해 말을 하기 시작했지만, 누구도 뭐라고 하는지 알아듣지 못했다. 처음 듣는 말이었기 때문이다. 그녀의 말을 이해하지 못했기에 어느 누구도 "당신은 어디에서 왔습니까?" 하고 물어보지 못했다.

여인은 어부들에게 친절하고 예의 바르게 대했지만, 창백한 색깔을 한 60센티미터 정도 크기의 네모난 상자를 항상 손에 쥐고 있었다. 다른 사람이 호기심을 느껴 만지려고 해도 여인은 결코 허용하지 않았다.

말이 통하지 않으니 이 이상한 여인을 어떻게 대해야 할지를 몰랐기에, 어부들은 마을에서 오래 산 노인을 찾아가 자초지종을 설명하고 대책을 물었다. 그러자 노인은 "아무래도 머나먼 낯선 나라에서 온 신분이 높은 분 같으니 우리 같은 어부들이 함부로 대할 몸이 아닐세. 자칫하면 큰 벌을 받을지 모르니 왔던 곳으로 돌려보내는 편이 안전할 것 같으이." 하고 이야기해주었다. 노인의 말대로 어부들은 여인을 타고 온 배에 그대로 태워서 바다에 띄워 보냈다.

이 설화에 등장하는 배를 일본에서는 우쓰로부네라고 부른다. 일본의 민속학자와 역사학자 들이 설화를 연구한 결론은 이렇다. 유력한 해설은 일본의 해안가로 표류한 러시아 여성을 만난 어부들이 이를 낯설게 여겨 신화나 전설 속에 나오는 요정처럼 여기고, 그 배를 우쓰로부네라고 불렀다는 것이다.

반면 우쓰로부네는 그저 환상에 불과하다는 주장도 있다. 서양의 고래잡

이배가 풍랑에 파손되어 잔해가 일본의 해안가로 떠밀려왔는데, 어부들이
그것을 보고 우쓰로부네라는 흥미로운 이야기를 지어냈다는 것이다.

066 혐한의 원조는 《일본서기》

2000년대에 들어 일본 사회에서는 한국에 대한 혐오와 경멸이 뒤섞인 감정을 분출하는 이른바 '혐한' 현상이 기승을 부렸다. 그 원인에 대해 말이 많은데 일부에서 이런 주장을 하기도 한다.

"일본의 혐한은 따지고 보면 원인이 한국 쪽에 있다. 한국인들이 반일민족주의를 고집하니 일본인이 한국을 좋아하고 싶어도 도저히 그럴 수 없어서 어쩔 수 없이 혐한을 하는 것이다."

이러한 주장이 과연 사실일까? 결론부터 말한다면 전혀 아니다.

민족주의는 19세기 무렵 생겨났다고 하는 것이 통설이다. 물론 이것도 유럽을 기준으로 보는 관점이다. 한국, 중국, 일본 등 동북아시아에서는 유럽보다 국민국가, 즉 민족국가의 틀이 훨씬 일찍 갖춰졌다.

한국에서 반일민족주의라는 감정이나 대중적 인식이 나타나서 널리 퍼진 시점은 아무리 빨라도 1592년 일본이 조선에 쳐들어온 임진왜란이 끝난 1598년 이후부터다. 《조선왕조실록》 광해군일기〔중초본〕 1619년 7월 18일자 기사를 보면, "왜노(倭奴, 일본인을 비하하는 표현)는 우리나라가 만세가 되어도 반드시 갚아야 할 원한이 있으므로…"라는 구절이 나온다. 이는 일본이 조선을 침략한 임진왜란 때의 일을 가리키는 표현이다.

또한 영조 임금 시절인 1771년, 제주도에 살던 선비인 장한철이 바다에서 폭풍을 만나 무인도에 떠밀려갔다가 일본의 선원들한테 협박당해 무인도에서 얻은 진주 같은 보물을 모두 빼앗긴 일을 기록한《표해록》을 보면, "왜노는 원수다. 마땅히 하늘 아래 같이 살 수 없는 원수다. 사람에게 아무런 이로움도 주지 못하고 해만 끼친다." 하고 울분을 토로했다.

아울러 1894년 9월 18일 충청남도 공주의 유생인 서상철은 "임진왜란 때 모든 백성이 피해를 입었으니 일본은 우리나라의 원수다." 하고 외치며 2000명의 의병을 일으켜 일본군에 맞서 싸웠다.

이러한 반일 감정이 생겨난 계기인 임진왜란 이전에 과연 일본인들한테 험한 감정이 없었을까? 그렇지 않다. 서기 8세기에 작성된 고대 일본의 문헌인《일본서기》에 한반도의 나라인 신라와 백제와 고구려를 비하하는 내용이 수두룩하게 언급되어 있기 때문이다.

우선《일본서기》에는 서기 200년 무렵 일본의 통치자인 신공황후가 함대에 군사를 태우고 바다를 건너 신라로 직접 쳐들어가서 항복시켰다는 이야기가 실려 있다. 이야기의 결말에 신라 왕이 신공황후한테 "이제부터 삼한의 왕은 일본의 영원한 개가 되겠습니다"라고 맹세하는 부분이 나온다. 여기서 말하는 삼한이란 한반도 전체를 가리키는 표현이다.《일본서기》의 편찬자들이 한반도 전체를 일본의 영원한 개라고 적은 것이니 지독한 모욕이 아닐 수 없다.

신라에 대한 고대 일본인들의 반감은 여기서 그치지 않는다.《일본서기》에서 일본의 킨메이(欽明, 509~571) 왕이 발표한 글을 보면, "서쪽에 살고 있는 비열하고 천박한 신라인들은 우리나라 사람들한테 독을 먹여 죽이거나 간을 꺼내고 다리를 자르고 시체를 태우면서 웃는다"고 적어놓았다. 신라인들을 미치광이 살인마처럼 악의적으로 묘사한 것이다.

그렇다면 신라가 아닌 백제나 고구려를 상대로는 악의적인 표현이 없었을까? 유감스럽게도 아주 많았다. 우선 백제부터 살펴보자. 고대 일본이 백제의 아름다운 문물을 사모했다고 알려져 있으나《일본서기》를 보면 백제에 대한 부정적인 이야기가 많이 나온다.

"백제의 진사왕이 일본한테 예의 없이 행동하자 이에 일본에서 사신을 보내 잘못을 꾸짖으니 백제인들이 진사왕을 죽이고 일본에 사죄했다. 그다음 즉위한 백제의 아신왕도 일본한테 똑같이 굴자 일본이 백제의 땅을 빼앗았다."

고구려에 대해서도《일본서기》에 부정적인 묘사가 있다. 562년 8월 일본이 수만 명의 군대를 보내 고구려를 공격하자 고구려의 평원왕이 담을 넘어 도망갔다고 나온다.

이렇게 본다면 현재 일본에서 혐한이라는 이름으로 분출되고 있는, 한반도에 대한 일본인들의 부정적인 감정은 그 유래가《일본서기》로 올라갈 만큼 상당히 오래된 것이 아닐까?

067 조총에 얽힌 이야기

　일본군이 조선에 쳐들어온 임진왜란 시기(1592~1598)를 배경으로 하는 사극 영화나 드라마를 보면, 일본군이 조총을 쓰는 장면이 으레 등장하기 마련이다. 그런데 대본을 쓰는 작가를 포함하여 제작진이 군사 무기에 관련된 지식이 부족한 관계로 임진왜란 당시의 조총을 사실과 다른 잘못된 방향으로 묘사하는 경우가 종종 있다.

　사극에서 일본군이 사용하는 조총을 현대의 자동 소총처럼 1초에 여러 발 쏘는 모습이 나오는데 이는 사실과 동떨어진 것이다. 임진왜란 무렵인 16세기 일본뿐만 아니라 전 세계를 통틀어 조총을 비롯한 총기류는 총알을 장전하는 속도가 매우 느렸다. 숙련된 사수라고 해도 1분에 두 발을 발사하는 정도가 고작이었다.

　임진왜란을 겪고 나서 조선도 조총을 도입했지만 활을 쏘는 궁수들이 군대에 여전히 포함되어 있었다. 조총에 총알을 장전하는 동안은 무방비 상태이기 때문에 그때를 틈타 적이 돌격하면 궁수들이 활을 쏘아 사수들을 보호하기 위해서였다.

　한편 16세기의 조총은 흑색 화약을 사용했기 때문에 총을 몇 번 쏘고 나면 뿌연 연기가 잔뜩 발생해 앞이 잘 보이지 않았다. 더구나 총기의 강선에 화약 찌꺼기가 쌓이기 때문에 꼬질대로 청소하지 않으면 총을 쏠 수조차 없었다.

임진왜란을 다룬 사극 중에는 비나 눈이 많이 내리는 날 조총을 쏘는 모습이 나오기도 하는데 이 또한 터무니없는 일이다. 16세기의 조총은 심지에 불을 붙여 총알을 발사하는 구조였다. 비나 눈이 오면 습기에 심지가 젖어버리기 때문에 총을 제대로 쏠 수 없었다.

한편 일본군이 죄다 조총을 갖고 있는 모습으로 등장하기 일쑤인데 이것 역시 사실과 어긋나는 설정이다. 16세기 무렵 조총은 대량생산해내는 물건이 아니라 대장간에서 대장장이들이 일일이 손으로 두드리는 단조 작업을 거쳐 만들어내는 수공업 제품이었다. 조총의 가격이 비싸 누구나 쉽게 가질 수 있는 형편이 아니었다.

임진왜란 당시 의병을 모집하여 일본군과 싸운 경험이 있는 조선의 유생 조경남이 편찬한 역사서인 《난중잡록》을 보면, 1592년 5월 8일 도검찰사(都檢察使) 이양원(李陽元)이 군관 유정언(柳廷彦)에게 한양에 주둔 중인 일본군을 염탐하게 한 결과를 장계로 적었다. 그 내용에 의하면 일본군 중에서 조총에 들어가는 총알을 가진 자는 4~5명 중에서 겨우 1명이고 그나마 1명이 가진 총알의 개수도 15~16알에 불과했다고 한다.

임진왜란 시기 일본군이 사용한 주요 무기 중에는 야리라 불리는 길이 4~6미터가량의 긴 창과 1미터 내외의 칼인 일본도 등이었다. 아울러 일본 전통의 긴 활인 유미를 가진 궁수도 상당수 존재했다.

그렇다면 조총은 효과나 위력이 지나치게 과장된 쓸모없는 무기였을까? 그렇지 않다. 임진왜란을 겪고 나서 조선 조정은 전략 무기였던 활을 제쳐두고 조총을 집중적으로 만들어 정식 제식 무기로 삼았다. 이는 조총이 여러 면에서 활보다 편리하고 위력적이었기 때문이다. 활은 사람의 힘에 따라 위력이 달라지지만, 조총은 완력이 약한 사람이라도 방아쇠만 당기면 동일한 위력으로 총알을 쏠 수 있다. 아울러 활시위에 메겨서 쏘는 화살은 갑옷을 뚫기가 매우 어렵지만, 조총의 경우는 50미터 안에서는 아무리 두꺼운 갑옷이라고 해도 모조리 뚫을 수 있었다.

결정적으로 활은 제대로 쏘기까지 오랜 수련 기간이 필요하지만, 조총은 한 달 정도만 배우면 누구나 쏠 수 있기 때문에 군사들을 무장시키는 데 훨씬 효율적인 무기였다.

이렇듯 조총에 대해 지나치게 과장해서도 안 되지만, 그렇다고 지나치게 폄하하는 것도 역사를 왜곡하는 일일 것이다.

068 양귀비가 일본의 여신?

중국 당나라 현종 황제가 절세미인인 양귀비를 만나 사랑에 빠졌다가 정치를 소홀히 하여 안록산의 난이 일어나 하마터면 나라가 망할 뻔했다는 이야기는 한 번쯤 들어봤을 만큼 유명하다.

당나라와 교류하던 일본에도 양귀비의 이름이 알려졌는데 이와 관련하여 일본에 이상한 전설이 전해온다. 양귀비가 사실은 일본에서 당나라로 숨어든 여신이라는 내용이다.

일본 나고야에 있는 아쓰다(熱田) 신궁(神宮)의 내천신사(內天神社)에 《선전습유(仙傳拾遺)》라는 오래된 문헌이 있다. 기록에 의하면 당나라 현종 황제는 야심이 큰 인물로 서역(현재 중앙아시아)을 정복하는 것으로 만족하지 못하고 동쪽 일본으로 군대를 보내 점령하려는 계획을 세웠다고 한다.

이를 알아차린 일본의 신들은 두려움에 떨었다. 그 무렵 일본은 당나라와는 비교할 수 없을 만큼 약소국이었기 때문에, 당나라가 일본을 점령할 속셈으로 대군을 거느리고 쳐들어온다면 꼼짝없이 망할 판국이었기 때문이다. 일본의 신들은 하늘에 있는 강인 아마노야스노가와(天の安河)에 모여 "당나라가 쳐들어온다고 하는데 어떻게 해야 하겠는가?"하며 대책 회의를 열었다고 한다.

회의가 길어졌으나 묘안이 나오지 않아 두려움과 걱정이 극심했다. 그때 "아쓰다 신궁의 내천신이 아름다운 여인으로 변신하여 현종을 매혹해 판단력을 흐리게 해서 일본으로 쳐들어오지 못하게 하면 어떻겠습니까?" 하는 의견이 나왔다. 다른 신들이 동의하자 내천신은 세상에서 가장 아름다운 여인인 양귀비로 둔갑하여 당나라로 들어가 현종 황제를 현혹했다.

양귀비와 애정 행각에 몰두하느라 현종은 집권 초반의 명석함을 잃어버리고 나라를 다스리는 일을 소홀히 했다. 결국 백성의 삶은 갈수록 어려워졌고, 이때를 노려 야심이 컸던 안록산이 반란을 일으키자 당나라는 큰 혼란에 빠졌다. 현종은 반란을 피해 양귀비를 데리고 멀리 서쪽의 촉 지역으로 달아났는데, 도중에 화가 난 병사들이 "이 모든 난리가 양귀비 때문이니 잡아 죽여야 한다"며 폭동을 일으키자 현종은 어쩔 수 없이 양귀비를 죽이게 했다. 양귀비의 영혼은 원래 살던 곳인 일본의 아쓰다 신궁으로 돌아갔다.

안록산의 난이 끝나고 수도 장안으로 돌아온 뒤에도 현종 황제는 양귀비를 잊지 못해 도사인 양통유(楊通幽)를 보내어 양귀비의 영혼을 찾게 했다. 양통유는 이리저리 찾아 헤맨 끝에 영혼이 일본의 아쓰다 신궁에 있음을 알고는 그곳으로 갔다. 양통유는 아쓰다 신궁의 내천신을 만나 대화를 나누며 양귀비의 원래 정체와 목적을 알게 된 후 당나라로 돌아가 현종에게 사실을 고했다. 충격을 받은 현종은 그만 병에 걸려 앓다가 죽고 말았다. 이것이 내천신사에 전해지는 양귀비 전설이다.

이 전설은 역사적인 사실과 거리가 먼 허구에 불과하지만, 달리 생각하면 당시 일본인들이 당나라의 침공을 얼마나 두려워했는지 잘 알 수 있는 자료이기도 하다.

역사적으로 일본은 663년 지금의 전라북도 금강 하구인 백촌강에서 당나라 군대와 맞서 싸웠으나 참패했다. 이 무렵 일본은 동맹국인 백제를 다시 일으키기 위해 국력을 기울여 3만 명이 넘는 군대를 보냈으나 당나라와의 한판 싸움에서 전멸하고 말았다.

백촌강 전투를 겪은 일본은 당나라에 대한 공포심으로 언젠가 당나라가 쳐들어올지 모른다는 불안함에 시달렸다. 그로부터 92년 후인 755년 당나라의 장수 안록산이 반란을 일으키자 일본의 실권을 장악하고 있던 후지와라 나카마로(藤原仲麻呂)는 "혹시 안록산이 쳐들어올지 모르니 전국에 비상 경계 태세를 갖추라." 하고 명령했다. 안록산이 활동하던 범양(오늘날 북경 인근)과 일본은 매우 멀고 안록산이 바다를 건너올 리 없는데도 전국에 비상 경계 태세를 갖추도록 한 것은 당나라에 대해 지나칠 정도로 큰 공포심을 느꼈기 때문일 것이다.

069 말을 타고 활을 쏘았던 사무라이

오늘날 일본이라는 국가를 대표하는 문화적 상징물 가운데 하나는 근대 이전 일본 무사 계급이었던 사무라이다. 사무라이 하면 전신갑옷인 오요로이를 입고서 일본의 칼인 가타나를 든 모습을 떠올리기 마련이다.

하지만 사무라이는 오늘날 수많은 대중매체에서 다뤄지는 것처럼 두 발로 걸으면서 칼을 휘두르는 것이 아니라 말을 타고 일본식 활인 히고유미를 당겨 화살을 쏘는 기마병의 모습이었다.

중국의 역사서인 《삼국지 위지 동이전》에 의하면 일본 열도에는 서기 3세기까지 말이라는 동물이 없었다고 한다. 서기 4세기 말엽부터 한반도와 접촉하면서 말이 전래되었고, 6세기가 되자 말을 달리며 활을 쏘는 기마 궁수가 일본 군대의 주력으로 떠올랐다.

일본 역사에서 무사들이 왕족과 귀족을 제치고 나라를 다스린 가마쿠라(鎌倉) 시대(1185~1333)가 되자 무사가 갖춰야 할 덕목으로 이른바 '궁마(弓馬)의 도(道)'가 부각되었다. '활과 말의 길'이라는 뜻인데, 글자 그대로 말을 달리면서 활을 쏘는 무예가 일본 무사들이 반드시 갖춰야 할 능력이 된 것이다.

미나모토 가문과 다이라 가문이 일본의 패권을 놓고 벌인 겐페이 전쟁

(1180~1185)을 묘사한 소설인《헤이케모노가타리》를 보면, 오늘날 일본의 수도인 도쿄를 비롯한 동부 지역인 관동으로 떠난 다이라 가문의 군대를 이끈 지휘관인 다이라노 고레모리가 부하인 사이토 사네모리한테 "관동에 자네만큼 활을 잘 쏘는 사람이 얼마나 있는가?" 하고 묻자 사네모리가 대답한 내용이 인상적이다.

"저는 겨우 13개의 주먹 길이와 같은 화살을 쏠 뿐입니다. 그러나 관동의 무사들은 다릅니다. 그들은 15개의 주먹 길이와 같은 화살을 쏘고, 힘이 센 장사 5~6명이 간신히 시위를 당기는 활을 쓰며, 2~3개를 겹친 갑옷도 뚫어버립니다. 또한 관동의 호족 한 사람은 최소한 500명의 기병을 거느리고 있는데, 그들은 말 위에서 떨어지지 않으며 험한 산길을 달려도 넘어지지 않습니다. 싸움이 벌어지면 아버지나 아들이 죽어도 그 시체를 넘고 계속 싸웁니다. 관서(교토를 중심으로 한 일본 서부 지역)의 무사들은 겨울에는 춥다고 여름에는 덥다고 싸움을 꺼리지만, 관동의 무사들은 추위와 더위를 가리지 않습니다."

이를 보면 관동의 지배자인 미나모토 가문의 무사들이 강한 활을 쏘면서 말을 달리는 기술을 갖춘 뛰어난 기마 궁수들임을 알 수 있다. 한편 그들의 적수인 다이라 가문의 무사들 역시 뛰어났다. 반란을 일으킨 승려들을 진압하고자 나라로 떠난 다이라 가문의 무사들은 모두 말을 타고 활을 들었기에 승려들을 상대로 승리할 수 있었다.

다이라 가문의 무사인 모리즈미(盛澄)는 미나모토 가문의 우두머리인 미나모토노 요리토모에게 체포되었는데, 그 용맹을 아깝게 여긴 요리토모는 마구간에서 가장 사나운 말을 꺼내어 모리즈미한테 그 말을 타고서 세 대의 화살로 세 개의 과녁을 맞히면 용서해주겠다고 제안했다. 모리즈미는 사나운 말을 탄 채로 요리토모가 말한 대로 정확히 과녁을 맞혔다. 이에 감탄한 요리토모는 모리즈미를 풀어주었다. 모리즈미가 했던 기마 사격을 오늘날 일본에서 야부사메(流鏑馬)라고 하여 해마다 신사에서 열고 있다.

1274년 고려와 원나라 연합군이 일본을 공격했을 때 맞서 싸운 일본 무사인 다케자키 스에나가(竹崎季長, 1246~?)는 화가에게 자신이 겪은 전투의 모습을 그리게 했다. 〈몽고습래회사〉의 한 장면을 보면 일본 무사들이 능숙하게 말을 타고서 활을 쏘고 있다.

1467년 오닌의 난을 시점으로 일본 전역이 1세기가 넘는 내란에 휩싸이는 전국시대로 들어서자 일본의 무사들은 말을 타고 활을 쏘거나 창검을 휘두르는 기병이 아니라 보병 부대인 아시가루를 지휘하는 장교 역할을 맡게 되었다. 이런 흐름 속에서 사무라이들은 기마 궁수가 아니라 두 발로 걸으면서 긴 일본도를 휘두르는 모습으로 변모했다.

070 미나모토노 요시쓰네가 칭기즈칸이 되었다?

겐페이 전쟁 시기에 활약한 장수인 미나모토노 요시쓰네(源義經, 1159~1189)는 오늘날까지 일본인들이 사랑하는 영웅이다. 그를 다룬 소설, 영화, 드라마, 비디오 게임, 만화 등 문화 콘텐츠가 셀 수 없을 정도다.

그런데 요시쓰네와 관련하여 허무맹랑한 이야기가 오래전부터 일본에서 떠돌았다. 요시쓰네가 중국으로 건너가서 몽골을 통일하고 유라시아 대륙을 정복한 영웅인 칭기즈칸이 되었다는 내용이다.

겐페이 전쟁 무렵 요시쓰네는 미나모토 가문의 우두머리이자 배다른 형인 미나모토노 요리토모의 명령으로 군대를 이끌고 1184년 이치노타니 전투, 1185년 야시마 전투와 단노우라 전투에서 다이라 가문의 군대를 쳐부수어 미나모토 가문이 일본의 지배권을 장악하게 하는 데 기여했다.

요시쓰네의 명성이 높아지는 것을 질투한 요리토모는 그를 죽이려 했고, 위협을 느낀 요시쓰네는 일본 동북부 지역의 후지와라 가문으로 달아났다. 하지만 요시쓰네를 죽이지 않으면 쳐들어가겠다는 요리토모의 거듭된 협박을 두려워한 후지와라 가문이 병사를 동원해 공격하자 궁지에 몰린 요시쓰네는 1189년 4월 30일 스스로 목숨을 끊었다. 이것이 일본의 역사에 기록된 요시쓰네의 공식적인 최후다.

한데 요시쓰네가 칭기즈칸이 되었다고 주장하는 사람들이 있다. 그 내용을 정리하면 대략 이렇다.

홋카이도의 원주민인 아이누족들한테는 요시쓰네가 사실은 죽지 않았고, 홋카이도 각지를 떠돌면서 아이누족 중에서 용감하고 지혜로운 사람을 모아 사할린섬을 거쳐 바다를 건너 연해주로 갔다는 전설이 전해온다.

칭기즈칸은 하얀색 옷을 즐겨 입었는데, 요시쓰네가 속한 미나모토 가문이 하얀색을 상징으로 삼은 것과 같다. 아울러 칭기즈칸의 이름에 붙은 칸은 이전에는 없던 칭호인데, 일본어에서 신(神)을 뜻하는 '가미'가 변한 것이라고 한다. 이를 요시쓰네가 대륙으로 건너가 칭기즈칸이 되면서 일본어를 전한 흔적으로 본다. 게다가 미나모토를 한자로 쓰면 원(源)이 되는데, 칭기즈칸의 손자인 쿠빌라이칸이 중국에 세운 원(元)나라와 그 발음이 통한다.

결정적으로 요시쓰네는 기병 부대를 이용한 기습이나 후방 공격을 주특기로 삼았는데, 전국시대 일본의 무사들은 말을 단순히 전쟁터에 빨리 도착하기 위한 수단으로 삼았지 공격 수단으로 보지 않았다. 그런데 칭기즈칸은 요시쓰네처럼 기습이나 후방 공격 같은 기동성을 살린 전술을 주특기로 삼았으니, 요시쓰네가 대륙으로 건너가 칭기즈칸이 된 것이 틀림없는 사실이라고 한다.

이러한 요시쓰네와 칭기즈칸 동일설을 어떻게 받아들여야 할까? 결론부터 말하자면 모두 거짓이다.

칸이라는 칭호는 칭기즈칸 이전에도 거란과 돌궐(튀르크)과 유연 같은 북방 유목 민족이 즐겨 쓰던 이름이었다. 그러니 칸을 가리켜 요시쓰네와 일본어 가미를 연관시키는 것은 터무니없는 망상이다.

또한 미나모토의 한자 표기가 원이라고 하여 이를 두고 요시쓰네의 미나모토 가문이 원나라를 세웠다고 주장하는 것 역시 황당하다. 그런 식으로 따지면 386년부터 534년까지 중국 북부를 지배한 북위(北魏) 왕조의 성씨 또한 원(元)이었으니, 북위도 미나모토 가문 사람이 세운 나라란 말인가? 아울러 요시쓰네가 활약한 겐페이 전쟁 때 일본 무사들은 말을 타고 활을 쏘는 무예에 능숙했다.

그렇다면 요시쓰네가 칭기즈칸이 되었다는 낭설은 언제 어떻게 퍼졌을까? 이는 일본의 내무대신이었던 스에마쓰 겐초(末松謙澄, 1855~1920)가 영국 케임브리지 대학교에 유학한 시절, 그리피스라는 가짜 이름을 써서 1885년에 발표한 논문에서 비롯된 것이다.

아울러 일본의 국수주의자이자 제국주의자인 오야베 젠이치로(小谷部全一郎)는 1924년 《칭기즈칸은 미나모토노 요시쓰네다》라는 책을 발표했다. 이 책을 일본의 A급 전범인 오카와 슈메이(大川周明, 1886~1957)가 열렬히 지지하고 나섰다. 그 이유는 칭기즈칸이 일본 장수인 요시쓰네였다는 낭설을 앞세워서 그의 후손인 일본인이 칭기즈칸처럼 중국을 정복할 자격이 있다는 제국주의 발상을 정당화하려는 속셈이 깔려 있었기 때문이었다.

071 일본에 쳐들어온 여진족 해적들

　일본은 이웃 나라인 한국이나 중국과 달리 외국의 침입에 시달린 역사가 상대적으로 적다. 이는 일본의 국수주의자들이 말하는 것처럼 신이 지켜주는 성스러운 나라이거나 강력한 힘을 가진 나라여서가 아니라 아시아 대륙에서 바다로 갈라져 고립된 지리적인 조건 때문이었다.

　일본이 외국의 침입을 받은 일이 없었는가 하면 결코 아니다. 1019년 일본 서부 지역인 쓰시마(대마도)와 규슈는 놀랍게도 지금의 연해주에서 배를 타고 바다를 건너 쳐들어온 여진족 해적들의 공격을 받아 큰 피해를 본 적이 있었다. 이 사건을 일본 역사에서는 도이의 입구(刀伊の入寇)라고 부른다. 여기서 말하는 도이가 바로 여진족을 가리키는 말이다.

　여진족이라고 하면 초원에서 소와 말 같은 가축을 기르며 살아가는 유목 민족이라고 알려져 있으나 그것은 잘못된 편견이다. 여진족의 활동 무대인 만주와 연해주는 워낙 다양한 환경이 펼쳐지는 땅이었기에 여진족은 목축뿐 아니라 농사를 짓고 바다에서 물고기도 잡으며 살았다.

　여진족의 조상인 읍루(挹婁)인은 배를 타고 가서 약탈하는 해적 활동도 벌였다. 중국 역사서인 《후한서》의 동이열전(東夷列傳)을 보면, "읍루인들은 배를 타고 약탈하기를 좋아하며 북옥저 사람들이 그것을 두려워하여 여름에는 바위굴로 들어가 숨어 있다가 겨울이 되어 뱃길이 안 통하게 되면 마을로 내려와 산다"라는 구절이 실려 있다. 여기서 언급된 북옥저는 오늘날 함경도 지역에 있었던 부족 국가의 이름이다.

이런 전통을 살려서 고려 초기의 여진족은 배를 타고 바다를 건너 고려의 영토인 우산국(于山國, 울릉도)는 물론 심지어 먼 남쪽 일본의 규슈까지 쳐들어가 약탈을 저지르는 해적으로 활동한 것이다.

《고려사절요》의 현종 9년(1018년) 11월 기사를 보면 "우산국이 동북면(함경도 해안가) 여진의 침략을 받아 농사짓는 일을 그만두었으므로 농기구를 내려주었다"라는 기록이 실려 있다. 또한 《고려사》의 현종 13년(1022년) 7월 8일 기사를 보면 도병마사(都兵馬使)가 "우산국 백성 중에 여진에게 노략질당하여 도망쳐온 자들을 예주(禮州)에 거주하게 하고, 관청에서 밑천과 양식을 제공하여 영원히 호적에 편입하도록 하십시오." 하고 건의하자 현종 임금이 허락했다는 내용이 보인다.

이렇듯 울릉도를 공격한 것으로도 모자라 여진족은 일본 서부의 쓰시마와 규슈까지 쳐들어갔다. 일본의 기록인 《소우기(小右記)》에 의하면, 관인(寬仁) 3년(1019년) 3월 도이인들이 50척의 배를 타고 쓰시마를 쳐들어와 소와 말 같은 가축을 빼앗았으며, 4월에는 이키섬(壹岐島)을 공격했고, 그다음에는 일본 규슈에 상륙하여 하카다(博多)와 나가사키(長崎)까지 침략했다고 한다. 이때 여진족 해적들에 의해 460여 명의 일본인이 죽임을 당했고, 약 1300여 명의 일본인이 붙잡혀갔다고 한다. 《소우기》에는 여진족 해적이 모두 방패를 들었으며, 제1열의 전투원은 짧은 칼을 사용했고, 제2열의 전투원은 긴 칼을 사용했으며, 제3열은 활을 쏘았다는 내용도 있다.

이렇게 맹위를 떨친 여진족 해적들은 규슈의 지방 호족들에 의해 격퇴당해 배를 타고 다시 바다를 건너 본거지로 돌아가던 도중 고려 해군의 공격을 받아 큰 타격을 받았다. 《고려사절요》 현종 10년(1019년) 4월 기사를 보면, "진명선병도부서(鎭溟船兵都部署) 장위남(張渭男) 등이 (여진족) 해적의 배 8척을 잡았는데, 공역령(供驛令) 정자량(鄭子良)을 일본에 보내어 해적들이 사로잡은 사람(일본인) 259명을 돌려주었다"라는 내용이 실려 있다.

일설에 의하면 여진족 해적의 조상인 읍루인이 이미 동해를 건너 고대 일본에 정착하여 살았다고 한다. 그 증거로 일본 신화에 나오는 뱀인 오로치가 난폭한 신인 스사노오에게 죽임을 당했을 때 꼬리에서 날카로운 칼인 아메노무라쿠모노쓰루기(天叢雲劍)가 나와서 이것을 태양의 여신인 아마테라스한테 보고하는 내용이 실려 있는데, 이 내용이 바로 읍루인을 상징한다는 것이다.

일본 신화에는 오로치의 몸에서 언제나 붉은 피가 흘러 계곡이 붉게 물들었다는 내용이 있다. 이는 쇠를 다루는 대장간에서 나오는 녹이 강과 냇물로 흘러가 계곡이 붉게 물든 모습을 은유적으로 표현한 것이며, 오로치의 꼬리에서 나온 칼은 고대 일본인이 몰랐던 읍루인의 뛰어난 제철 기술의 상징물이라고 한다.

아메노무라쿠모노쓰루기는 어쩌면 읍루인이 사용하던 칼이 아니었을까?

072 일본만이 몽골군을
물리쳤다?

1990년대만 해도 일본인들은 "전 세계가 몽골군의 말발굽에 짓밟히던 13세기, 일본만이 유일하게 몽골군의 침략을 두 번이나 물리쳤다! 이는 일본이 신의 가호를 받는 나라라는 증거다!" 하고 자랑을 늘어놓고는 했다.

일본은 태평양전쟁 시기(1941~1945)에 미국의 공격을 받아 불리해지자 '신의 바람'이라는 뜻인 가미카제(神風) 특공대를 만들어 미 해군 함대를 향해 자살 돌격을 단행했다. 가미카제란 1274년과 1281년 두 차례에 걸쳐 몽골군이 일본에 쳐들어왔을 때, 몽골군을 태운 함대를 침몰시킨 태풍을 일본인들이 높여서 부르는 말이다. 그러니까 가미카제 특공대라는 이름에는 일본이 세계 최강대국이던 몽골을 물리친 것처럼 미국도 그렇게 물리치기를 바라는 기원의 뜻이 담겨 있었다.

자기네만 몽골군을 물리쳤다는 일본인들의 자부심은 과연 역사적 사실일까? 결론부터 말한다면 그렇지 않다. 13세기 세계를 통틀어 몽골군을 물리친 나라는 일본 이외에도 많았다.

베트남의 쩐흥다오(陳興道) 장군은 1284년 약 40만 명의 몽골군이 베트남에 쳐들어와 수도 하노이를 함락시키자 늪지대를 이용한 게릴라전을 벌여 1년 후인 1285년에 몽골군을 쫓아냈다. 2년 후인 1287년 몽골군이 다시

처들어오자 쩐흥다오 장군은 바익당강(白藤江)에 말뚝을 꽂아놓고 몽골 함대를 유인하여 걸리게 한 다음 불태워 침몰시키는 전술로 몽골군을 물리쳤다. 이때 입은 피해가 어찌나 컸는지 몽골은 그 이후로 두 번 다시 베트남을 침범할 엄두를 내지 못했다.

인도네시아 역시 몽골군을 물리친 나라다. 1292년 2만 명의 병사와 1000척의 함대로 이루어진 몽골군이 인도네시아의 게랑구 왕국으로 쳐들어왔다. 처음에는 몽골군에게 전세가 유리하여 게랑구 왕국의 수도인 케디리성을 몽골군에게 빼앗겼으나 그 이후 곧바로 마자파히트 왕국의 비자야 왕이 몽골군을 기습하자 케디리성을 공격하느라 지쳐 있던 몽골군은 3000명의 전사자를 남겨 놓고 허겁지겁 달아났다.

인도 역시 몽골군을 물리친 나라의 명단에서 빼놓을 수 없다. 인도 북부를 지배하고 있던 투르크족 계통의 킬지 왕조(1290~1330)는 용감한 국왕인 알라우딘 칼지(Alauddin Khalji, 1267~1316)가 다스리고 있었는데, 그는 47만 5000명의 기병을 포함하여 거대한 상비군을 유지하면서 중앙아시아에서 쳐들어온 몽골군의 잇따른 공격을 잘 막아냈다.

1297년 겨울 인도 서북부인 펀자브 지역을 습격한 몽골군은 알라우딘의 부하 장군인 울루그 칸(Ulugh Khan)이 지휘하는 킬지 왕조의 군대에 패배하여 2만 명의 전사자를 내고(1298년 2월 6일) 달아났다. 1299년 몽골의 왕자인 쿠틀룩 크와자(Qutlugh Khwaja)가 10만 명의 군대를 이끌고 델리를 목표로 쳐들어오자 자파르 칸이 나서서 쿠틀룩에게 중상을 입히고 몽골군을 물리치는 데 성공했다.

이렇게 몽골군을 연이어 쳐부순 킬지 왕조는 이후로 몽골의 영토이자 아프가니스탄의 수도인 카불까지 공격할 만큼 몽골과의 대결에서 우세를 차지했다.

마지막으로 이집트 역시 몽골군을 물리쳤다. 그 시작은 1260년 9월 3일

현재의 팔레스타인 갈릴리에서 벌어진 아인잘루트 전투였다. 이 전투에서 이집트를 다스리던 맘루크 왕조의 국왕인 쿠투즈와 장군인 바이바르스는 매복해 있다가 몽골군을 유인하고 포위하여 섬멸하는 전술로 몽골군을 궤멸했고, 몽골군을 지휘하던 장군인 키트부카를 사로잡아 죽이는 등 완벽한 승리를 거두었다.

그 이후로 몽골군이 맘루크 왕조에게 복수하고자 계속 쳐들어왔으나 현재 튀르키예에서 벌어진 엘비스탄 전투(1277년 4월 15일)와 시리아에서 벌어진 홈스 전투(1281년 10월 29일)에서 모두 맘루크 군대에 패배함으로써 더는 중동을 정복할 수 없는 상황에 몰렸다. 특히나 엘비스탄 전투와 홈스 전투에는 서양인들로 구성된 십자군이 몽골군에 합세했는데도 맘루크 군대를 이기지 못했다.

이상이 13세기에 몽골군을 물리친 나라들과 그들이 거둔 전투들이다. 역사를 보면 알겠지만 전 세계에서 몽골군과 싸워 이긴 나라가 일본뿐이라는 일본인들의 자부심은 참으로 허황한 것이라는 사실을 알 수 있다.

사실 일본은 때마침 태풍이 불어 몽골군을 태운 함대가 침몰하기 전에는 그들을 상대로 제대로 싸워볼 엄두조차 내지 못했다는 점에서 베트남과 인도와 이집트가 거둔 승리에 비하면 볼품없기까지 하다.

제비뽑기로 뽑힌
쇼군

일본 역사에서 일왕을 대신하여 일본을 다스리는 권력자는 세이이 다이
쇼군(征夷大將軍, 가마쿠라 시대에서 에도 시대에 이르는 무가의 최고 관직) 줄여서 쇼
군이라 불린 직책의 사람들이었다. 그런 쇼군조차 시간이 지나면서 점차
다른 무사들한테 업신여김을 당하거나 심지어 죽기까지 하는 일들이 벌어
졌다. 이번에 소개할 아시카가 요시노리(足利義教, 1394~1441)가 그런 경우
였다.

대략 14세기 중엽부터 일본은 아시카가 가문이 일왕을 대신하여 전국을
다스리는 아시카가 막부 체제에 있었다. 하지만 아시카가 막부는 그다지
권력이 강하지 못해서 지방 호족들의 반란에 자주 시달렸다.

그러던 와중 1428년에 아시카가 막부의 최고 권력자이자 쇼군인 아시카
가 요시모치(足利義持, 1386~1428)가 병을 앓다가 죽고 말았다. 생전에 후계
자를 정해놓지 않았기 때문에 다음 쇼군이 누가 될지를 놓고 여러 지방 호
족과 아시카가 가문의 사람들이 신사인 하치만궁(八幡宮)에 모여서 제비를
뽑아 고르기로 했다. 그 결과 선출된 쇼군이 바로 아시카가 요시노리였다.

그런데 요시노리는 출가하여 사찰에서 불교 승려로 살아가고 있던 몸
이었다. 요시노리는 일왕을 대신하여 일본을 다스리는 군주의 위치에 있

는 쇼군이 담당해야 할 업무나 처신에 대해서 알지 못했다. 지방의 호족들조차 "그자는 승려였고 무사가 아니었다. 그러니 제대로 된 쇼군도 아니고 우리가 그런 부적격한 자한테 복종해야 할 필요가 없다"고 하는 식의 태도를 보이며 요시노리의 권위를 인정하지 않았다.

예나 지금이나 지도자가 위태로운 지경에 놓이는 원인 중의 하나는 권위가 사라져 존중받지 못하고 무시를 당하는 것이다. 하물며 일본은 군사적인 힘으로 지배하는 무단 통치의 사회였으니 권위 없는 지도자는 더더욱 그 위치가 불안정할 수밖에 없었다.

일본의 지방 호족들은 개인 군대를 거느리고 있었기 때문에 여차하면 쇼군에 맞서 반란을 일으키기 일쑤였다. 그런 호족 가운데 요시노리한테 가장 적대적인 인물은 관동을 다스리던 아시카가 모치우지(足利持氏)였다. 그는 요시노리를 승려였다가 속세로 돌아와 쇼군이 되었다는 뜻에서 '환속장군'이라고 불렀다. 요시노리가 쇼군에 취임한 후 그에게 마땅히 보냈어야할 축하 인사도 하지 않았다. 모치우지는 요시노리가 지정한 에이쿄(永享)라는 연호도 사용하지 않아 노골적으로 무시하는 태도를 드러냈다.

이런 모치우지에게 요시노리는 1432년 후지산을 여행한다는 명분을 내걸고 수많은 병사와 수행원을 이끌고 관동 지역으로 나섰다. 이는 모치우지를 압박하려는 의도였다. 그렇지만 모치우지는 요시노리를 향한 적대적인 태도를 고치지 않았다. 결국 요시노리는 스스로 많은 병력을 이끌고 나서서 모치우지의 근거지인 가마쿠라를 공격했다. 모치우지는 요시노리가 승려였다며 무시했지만, 놀랍게도 요시노리는 상당한 군사적 재능이 있었고 모치우지는 그런 요시노리한테 패하여 1439년 2월 스스로 목숨을 끊었다.

모치우지를 패사시킨 이후로 요시노리는 지나치게 오만하고 억압적인 정치를 펴서 지방 호족들로부터 원성을 샀다. 그는 일본의 오래된 사찰이었던 엔랴쿠사가 소유하고 있던 땅인 히에이산을 두고 영토 분쟁을 벌이다가 군대를 동원하여 히에이산에 있던 엔랴쿠사의 사찰을 불태워버렸다. 이것만으로도 반발을 사기에 충분한데, 그 이후에 요시노리는 히에이산을 공격한 장수들을 처형해버리면서 더 큰 악재에 부닥쳤다. 외부의 원성을 듣는다면 자기 편이라도 굳건히 감싸야 하건만, 요시노리는 그런 일조차 고려하지 않을 정도로 정치적인 감이 엉망이었다.

그렇게 폭정을 일삼던 요시노리는 1441년 6월, 일본 서부 비젠의 호족이었던 아카마쓰 미쓰스케(赤松満祐)에게 초대받아 저택에서 성대한 잔치를 즐기던 도중 미리 숨어 있던 미쓰스케의 부하들한테 습격받아 목숨을 잃었다. 일본 무가의 최고 수장인 쇼군이 사무라이들한테 배신을 당해 죽은 것이다.

074 히데요시의 야망을 부추긴
중국인 왜구

고대로부터 한반도와 중국을 침범하여 살인과 약탈을 일삼은 일본의 해적들을 가리켜 왜구(倭寇)라고 부른다. 하지만 왜구가 모두 일본인이었던 건 아니었다. 개중에는 외국인도 있었는데, 명나라 무렵 중국을 침범한 왜구 중에는 놀랍게도 중국인도 있었다. 이번 항목에서 소개할 왕직(王直)이 바로 그런 경우다.

중국 동부 휘주 지역의 장사꾼이었던 왕직은 중국과 일본을 오가면서 밀무역으로 재산을 쌓았다. 그러나 명나라는 밀무역을 불법으로 규정하여 엄격하게 단속하고 처벌했으며 왕직은 조정의 처벌이 두려워서 일본으로 달아났다. 왕직은 규슈와 고토 열도 같은 일본 서부의 여러 섬에서 일본인 무사들을 용병으로 고용하고는 이들을 배에 태워서 중국의 동남부 해안 지역을 공격했는데, 이것이 16세기 초반 명나라를 근심에 빠뜨린 왜구의 실체였다.

왕직이 이끄는 왜구들은 중국의 해안 지역을 이리저리 기습하면서 사람들을 납치하고 비단 같은 물품을 빼앗으면서 점차 세력을 키웠다. 그러다가 일본 서부 지역의 섬 5곳을 점령하여 근거지로 삼는 등 노골적인 해적 두목 노릇을 하기에 이르렀다.

이렇게 왕직과 그를 따르는 왜구의 힘이 강성해지자 명나라 조정에서는 왕직을 회유하여 문제를 해결해보려고 했다. 우선 중국 절강 지역으로 파견된 명나라의 관리인 호종헌은 왕직한테 이런 내용의 전갈을 보냈다.

"나와 당신은 같은 휘주 사람이오. 그러니 고향 사람으로서 당신을 위해 충고하겠소. 왜구 노릇을 그만두고 명나라에 귀순하시오. 그러면 감옥에 갇혀 있는 당신의 어머니와 아내와 아이들을 풀어주겠소. 아울러 귀순하여 왜구들을 물리치는 데 협조한다면 명나라 조정에서 큰 상을 줄 것이오."

호종헌의 전갈을 받은 왕직은 의외로 순순히 "보내주신 제안에 따르겠습니다." 하고 연락을 보냈다. 하지만 그렇게 말한 이후 왕직은 1만 명의 왜구를 이끌고 절강성의 사포 지역을 침략했다. 또한 왕직은 다른 중국인 왜구 두목인 서해(徐海)와 진동(陳東)으로 하여금 왜구들을 이끌고 현재 중국 동남부 상하이 지역을 공격하도록 연락을 취했다. 이리하여 중국 동부와 남부의 해안 지역은 다시 왜구의 침략에 시달리는 고통을 겪어야 했다. 왕직은 호종헌의 제안에 따르는 척하면서 잔인한 배신을 저지른 것이다.

그러자 호종헌은 왜구들을 이간질하여 그들의 힘을 약화시키는 계획을 세운 다음 서해한테 "명나라 조정은 왜구들을 용서하기로 했고, 진동 같은 다른 왜구 두목들도 귀순하기로 마음을 먹었소. 그러니 쓸데없이 잔인한 짓을 하지 말고 귀순하시오"라며 거짓된 내용의 편지를 보냈다. 그 말에 서해는 동업자인 진동을 의심하게 되었다. 진동도 그런 서해의 태도를 알아차려 둘의 사이가 나빠졌다.

이에 호종헌은 서해에게 "진동을 잡아서 바치면 사면해주겠소." 하고 연락을 보냈고, 그 말을 믿은 서해는 왜구들로 하여금 진동을 기습 공격하여 붙잡게 한 뒤 호종헌한테 보냈다. 그러자 진동을 따르던 왜구들은 달아나버렸고, 그 틈을 노려 호종헌이 직접 군대를 이끌고 서해가 이끄는 왜구의 본거지를 공격했다. 궁지에 몰린 서해는 자살하고 그의 왜구들은 호종헌의 군대에 토벌되었다.

이제 중국인 왜구 두목 중에서 남은 자는 왕직뿐이었다. 고립되었다고 생각한 왕직은 호종헌을 찾아가서 "명나라로 귀순하여 왜구를 물리치는 데 조력하겠습니다." 하고 사실상 항복의 뜻을 밝혔다.

하지만 명나라 조정에서는 왕직의 죄가 너무 커서 도저히 용서할 수 없으니 처형하라는 명령을 내려 왕직은 결국 죽고 만다. 그러자 왕직을 따르던 왜구들이 명나라의 처벌을 피해 일본으로 달아나 세력을 키워 예전보다 더 큰 규모로 중국의 해안 지역을 침략하면서 미친 듯이 살육과 약탈을 일삼았다. 이들의 규모가 가장 컸을 때 병력이 무려 2만 명에 달했고, 명나라 관군조차 길고 날카로운 일본도를 휘두르는 왜구의 흉폭한 기세 앞에 여러 번 패배했다. 왜구의 명나라 침략은 호종헌을 대신하여 왜구 문제의 해결을 맡은 명나라 장군 척계광이 조직한 군대인 척가군에 의해 토벌될 때까지 계속되었다.

한편 왕직이 죽은 이후 그를 따르던 왜구 중 일부는 일본을 통일한 도요토미 히데요시한테 불려가서 "명나라 군대의 상태가 어떠한가?" 하는 질문을 받고는 "명나라 군대는 왜구를 호랑이처럼 두려워합니다." 하고 대답했다. 이에 히데요시는 명나라를 우습게 여겨 훗날 조선을 거쳐 명나라로 쳐들어가겠다는 명분으로 임진왜란을 저지르게 된다.

075 중무장 기병인 철기부대를 거느린 왜구들

　1592년 임진왜란을 일으켜 조선에 쳐들어온 일본군은 오랜 내전의 결과로 전투 경험이 많고 용맹했다. 이들은 평화에 젖어 있던 조선군을 달아나게 만들었다. 일본이 조선에 끼친 영향은 상당하여 임진왜란이 끝난 이후 조선은 일본군의 무기였던 일본도와 조총을 정식 무기로 사용하고, 일본군이 그랬던 것처럼 칼과 창을 이용한 단병접전을 군사들한테 훈련시켰다.

　임진왜란 기간에 일본군이 조선군보다 끝내 부족했던 부분이 있었는데 그것은 바로 말을 탄 기마병이었다. 당시 일본군에는 말을 탄 지휘관과 그를 호위하는 소수의 기마 무사를 제외하면 기병이라는 병과가 없었다. 그렇기 때문에 일본군은 임진왜란 도중 기병을 두려워했다.

　특히 조선을 도우러 온 명나라 군대에 포함된 기병들에게 일본군은 상당한 피해를 봤다. 1597년 9월 7일 충청도 직산(稷山)에서 벌어진 전투에서 일본군은 명나라 기병의 공격으로 약 600여 명의 인명 피해를 봤다. 1597년 10월 3일자《선조실록》기사를 보면, 조선의 충청 병사인 이시언한테 사로잡힌 일본군 장수 후쿠다 간스케(福田勘介)가 "직산의 싸움에서 일본군 장수 구로다 나가마사(黑田長政)의 군대가 많이 죽었으므로 부끄러워서 숨기고 있다"라고 기록돼 있다.

아울러 1597년 10월 20일자 《선조실록》 기사를 보면, 일본군에게 붙잡혔다가 도망쳐 나온 김응려(金應礪)라는 사람이 "칼을 쓰는 것은 그들(일본군)이 잘하는 일이지만 말을 타지 못하므로 말에서 내린 후에야 싸움을 한다"라고 보고하는 내용이 언급된다.

그렇다면 일본에는 말을 탄 기병이 역사적으로 전혀 없었는가? 그렇지는 않았다. 앞서 일본의 무사인 사무라이들이 원래는 말을 타고 활을 쏘는 기마 궁수였다는 내용을 소개했듯이, 서기 6세기 이후 일본에도 기병 문화가 엄연히 존재했다.

또한 기병이라고 하면 으레 떠올리는 '말에 갑옷을 입힌 중무장 기병' 역시 일본 역사 속에서 존재했다. 고려 말엽, 그러니까 일본의 해적 집단인 왜구가 고려로 쳐들어온 14세기 일본은 남조와 북조라는 두 개의 조정이 들어서서 내전을 벌이는 이른바 남북조 시기였는데, 이 무렵의 일본 무사들은 말에 쇠사슬로 만든 갑옷인 마갑(馬甲)을 씌우고 말을 탄 채로 타치(太刀)와 나기나타(長刀)와 창과 도끼 등의 무기를 쥐고서 돌격하여 백병전을 벌이는 마상타격전에 능숙했다.

이러한 양상은 고려군과 왜구가 싸운 황산 전투 당시 왜구의 대장인 아지발도가 잘 보여주었다. 《고려사》에 의하면, "나이는 겨우 15~16세 정도로 보이고 잘생겼으며 용감무쌍한 적(왜구)의 장수 한 명이 나타나서 백마를 타고 창을 휘두르며 돌격하니 가는 곳마다 삼대처럼 쓰러지며 감히 대적할 자가 없었다. 아군(고려군)은 그를 아지발도라고 부르며 모두 피해 달아났다"고 하는 기록이 실려 있다. 아지발도는 남북조 시대 기마 타격전을 벌인 일본 무사들의 전투 양식을 그대로 보여주는 사례라 할 수 있다.

또한 《고려사》의 다른 기록을 보면, 전라도 원수 지용기(池湧奇)의 휘하에 있던 고려군 장교인 배검(裵儉)이 왜구들을 정탐하기 위해 그들을 찾아갔다. 왜구들이 죽이려고 하니 "세상에 사신을 죽이는 나라는 없다"고 하소연하여 겨우 목숨을 건진 배검을 왜구들이 철기(鐵騎)로 호송해주었다는 구절이 나온다. 여기서 언급된 철기는 쇠로 만든 갑옷을 입힌 말이나 그런 말을 타고 싸우는 기병을 뜻한다.

한편 고려 말 왜구의 전성기에 해당하는 남북조 시대 무렵 《태평기》 같은 사료에서 말에 갑옷을 입힌 중장갑 기병이 등장한 경우가 여럿 확인되는데, "시오즈구로라는 5척 3촌 되는 말에 쇠사슬로 된 갑옷을 입히고…"라는 구절이 실려 있다. 일본에서 사용된 마갑의 실물 중 하나가 현재 야스쿠니 신사의 전쟁 관련 유물 전시관인 유취관에 보관되어 있기도 하다.

고려 말엽에는 철기 부대를 거느렸을 만큼 기병전에 뛰어났던 일본군이 왜 200년 후인 임진왜란 무렵에는 말을 타지 못해서 말에서 내린 후에야 싸움을 한다는 소리를 들을 정도로 기병전에 서툴렀을까? 이는 임진왜란 무렵 일본의 군사 편제가 보병 중심으로 변했기 때문이었다. 남북조 시대 이후로 농업 생산력이 증가하여 많은 병사를 먹여 살리는 일이 가능해지자 많은 비용이 들어가는 중무장 기병 한 명보다는 여러 명의 보병한테 긴 창이나 조총을 들려서 전쟁터로 내보내는 아시가루 부대를 편성하는 편이 효율적이었다. 그래서 일본의 무사들은 마갑을 씌운 말을 타고 적에게 돌격하는 방식이 아니라 말을 탄 채로 보병 부대를 지휘하는 장교 역할을 수행하게 된 것이다.

076 화약값 대신 팔려간
일본인 노예들

　일본을 통일한 도요토미 히데요시가 일본인을 노예로 해외에 팔아넘기는 일을 금지한 1587년 6월 18일까지 160여 년간 무려 50만 명의 일본인이 노예가 되어 해외로 팔려나갔다.

　일본인 노예에 관한 최초의 기록은 1408년 10월 21일자 《태종실록》에 언급된다. 경상도 김해(金海) 사람인 박천(朴天)이 왜노비(倭奴婢), 즉 일본인 노예를 사서 자기 집에 두었는데 그가 조선을 방문한 일본인 사신의 배로 도망치는 일이 발생했다. 이에 김해의 관리인 김해부사(府使)가 "당신한테 도망간 왜노비는 많은 값을 주고 샀으니 돌려보내주시오." 하고 요구했다. 일본인 사신이 요청을 거부했다는 소식을 들은 태종 임금은 왜노비를 조선에서 계속 사들이면 일본과 외교적 관계가 나빠질까 봐 금지했다고 한다.

　그런데 그 이후에도 조선에서 왜노비를 사들이는 일은 계속되었다. 1412년 10월 17일자 《태종실록》 기사를 보면, 경상도의 바닷가에 분리하여 살게 한 왜노들을 (내륙) 깊은 외딴곳으로 옮기게 하자는 논의가 있었다. 한편 1539년 7월 1일자 《중종실록》에는 전주판관(全州判官) 유서종(柳緒宗)이 왜노에게 조선의 옷을 입혀 사들이게 했다는 이야기가 언급되어 있다.

　노비라면 같은 조선인을 쓰는 편이 쉽고 그쪽이 수도 훨씬 많았는데, 왜 조선에서 일본인 노예를 사들였을까? 아마도 외국인을 노비로 사서 부릴 만큼 부와 권세가 있음을 보이려는 일종의 과시욕 때문이었을 것이라고 추정한다.

일본인이 가장 많이 해외로 팔려간 때는 16세기 중엽이었다. 일본이 수십 개의 봉건 영주가 지배하는 영지로 분열되어 잔혹한 내전이 벌어지던 전국시대에 무려 50만 명이나 되는 일본인이 일본 각지의 영주에 의해 해외로 팔려나가 비참한 인생을 살다 죽었다.

전국시대의 일본인들이 노예로 팔려간 때는 일본에 서양의 포르투갈 상인이 처음 들어온 1543년부터 도요토미 히데요시가 일본인의 해외 노예 판매를 금지한 1587년까지 약 44년 동안 계속되었다.

일본의 봉건 영주들은 왜 같은 민족인 일본인을 낯선 외국인들한테 노예로 팔았을까? 전국시대 무렵 일본 영주들은 포르투갈인들이 전해준 새로운 무기인 조총의 위력에 감탄하여 앞다투어 조총을 사들이려 애썼다. 하지만 조총은 화약이 없으면 사용할 수 없는 무기였다. 포르투갈 상인들이 일본 영주들한테 "일본인 노예를 넘겨주면 그 대가로 화약을 주겠다." 하고 제안하자 일본의 영주들이 손쉽게 전략 물자인 화약을 얻을 수 있겠다고 생각해 일본인 노예와 화약 혹은 화약의 원료인 질산염과 교환하는 노예무역이 열린 것이다.

그리하여 일본 각지의 영주들은 자신들과 적대 관계인 다른 영주의 땅으로 군대를 이끌고 쳐들어가 마구잡이로 백성들을 납치하여 포르투갈 상인에게 넘기는 인신매매를 일상적으로 벌이게 되었다. 이러한 모습은 16세기부터 18세기까지 서부 아프리카의 추장들이 적대 부족을 쳐들어가 잡은 포로를 유럽인 노예 상인들이 주는 화약과 맞바꾸어 팔아버린 흑인 노예무역의 모습과 유사하다.

안타깝게도 노예가 되어 포르투갈 상인들한테 끌려간 일본인은 대부분

여성이었다. 전쟁이 끊이지 않는 전국시대의 일본 사회에서 여자들을 노예로 팔아넘겨도 괜찮은 존재로 여겼기 때문이었다. 이렇게 일본인 여자들은 포르투갈이 식민지로 지배하고 있던 동남아와 인도와 아프리카에 노예로 팔려나갔다.

1582년 로마 교황 그레고리오 13세를 만나러 로마에 간 일본인 소년 사절단인 이토 만쇼, 치치와 미겔, 하라 마르티노, 나카우라 줄리안은 그들이 머무는 세계 각 지역에서 일본인 여자들이 벌거벗겨진 채로 가축처럼 헐값에 노예로 팔리고 있는 장면을 목격하고는 화가 나고 불쌍하다며 비참한 심정을 고백하는 기록을 남겼다.

이런 일본인 노예무역에 앞장선 자들은 놀랍게도 일본에 기독교를 전파하러 온 포르투갈인 선교사들이었다. 이 때문에 일본인들에게 기독교 선교사들은 노예무역의 앞잡이라는 부정적 인식이 형성되었다. 1587년 6월 18일 도요토미 히데요시는 일본 전역에 기독교 금지령을 내리고 서양 선교사들을 쫓아내고 일본인들이 기독교를 믿지 못하도록 탄압했다.

히데요시가 몰락한 이후 일본을 통일한 도쿠가와 이에야스도 기독교 금지령을 이어받았다. 이 때문에 서양 선교사들은 일본의 기독교화를 포기하고 물러가는 수밖에 없었다.

077 조선에 와서 소란을 피운 일본 사신, 귤강광

일본이 조선을 침략하여 임진왜란이 벌어지기 직전에 조선으로 사신을 보낸 일이 있었다. 그 목적은 조선 국왕으로 하여금 최고 통치자인 도요토미 히데요시한테 항복하고 함께 군사를 이끌고 명나라로 쳐들어가게 하려는 것이었다. 명나라를 섬기던 조선으로서는 그런 일을 받아들일 수 없었으니, 결국 일본 사신은 임무 수행에 실패한 책임을 지고 처형되었다.

불운한 일본 사신의 이름은 《연려실기술》과 《난중잡록》 같은 조선의 사서에 귤강광(橘康光, 다치바나 야스히로. ?~1592)이라고 적혀 있다. 한데 이 두 책에 적힌 다치바나 야스히로의 이야기는 자못 다르다. 《연려실기술》의 내용부터 살펴보자.

야스히로는 조선과 가까운 대마도 출신으로 임진왜란이 일어나기 6년 전인 1586년 사신으로 파견되었다. 그는 도요토미 히데요시가 조선의 선조 임금한테 보내는 국서를 가지고 왔는데 그 내용은 대략 이러했다.

"내 어머니가 나를 잉태했을 때 태양이 뱃속에 들어오는 꿈을 꾸었다. 나는 태양의 아들로 일본을 모두 평정했고 이제 한걸음에 조선을 거쳐 명나라로 뛰어들어가 그 나라의 풍속을 바꾸려고 한다. 천하가 짐(朕)의 한 손아귀에 들어왔으니, 조선 국왕은 나에게 복종하여 어서 군사를 이끌고

(함께 명나라를 치기 위해서) 오라. 늦으면 용서하지 않을 것이다."

오만불손한 어조로 적힌 국서라서 조선에 큰 논란이 일었다. 게다가 국서를 가져온 일본 사신인 야스히로 또한 조선에서 큰 소동을 피웠다. 야스히로는 당시 50여 세였는데 이전까지 조선을 방문한 일본 사신들과 달리 무척 거만했다고 한다.

일례로 야스히로는 경상북도 인동(仁同)을 지나면서는 창을 잡은 조선 병사들을 쳐다보면서 "너희의 창이 너무 짧구나." 하고 말했으며, 경상북도 상주(尙州)의 목사인 송응형(宋應泂)이 잔치를 대접하자 통역에게 "나는 오랫동안 전쟁터에서 사느라 머리카락이 세었는데, 당신은 음악과 기생들 속에 파묻혀 아무런 걱정이 없이 편하게 살았으면서 무슨 이유로 그렇게 머리카락이 세었소?" 하고 말하며 비웃었다고 한다.

한편 야스히로는 한양에 도착해서 예조(禮曹)가 주최한 연회에 참석했는데, 갑자기 옷 속에서 후추를 꺼내서 뿌리는 바람에 음악을 연주하던 악공들과 춤추던 기생들이 앞다투어 후추를 가지려고 법석을 피웠다. 당시 조선에서도 후추가 매우 귀했기 때문이었다. 그 광경을 보며 야스히로는 통역관한테 "이렇게 기강이 무너졌으니 너희 나라는 망할 것이다." 하고 말했다 한다.

이렇듯 조선에 와서 거만하게 굴던 야스히로는 정작 본연의 임무(조선 사신의 일본 방문)를 성사시키지 못한 채 일본으로 돌아갔다. 야스히로가 빈손으로 돌아오자 히데요시는 분노하여 그와 그의 가족을 모두 죽여버렸다.

그런데 《난중잡록》에 기록된 이야기는 이 부분이 다르다. 야스히로와 그의 가족이 히데요시한테 죽임을 당한 이유는 사신으로서 임무에 실패했기 때문이 아니라 히데요시가 조선을 공격하려는 계획에 반대했기 때문이라고 한다.

《난중잡록》에는 야스히로가 조선에 사신으로 왔을 때 은밀히 조선 조정에 "일본에서 명나라로 쳐들어갈 계획을 세웠으니 지금 나와 같이 온 일본 사신들을 죽이십시오." 하고 알렸으나 조선 조정이 그 말을 믿지 않았다고 기록되어 있다. 또한 야스히로가 일본으로 돌아갔을 때도 곧바로 죽은 것이 아니라 히데요시가 야스히로한테 "네가 조선의 사정과 지리를 잘 아니 조선으로 쳐들어갈 일본군의 선봉에 서라." 하고 명령했는데 야스히로가 이를 거부했기 때문이라고 한다. 당시 야스히로는 히데요시에게 이렇게 말했다고 한다.

"이번 조선 침공은 무슨 명분에서입니까? 조선은 일본의 좋은 이웃이고 200년 동안 우호 관계를 다져왔는데 어째서 조선을 공격하려 합니까? 또한 저는 오래전에 형인 강년(康年)과 함께 조선으로부터 벼슬을 받는 등 은혜를 입었으니 조선에 군대를 이끌고 쳐들어가는 나쁜 짓을 할 수 없습니다."

이에 분노한 히데요시는 야스히로와 그의 가족을 죽여버렸는데, 야스히로의 아들이 먼 섬으로 장사하러 나가 있다가 소식을 접하고는 이름을 바꾸고 도망가 숨어 있었다. 히데요시가 죽은 이후인 1606년 조선에서 전계신(全繼信)과 박희근(朴希根)을 사신으로 대마도에 보냈을 때 야스히로의 아들을 만났다. 자초지종을 들은 사신이 돌아와 경상 감사인 유영순(柳永詢)에게 보고한 내용이 조정에 알려지자 의논 끝에 부산에 야스히로의 위패를 보관한 사당을 세웠다고 한다.

이런 내용을 미루어 본다면 야스히로가 조선에 와서 거만한 태도를 보인 진짜 이유는 일본의 조선 침공 조짐을 그렇게 해서라도 알리고 싶었던 것이 아니었을까?

078 일본 무사들과
서양 군인들의 대결

　오랫동안 일본의 무사들은 왜구(倭寇)라는 이름으로 한반도와 중국의 해안 지역을 침범해왔다. 개중에는 거리가 꽤 먼 지역인 동남아까지 가서 활동하는 왜구도 있었다.

　그런데 16세기부터 유럽인들이 새로운 해상 무역로를 찾아 인도와 동남아, 일본 같은 동양으로 진출하다 보니 간혹 일본 무사들과 유럽 군인들이 무력 충돌을 벌이는 일도 벌어졌다.

　첫 번째는 1582년 필리핀의 카가얀(Cagayan)에서 벌어진 전투다. 대략 1530년대부터 필리핀은 스페인 군대에 점령당해 스페인의 식민 지배를 받고 있었는데, 이런 필리핀에 약 1000명의 왜구가 쳐들어왔다. 목적은 식량과 물자를 약탈하는 것이었다.

　필리핀이 비록 스페인의 식민지가 되었다고는 하나 필리핀은 스페인 본국에서 먼 곳이어서 병력과 물자의 보급이 쉽지 않은 상황이었다. 이 때문에 필리핀에 주둔한 스페인 군사의 수는 매우 적었다. 따라서 1000명의 왜구가 카가얀에 쳐들어왔을 무렵 현지를 지키고 있는 스페인 군대는 고작 60명에 불과했다.

　그런데 카가얀의 스페인 군대는 무려 16배나 많은 왜구와 싸워 그들을 몰아내는 데 성공했다. 스페인 군사들이 탄 큰 배의 화력이 왜구들이 탄 작은 배에 비해 월등했던 데다가 백병전과 원거리 전투에서 스페인 군사들의 역량이 왜구들을 압도했기 때문이었다.

두 번째는 1604년 말레이시아 인근 해역에서 벌어진 전투다. 당시 영국(잉글랜드)의 귀족이었던 에드워드 미셸본은 그 자신이 해적을 거느린 두목이 되어 인도와 말레이시아로 쳐들어가 노략질을 일삼고 있었다. 17세기 무렵 영국은 해적 행위가 외국의 부를 약탈해 본국으로 가져오는 좋은 일이라고 여겨 국가가 나서서 지원해주고 있었다. 이 때문에 유럽 전역에 영국 해적의 악명이 자자하던 시절이었다.

한창 노략질에 열을 올리던 영국 해적들이 말레이시아 해역에서 왜구가 탄 해적선을 발견했다. 처음에 왜구들은 영국 해적과 동맹을 맺고 싶다고 거짓말을 하여 배로 안내되어 친절한 대우를 받았는데, 갑자기 칼을 뽑아 들고 공격해 많은 영국인을 죽이거나 다치게 했다.

그러자 에드워드는 선원들한테 긴 창을 들게 하여 왜구들의 칼을 막아내는 한편 대포와 머스킷 소총을 쏘아 왜구들을 제압하여 포로로 잡힌 단 한 명을 제외하고 모두 죽여버렸다. 붙잡힌 왜구는 에드워드한테 영국 해적선에 올라가 모든 영국인 선원을 죽이고 배를 빼앗을 생각이었다고 자신들의 속셈을 밝혔다.

세 번째 사례는 1610년 1월 나가사키 해역에서 벌어진 전투다. 포르투갈 선박인 노사 센호라 데 그라사호가 은괴와 비단을 잔뜩 싣고 나가사키에 정박하자 배에 실린 재물을 탐낸 나가사키의 영주인 아리마 하루노부(有馬晴信)가 1200명의 무사를 이끌고 노사호를 습격했다. 아리마는 어두운 밤이면 포르투갈인들이 자고 있을 것이라고 여겨서 일부러 밤을 골랐다. 그러나 30척의 배에 탄 아리마가 이끈 일본 무사들은 노사호의 페소아 선장이 선원들을 시켜 쏘아댄 대포와 소총의 일제 사격에 휩쓸려 모조리 죽고 말았다.

첫 습격에 실패한 아리마는 1800명의 용병을 불러 모아 다시 노사호를 습격했지만, 노사호의 강력한 포격에 사흘 동안 접근할 엄두를 내지 못했다. 1월 6일이 되자 아리마가 이끈 일본 무사들이 배를 타고 노사호에 올라가는 데 성공했으나 일본도를 휘둘러보기도 전에 포르투갈 선원들의 칼에 죽임을 당하는 등 고전을 면치 못했다.

그러던 중 뜻밖의 상황이 일어났다. 포르투갈 선원 한 명이 일본 무사들한테 폭탄을 던지려고 했는데 일본 무사가 쏜 총탄이 박히면서 폭발해 노사호의 돛과 돛줄과 갑판에 불이 붙어버렸다. 페소아 선장은 노사호가 침몰하리라고 여겼으나 배에 실린 재물을 일본인들한테 넘기지 않으려고 화약 창고에 불을 지른 뒤 다른 선원들과 함께 죽음을 맞이했다.

이렇듯 세 사례에서 볼 수 있듯이 일본 무사들과 서양 군인들의 대결은 모두 서양 군인들의 승리로 끝났다. 당연한 일이었다. 일본인들이 전국시대 들어 사용한 조총과 대포 같은 새로운 무기가 죄다 서양에서 전해진 문물이었고, 그만큼 서양의 전쟁 장비와 기술이 일본보다 뛰어났기 때문이다.

일본의 에도 막부가 외국을 상대로 쇄국 정책을 펼친 것도 이런 서양의 강력한 군사력에 대한 공포심 때문이 아니었을까?

079 정정당당한 무사도
정신은 없었다

    일본을 대표하는 문화적 상징물이 사무라이여서 그런지 일명 '무사도 정신'에 대한 긍정적인 인식이 널리 퍼져 있다. 예를 든다면 "무사도 정신에 입각하여 비겁한 속임수나 반칙을 쓰지 않고 언제나 정정당당하게 혼자의 힘만으로 상대와 싸워 이긴다"라거나 "싸움과 아무런 상관이 없는 사람(민간인, 백성 등)에게 결코 해를 끼치지 않는다"라는 식으로 말이다.

    하지만 일본의 무사들은 전투 현장에서 '정정당당한 무사도 정신'을 발휘하며 싸운 것이 아니라 이기기 위해 온갖 수단과 방법을 가리지 않았다. 12세기 말엽 겐페이 전쟁을 그린 문학 작품인 《헤이케모노가타리》를 보면 미나모토 가문의 무사인 이노마타노 노리쓰나(猪俣則綱)가 다이라 가문의 무사인 모리토시와 싸울 때 속임수를 써서 이겼다는 기록이 있다. 내용을 자세히 보면, 노리쓰나가 모리토시의 밑에 깔리자 "항복했으니 제발 살려주십시오." 하고 비는 바람에 모리토시가 그 말을 믿고 일으켜 세워주었는데, 잠시 후 모리토시가 한눈을 파는 사이 단검을 빼앗은 노리쓰나가 모리토시의 목을 찔러 죽이고는 "내가 다이라 가문의 유명한 무사인 모리토시를 죽였다!" 하고 외쳐서 그날 전투에서 최고의 수훈을 올렸다고 한다. 거짓으로 항복한 다음 기습해서 죽이는 비겁함이 높이 평가받은 것이다.

《헤이케모노가타리》에는 두 집안 무사들의 전쟁 때문에 일본 각지의 백성들이 받는 고통에 대해 이렇게 생생하게 묘사하고 있다.

"지쇼(治承), 요와(養和) 연간 이래 전국의 백성 중에는 미나모토와 다이라 두 집안의 싸움 때문에 고통을 받고 죽임을 당하는 경우가 많아 집을 버리고 산야로 숨는 사람이 많았다. 봄이 와도 쟁기질을 못 하고 가을이 되어도 추수할 엄두를 못 내고 있었다."

한편 《헤이케모노가타리》에는 미나모토 가문과 다이라 가문이 벌인 최후의 싸움인 단노우라 전투를 묘사하는 장면에서 "미나모토 가문의 무사들이 다이라 가문의 사람들이 탄 함대에 올라타서 노를 젓는 격군들을 활로 쏘거나 칼로 베어 모두 죽이는 바람에 다이라 가문의 함대가 더는 나갈 수 없었다"라고 묘사되어 있다. 격군은 비전투원인데 그런 사람들까지 몰살할 만큼 미나모토 가문의 무사들이 잔인했던 것이다.

겐페이 전쟁 때보다 전투가 더 잦아진 전국시대에 활약한 무사인 아사쿠라 소테키(朝倉宗滴, 1477~1555)는 "무사는 개나 짐승으로 불려도 좋으니 이기는 것이 우선이다"라고 말했으며, 도쿠가와 이에야스는 "계략(속임수)을 쓰는 것은 무사의 자랑이지만, 계략에 속는 것은 무사의 부끄러움이다"라고 말했다. 이는 전국시대의 일본 무사들이 적을 상대로 속임수를 써서 이기는 것을 나쁘게 생각하지 않았다는 뜻이다.

전쟁이 아니라 결투에서라도 정정당당한 대결이 아니라 이기기 위해 온갖 수단과 방법을 다 동원하는 태도가 멋있는 것으로 간주되었다. 한국에도 그 이름이 알려질 만큼 유명한 검객인 미야모토 무사시는 경쟁자인 사사키 고지로와의 대결에서 결투 시간에 일부러 늦게 도착하는 지각 전술을 썼다. 그렇게 하면 고지로의 긴장감이 풀어져 제대로 싸우지 못할 것이라고 계산한 고의적인 행동이었다.

무사시와 고지로의 대결에 얽힌 설화는 간류지마라는 섬의 이름이 생긴 데에서도 찾아볼 수 있다. 무사시와 사사키 고지로의 대결에서 무사시가 이기자 무사시의 제자 4명이 한꺼번에 달려들어 고지로를 죽여버렸다는 내용이 전해진다. 다수가 한 명을 공격해서 죽인 것을 비겁하다고 느낄지도 모르지만, 일본에서는 이런 식으로 자신들의 문파에 도전한 외부인을 가혹하게 응징하는 일이 잦았다.

무사들이 갖춰야 할 정신 자세에 대해 기록한 문헌인《하가쿠레(葉隱)》를 쓴 에도 막부 시대의 무사인 야마모토 쓰네토모(山本常朝, 1659~1719)는 자신의 아버지인 야마모토 시게즈미(山本重澄)가 집안에서 부리는 하인들한테 "큰소리를 쳐라. 거짓말을 못 하면 남자답지 않다"라고 말했다는 기록을 남겼다.

이처럼 일본 무사들은 정정당당하게 적과 싸우기보다 계략과 속임수를 쓰더라도 이기는 것 자체를 중요하게 여겼다. 공정하고 깨끗한 승부를 벌이는 '무사도 정신'은 미화되어 현실과 거리가 먼 환상의 산물에 불과할 뿐이었던 셈이다.

080 항왜의 활약

1592년 일본을 통일한 도요토미 히데요시는 15만 명의 대군을 동원해 조선을 공격하여 임진왜란을 일으켰다. 이때 여러 가지 사정으로 조선에 투항하여 1598년 일본군이 철수한 이후에도 조선에 남아서 살아간 병사들을 가리켜 항왜(降倭)라고 부른다.

무슨 이유로 그들은 자신들이 침략한 나라의 백성이 되겠다고 한 것일까? 전쟁 초기 일본군이 승승장구하는 동안에는 투항하는 자가 별로 없었다. 그런데 전쟁이 길어지면서 식량이 부족해지고 조선군의 반격이 거세지면서 전세가 불리해지자 불안해진 왜인들이 조선에 항복하여 목숨이라도 건지는 편이 낫다고 판단한 것이다.

항왜들은 조선군에 소속되어 일본군이나 북방 여진족과의 싸움에 동원되어 크게 활약했다. 1594년 10월 11일, 함경북도 병마절도사(兵馬節度使) 정현룡은 조정에 장문의 치계를 올렸다. 그는 여진족 휴약 부락의 세력자 역수라는 인물이 조선의 변방을 약탈하자 다른 장수들과 함께 군사 1325명과 항왜 25명을 이끌고 역수 일당이 웅거한 석성을 공격하여 소탕했다고 보고했다.

이때 조선군에 소속된 항왜들은 처음에 성 안에 웅거한 여진족들이 쏘아

댄 화살과 돌을 맞아 물러났는데, 조선군 장수들이 칼을 빼어들고 독전하자 다시 용기를 얻어 성으로 돌입한 끝에 성을 함락시키는 데 큰 공헌을 세웠다고 한다. 전투가 끝난 이후 정현룡은 항왜들에게 여진족들로부터 노획한 소와 말을 상으로 주고 술을 먹여 위로했다.

이 전투에서 조선군은 항왜를 선봉으로 내세웠다. 그만큼 조선군 수뇌부가 항왜의 전투력을 높이 평가했다는 뜻이다. 항왜들은 백병전에서 조선군 병사들보다 탁월한 전투력을 발휘했기 때문에 조선에서는 이들이 귀순해오면 훈련도감에 보내 조선군 병사들에게 창검술을 가르치게 했다. 임진왜란에서 조선군에게 가장 충격을 준 무기는 일본군이 쓰던 칼인 일본도였다. 조선군이 쓰던 짧은 환도로는 일본군을 당해내기 어려워 조정은 항왜를 통해 일본도의 쌍수도법을 배우게 했다.

백병전을 담당하는 항왜들은 전투에 뛰어났을 뿐 아니라 모략과 암살에도 능했다. 1595년 2월 29일자 《선조실록》 기사를 보면 항왜인 주질지(酒叱只), 학사이(鶴沙伊) 등이 경상 좌병사 고언백에게 "우리는 조선 사람이 되었으니 마땅히 적의 괴수를 베어야 한다. 왜장 가토 기요마사가 드나드는 모습을 자주 보았는데, 거느린 군사가 10여 인에 불과했고 홀로 와서 술을 마시며 즐기다가 해가 저물면 돌아가는 일이 자주 있었다. 군졸과 더불어 사냥할 때도 단기로 뒤를 따라가 높은 봉우리에 서 있기를 자주 했다. 이때 내응하는 사람과 도모한다면 그를 죽이는 것도 손바닥을 뒤집는 것처럼 쉬울 것이다"라며 암살을 제의하기도 했다고 한다.

또한 사백구(沙白仇)라는 항왜는 황석산성(黃石山城) 전투에서 패전한 김해 부사 백사림(白士霖)을 구하기 위해 조총을 쏘아 일본군 4명을 사살했을 뿐 아니라 백사림이 비만한 체구로 인해 잘 뛰지 못하자 그를 바위굴에 숨겨놓고 황석(黃石)으로 가리고 초목으로 덮어 일본군으로 하여금 그가 있는 줄을 모르게 했다. 결국 백사림을 성 밖으로 데려가 함께 무사히 탈출했다고 한다.

이 밖에도 기오질기(其吳此己)라는 항왜는 1598년 4월 11일, 한창 전투가 벌어지던 중에 적의 성 밑까지 가서 일본군 병사들을 회유하여 17명이 조선으로 귀순하게 하는 큰 공을 세웠다. 이 포상으로 기오질기는 조정으로부터 첨지(僉知)라는 직함을 받고, 말과 옷과 식량, 갓 같은 하사품까지 받아 몹시 감격하고 기뻐했다고 한다.

1595년 2월 10일자 《선조실록》 기록에 따르면, 접반사 이시발(李時發)이 고시니 유키나가의 동생인 소장(小將)과 만나 대화를 나누었을 때 소장이 "조선에서 항왜들을 후대하여 일본군 병사들이 앞을 다투어 투항하여 들어간다고 하는데 사실인가? 앞으로 난처한 일이 있으면 우리도 투항해서 가려 하는데, 조선에서 후히 대접해줄지 모르겠다"라고 했다고 한다.

항왜들은 육군뿐 아니라 조선 수군에도 편입되어 조선군과 함께 싸웠다. 1597년 9월 16일, 울돌목에서 벌어진 명량 대첩에서 이순신의 상선(기함)에 탑승한 항왜병 준사가 바다에 떠다니는 일본 장수 구루시마 미치후사(來島通總)의 시체를 보자 "저것이 마다시(馬多時)다!" 하고 외치며 이순신에게 알렸다. 이순신은 그의 말을 듣고 얼른 구루지마의 시체를 건져 올려 토막 내어 뱃전에 매달아 일본 수군들을 공포에 떨게 했다. 항왜병의 건의가 조선 수군의 승리에 공헌한 것이다.

과대포장된 검객,
미야모토 무사시

 일본의 역사나 문화를 잘 모르는 사람이라고 해도, 일본의 검객인 미야모토 무사시(宮本武藏, 1584~1645)의 이름은 한 번쯤 들어보았을 것이다. 일본의 주요한 문화적 상징이 사무라이이고, 칼을 쓰는 법을 연구하는 데 평생을 바친 검객이 무사시인 관계로 일본의 전통문화와 역사에서 그는 무시할 수 없는 비중을 차지하고 있다. 무사시가 썼다는 책인《오륜서(伍輪書)》가 여전히 일본의 많은 학생과 직장인이 즐겨 읽는 베스트셀러일 정도다.

 한국에는 잘 알려지지 않은 사실이지만, 일본에서는 꽤 오래전부터 미야모토 무사시에 대한 비판적인 분석이 제기되고 있었다. 그것에 관련된 내용은 이렇다.

 우선 무사시는 1600년에 벌어진 세키가하라 전투, 1614년 겨울에 벌어진 오사카 전투, 1615년 여름에 벌어진 오사카 전투, 1637년에 벌어진 시마바라(島原)의 난 등 여섯 차례의 대규모 전투에 참가했으나 간죠(感狀)를 한 번도 받지 못했다. 간죠란 전투에 참가하여 무훈을 세운 군인한테 장수가 주는 표창장이다. 미야모토 무사시가 대규모 전투에 6번이나 참전했으나 간죠를 못 받았다는 사실을 어떻게 해석해야 할까? 적군이 무사시한데 공적을 돌리기 싫어서 그만 피해 다녔다고 보기는 어려울 것이다. 무사시가 소설이나 영화 같은 대중 매체에서 무시무시한 검술을 지닌 초인처럼 묘사되는 것과 달리 실제 검술이나 싸움 실력은 그리 대단하지 않았다고 봐야 하지 않을까?

무사시를 옹호하고 싶어 하는 이들은 "무사시는 출세에는 관심이 없고 검술을 통해 도를 닦고 정신 수양을 하는 사람이었다." 하고 반박한다. 하지만 도를 닦고 정신 수양을 중요하게 생각하는 사람이 무엇 하러 목숨이 왔다 갔다 하는 위험한 전쟁터에 계속해서 참전한단 말인가?

게다가 무사시가 출세에 관심이 없었다는 주장도 사실이 아니다. 무사시는 56세가 되던 해인 1640년, 구마모토 번의 영주인 호소카와 다다토시(細川忠利, 1586~1641)를 찾아가서 관직을 달라고 부탁했다.

한편 미야모토 무사시의 출생 이력에 관련된 내용도 의문투성이다. 그가 오카야마(岡山)현 오하라쵸(大原町)에서 태어났다는 주장과 효고(兵庫)현 다이시쵸(太子町)에서 태어났다는 주장이 맞서고 있다. 명색이 일본을 대표한다는 검객인 미야모토 무사시는 고향조차 제대로 알려지지 않은 셈이다.

아울러 무사시는 검술 대결에 일부러 늦게 가는 지각 전술을 써서 상대방의 긴장감을 풀어버리는 치사한 방법까지 썼다. 숙명의 라이벌인 사사키 고지로와 벌인 이른바 간류지마의 결투 때 무사시는 예정된 시각보다 일부러 2시간이나 늦게 나타나는 비겁한 모습을 보였다. 《누마타가키(沼田家記)》라는 문헌과 간류지마 현지에 전해지는 전설에 따르면, 무사시가 고지로를 이기자 무사시의 제자 4명이 한꺼번에 달려들어 고지로를 죽였다고 한다.

이와 더불어 무사시가 일본 각지를 돌아다니며 숱한 고수를 만나 싸워서 모두 이겼다는 내용 또한 지나치게 과장된 이야기라는 비판을 받고 있다. 그러한 승리를 주장하는 근거는 대부분 《오륜서》나 《이천기(二天記)》, 《무공전(武公伝)》같이 무사시를 찬양하는 사람들이 쓴 기록뿐이다.

한 예로 이오리는 1654년에 세운 고쿠라(小倉) 비문에서 양아버지이자 스승인 무사시가 쇼군한테 검술을 가르칠 만큼 뛰어난 검술을 지닌 요시오카 가문과 대결을 벌여 요시오카 세이주로를 비롯하여 70여 명의 제자를 전부 죽여버렸다고 기록했다. 하지만 이는 고쿠라 비문이나 무사시를 찬양하는 자들이 남긴 기록에만 있을 뿐 다른 문헌이나 유적에는 그러한 내용이 발견되지 않는다.

그렇다면 오늘날 일본인을 비롯하여 수많은 대중이 알고 있는 천하무적의 검객 무사시라는 이미지는 어디에서 비롯했을까? 이는 일본의 소설가 요시카와 에이지가 1935년 8월부터 1939년 7월까지 일본《아사히신문》에 소설 〈미야모토 무사시〉를 연재하면서 역사적 자료가 별로 없자 자신의 상상력으로 흥미 위주의 내용을 창작하여 사실인 것처럼 각색한 것이 큰 인기를 끌면서부터였다. 그러니까 오늘날 미야모토 무사시와 관련된 이미지는 다분히 소설가가 만들어낸 허구에서 비롯한 셈이다.

082 일본 역사에서 사라진 류큐 왕국

오늘날 일본 서남부의 오키나와 지역은 따뜻한 날씨와 맑은 바다 같은 자연환경 덕분에 수많은 한국인이 여행을 가는 관광지로 각광받고 있다. 그러나 오키나와가 원래부터 일본 영토였던 것은 아니다. 오키나와에는 류큐라는 왕국이 있었고, 그 백성들은 중국과 일본 사이에서 독자적인 삶을 누리고 있었다.

오키나와 지역은 15세기까지 통일된 왕국이 등장하지 않았고, 지방이나 마을을 여러 호족이 다스리던 곳이었다. 오키나와에 관련된 역사 기록은 일본보다 중국에 더 많이 남아 있는데, 중국인들은 오키나와를 유구(琉球)라고 불렀다.

1300년대부터 오키나와 열도에서는 여러 호족이 힘을 길러 북산(北山)과 중산(中山)과 남산(南山)이라는 3개 왕조를 세워서 대립했는데 이 시대를 삼산(三山) 시대라고 부른다. 보통 삼산 시대는 북산의 파니지(怕尼芝) 가문이 들어선 1322년부터 중산 왕조의 상씨(尚氏) 가문이 류큐를 통일한 1429년까지 계속되었다고 본다.

1469년 류큐에서 왕위를 둘러싼 내란이 일어났고, 상덕왕이 죽임을 당하는 바람에 제1 상씨 왕조는 망해버렸다. 1년간의 혼란을 거쳐 상원(尚圓,

집권 1470~1476)이 1470년 새 왕으로 즉위하여 류큐는 제2 상씨 왕조의 지배를 받게 되었다. 제2 상씨 왕조가 집권한 동안 류큐는 명나라와 동남아, 그리고 조선과 일본을 잇는 해상 중계 무역에 힘써서 상당한 번영을 누릴 수 있었다.

그러던 중 일본을 통일한 도요토미 히데요시가 1590년 류큐 왕국에 사신을 보내 "내가 장차 조선을 치려고 하는데 너희가 식량과 군사를 보내서 도우라." 하고 요구했다. 히데요시의 요구에 따라 류큐가 임진왜란에 협조한다면, 이는 조선의 동맹국인 명나라와 적이 되는 셈이었기에 류큐 왕실은 거부했다. 류큐에 드리운 재앙은 여기서 끝나지 않았다. 일본 규슈의 시마즈 가문은 임진왜란에 참가했다가 큰 타격을 입어 피해를 보충할 필요가 절실했다. 마침 시마즈 가문의 영토와 가까운 류큐 왕국은 해상 중계 무역을 하느라 큰 부를 쌓고 있었다.

그리하여 1609년 시마즈 가문의 주인인 시마즈 다다쓰네(島津忠恒, 1576~1638)가 600정의 조총으로 무장한 3000명의 군대를 100척의 배에 태워 류큐 왕국을 침공했다. 오랜 평화 속에 지내오던 류큐 왕국은 제대로 저항하지 못한 채 항복하고 말았다. 시마즈 가문의 군사들은 류큐 왕국을 순식간에 제압하고 국왕인 상녕왕(尙寧王, 집권 1589~1620)과 왕자를 사로잡아 본거지로 끌고 갔다. 상녕왕은 1611년 시마즈 가문에 복속되어 매년 돈과 공물을 바친다는 조약을 맺고 풀려나 류큐로 돌아왔다.

이후 류큐인들은 자국에서 생산되는 모든 산물과 부를 시마즈 가문에 바쳐야 했다. 류큐인들은 특산품인 흑설탕을 열심히 만들어 죄다 시마즈 가문에 바쳤다. 혹시라도 류큐 사람들이 흑설탕에 손을 대면 시마즈 가문의 무사들이 그들의 손목을 칼로 잘라버렸다고 한다.

1870년대에 접어들자 일본은 형식적으로나마 독립 왕국이던 류큐를 완전히 합병하여 이곳을 발판으로 대만과 중국 본토와 동남아를 침략하여 제국주의 열강이 되려는 정책을 펼치게 되는데 이로써 류큐의 독립은 크게 위협받았다.

류큐를 다스리던 제2 상씨 왕조의 19번째 왕인 상태왕(尚泰王, 집권 1848~1879)은 임세공(任世功)과 채대정(蔡戴程)과 향덕굉(向德宏)을 중국 청나라에 사신으로 보내어 일본을 류큐에서 몰아내달라고 부탁하지만 청나라의 실권자인 이홍장은 서구 열강의 위협에 신경을 쓰고 있던 터라 요구를 받아들일 수 없었다. 협상이 실패하차 세 사절은 슬피 울면서 칼로 목을 찔러 목숨을 끊고 말았다.

이런 사실을 알게 된 일본 정부는 행여 청나라가 마음을 바꿔 류큐 문제에 간섭할까 봐 서둘러 군대와 경찰 600명을 보내 류큐의 왕궁인 슈리성을 점령하고, 류큐 왕실을 없애고 일본 영토인 오키나와로 편입한다고 선언했다. 이로써 400년 넘게 이어져 온 류큐 왕국이 역사에서 사라졌다.

일본의 영토가 된 오키나와는 일본인들로부터 차별과 멸시를 받았다. 제2차 세계대전 도중 일본과 전쟁을 벌이던 미군이 오키나와에 상륙했을 때 일본군은 주민에게 집단 자살을 강요하는가 하면 주민들에게 폭탄을 지게 한 뒤 미군을 향해 돌격하라고 윽박지르는 식으로 횡포를 부렸다.

오늘날 류큐 왕국의 영화는 관광지인 슈리성 일대 정도에서만 찾을 수 있다. 해상 무역으로 번성했지만 스스로를 지킬 힘이 없었던 나라의 슬픈 역사다.

083 갓난아기를 죽이는 일본의 풍습, 마비키

한국에는 "흉년에 어미는 굶어 죽고 아이는 배 터져 죽는다"고 하는 속 담이 있다. 작황이 나빠 식량이 부족한 흉년에 부모는 굶어 죽을지언정 자 식은 잘 먹인다는 뜻이다.

그런데 일본에는 이와 정반대되는 악습이 있었다. 흉년이 들어 식량이 부족해지면 부모가 갓 태어난 아기의 목을 졸라 죽여버리는 마비키(間引き, 솎아낸다는 뜻)였다.

마비키가 정확히 언제부터 시작되었는지는 알 수 없다. 특정한 지도자가 지금부터 갓난아기를 목 졸라 죽이라고 명령해서 생긴 것이 아니라 가난한 농민들이 굶주린 입을 덜기 위해 스스로 벌인 일이기 때문이다. 밝혀진 역 사 자료를 보면 일본 전체가 전쟁에 휩싸인 전국시대(戰國時代, 1467~1615) 때 마비키 풍습이 이미 있었다고 한다.

일본에 기독교를 전파하러 온 예수회 선교사로 포르투갈 사람이었던 루 이스 프로이즈는 그의 저서인 《일본사》에서 마비키에 대해 "유럽의 여자들 은 가난해서 기를 형편이 안 된다고 여기면 아기를 버릴 뿐이지만, 일본 여 자들은 아기의 목을 다리로 눌러서 죽인다"고 기록했다.

1615년에 전국시대가 끝나고 253년 동안 도쿠가와 이에야스와 그의 후손이 일본 전체를 지배하는 에도 막부(江戶幕府) 시대가 열렸다. 전국시대와 달리 전쟁 없는 평화로운 시기였으나 마비키는 이전처럼 이어졌다. 에도 막부 시대에 96만 명이 굶어 죽은 교호(享保) 대기근(1732~1733)이나 140만 명이 굶어 죽은 텐메이(天明) 대기근(1782~1788), 20~30만 명이 굶어 죽은 텐보(天保) 대기근(1833~1839)같이 흉년과 대기근이 연이어 벌어졌기에 먹고살기 힘들어진 탓도 있었으나 그보다는 에도 막부의 세금 정책이 문제였다.

에도 막부의 관리들은 "참기름과 백성의 세금은 짜면 짤수록 나온다"는 믿음을 갖고 있어서, 농민들한테 거두는 세금을 일부러 높게 매겼다. 에도 시대의 일본 농민들은 소득의 절반을 세금으로 내는 것이 의무였다. 그나마 이 정도는 전국시대 때보다는 낮아진 수치였다. 전국시대에는 세금이 무려 소득의 70~80퍼센트에 달하는 경우도 있었기 때문이다.

전국시대가 끝나고 평화가 찾아온 에도 막부 시대에 일본 농민이 소득의 절반을 세금으로 내야 했던 까닭은 무엇일까? 이는 도쿠가와 이에야스의 신념 때문이었다. "백성들을 죽지도 살지도 못하게 하라"가 그의 정책이었다. 그렇게 해야 백성들이 정부에 반항할 생각을 못 한다는 속셈이었다. 에도 막부는 당시 일본 전체 인구의 약 84퍼센트를 차지하고 있던 농민들한테 "잡곡과 콩잎을 주식으로 하고, 백미는 세금으로 바쳐야 하니 가급적 먹지 말라." 하며 식생활까지 간섭했다고 한다.

에도 막부 기간에 일본 전체를 통틀어 한 해에 마비키로 죽은 아이를 대략 4~5만 명 정도로 추정한다. 일본은 1726년부터 인구 조사를 했는데, 에도 막부 시대가 끝나는 메이지 유신 이전까지 인구가 대체로 2700만 명 수준으로 유지되었다. 마비키를 통해 일본 농민들이 아이를 죽임으로써 인구가 조절된 것이었다. 그러니까 대략 140년 동안 최대 600만 명의 아기가 마비키로 죽어간 셈이다.

마비키로 죽는 아기 중 상당수가 여자아이였다. 에도 막부 시대에 일본 농민들 사이에서는 "딸은 쓸모가 없으니 키우지 않는 편이 좋다"라는 말이 나돌 만큼 여성의 인권이 형편없게 취급되었다. 기근이나 무거운 세금 때문에 집안의 형편이 어려워지면 딸을 매춘부로 유곽에 팔아넘기는 일도 많았다. 이런 인신매매는 에도 막부 시대가 끝난 메이지 유신 시대에 가라유키상이라고 하여 30만 명의 일본인 여성이 해외에 성노예로 팔려간 일의 기원이 되었다.

일본의 역사학자들 중 일부는 마비키에 대해 "인구를 적절하게 줄였기 때문에 에도 막부 시대는 인구 폭발을 억제하여 나라가 평화로웠고 식량 사정이 대체로 안정적이었다"라면서 긍정적으로 평가하기도 한다. 갓난아기를 죽이는 끔찍한 풍습을 두고 어떻게 그런 말을 할 수 있는지 참으로 섬뜩할 뿐이다.

일본인이 사랑하는 작품 《주신구라》의 진실은?

1000년 동안 무사들의 지배를 받으며 살았기 때문인지 일본인들은 복수하는 이야기를 정말 좋아한다. 복수를 다룬 이야기 중에서 일본인들이 가장 사랑하는 작품이 바로 《주신구라》다.

1701년 3월 14일 아코오(赤穂)의 성주인 아사노 나가노리(淺野長矩)가 자신을 모욕하는 관리인 기라 요시히사(吉良義央)를 칼로 베어 죽이려다 실패하여 그 죄로 할복을 강요당하고 영지를 빼앗기며 가문을 단절당하는 처벌을 받았다. 오이시 구라노스케(大石內藏助)를 비롯하여 나가노리의 부하 47명은 1년 10개월 동안 복수의 뜻을 숨긴 채 엿보고 있다가 결국 1702년 12월 15일 요시히사의 집을 습격하여 그를 죽이고 목을 잘라 나가노리의 무덤에 바친다. 이후 에도 막부의 명령에 따라 47명 모두가 할복하는 것이 대강의 줄거리다.

《주신구라》는 한국의 《흥부전》이나 《춘향전》처럼 일본에서 세월을 뛰어넘어 인기를 누리고 있는 고전 문학이다. 일본인이 좋아하는 사무라이의 명예와 복수를 핵심 주제로 다루기 때문이다.

하지만 문학 작품이 역사적 사실을 온전히 반영하는 것은 아니다. 동북아에서 많은 인기를 누리고 있는 소설 《삼국지연의》가 실제 역사인 중국의 삼국시대 이야기들을 각색한 것처럼, 《주신구라》 역시 실제 사건을 흥미 위주로 각색하여 역사적 진실을 덮어버렸다.

우선 《주신구라》에서 모욕을 당한 끝에 억울하게 할복하는 아사노 나가노리부터 살펴보자. 나가노리는 공명정대하며 자비로운 주군으로 묘사되지만 사실은 그렇지 않았다. 그가 다스리던 지역인 아코번(赤穗藩)의 주민들은 나가노리가 죽고 그의 가문이 문을 닫았다는 소식을 듣자 떡을 만들어 나누면서 기뻐했다고 한다. 나가노리가 살아생전 지나치게 많은 세금을 거둔 탓에 민심을 잃은 것이다.

나가노리는 평소에 화를 잘 내는 성격이라서 그와 가까운 부하 몇 명을 제외하면 평판도 좋지 않았다. 일각에서는 나가노리가 에도 막부의 고위 관리인 요시히사를 칼로 죽이려 내리친 것이 그한테서 모욕을 받아서가 아니라 그저 화를 잘 내는 그의 성격 탓이라고 보기도 한다.

한편 나가노리의 부하 중 대표인 오이시 구라노스케가 1년 10개월 동안 치밀하게 복수를 꿈꾸면서 요시히사의 눈을 속이기 위해 교토 외곽의 유곽인 이치리키차시쓰(一力茶屋)에서 여자와 술에 빠져 방탕하게 사는 척했다고 하는 《주신구라》의 이야기 또한 거짓이다. 나가노리가 할복하자 오이시는 복수가 아니라 나가노리의 동생인 나가히로를 새로운 주군으로 모시기 위해 에도 막부에 1만 냥을 바치며 로비를 하느라 바빴다. 이치리키차시쓰는 그 무렵에 있지도 않았다.

오이시의 로비가 실패하여 나가히로가 형의 가문을 잇는 일이 이뤄지지 않게 되자, 절망에 빠진 나가노리의 부하들이 울분을 참지 못하고 요시히사의 집으로 몰려가 칼부림을 벌인 것이었다. 오이시가 그런 복수극에 동의하게 된 시점은 요시히사 습격 사건이 벌어지기 고작 3개월 전이었다.

1702년 12월 15일 새벽에 요시히사의 저택을 오이시를 비롯한 나가노리의 부하 47명이 습격했는데, 그날 오이시가 북의 일종인 진다이코(陳太鼓)

를 쳤다거나 눈이 내렸다는 《주신구라》의 이야기도 거짓이다. 습격에 가담한 나가노리의 부하는 46명이었고, 그날 진다이코를 친 일도 없었고 눈도 내리지 않았다.

《주신구라》에서 비열하고 음흉한 악역으로 묘사된 기라 요시히사도 사실은 그런 인물이 아니었다. 그는 자신의 영지인 기라초의 주민이 홍수로 고생하자 돈을 내어 둑과 제방을 쌓아줄 만큼 백성을 아끼는 자비로운 인물이었다.

또한 요시히사가 나가노리더러 뇌물을 바치지 않았다고 괴롭혔다는 〈주신구라〉의 내용은 완전한 엉터리다. 요시히사는 궁중의 규칙과 절차를 모르는 사람들한테 그것을 가르쳐주는 강사였고, 그에 대한 보답으로 수고비를 정당하게 받은 것이다. 그것은 범죄가 아니라 일상적인 관례였다. 요시히사에게 강의를 받으면서 수고비를 주지 않은 나가노리야말로 잘못을 저지른 것이다.

심지어 요시히사는 나가노리의 아코번 사람들한테 소금 만드는 기술까지 가르쳐줄 만큼 동정심이 많았다. 이렇게 선량한 사람을 파렴치한으로 만들어버린 《주신구라》는 역사 왜곡의 전형적인 사례라고 할 수 있다.

085 조선에 항복했다 죽은 일본 장수, 후쿠다 간스케

1592년부터 1598년까지 7년간 벌어진 임진왜란에서 상당한 일본군이 조선에 항복했다. 개중에는 일반 병사가 아닌 꽤나 높은 신분인 장수급의 사람도 있었는데, 이번 항목에서 소개할 후쿠다 간스케(福田勘介, ?~1597)가 그런 경우였다. 임진왜란의 막바지인 1597년 10월 3일자 《선조실록》 기사를 보면, 충청 병사 이시언이 후쿠다 간스케를 사로잡아 심문한 내용이 실려 있다.

자백한 내용에 의하면 원래 후쿠다 간스케는 도요토미 히데요시 이전에 일본을 다스린 국왕(오다 노부나가?)의 장수였다. 히데요시는 간스케를 미워하여 원래 자리에서 쫓아내어 자신의 부하인 가토 기요마사의 부하가 되도록 강요했다.

간스케는 100여 명의 군사를 이끌고 기요마사를 따라 서생포로부터 전라도로 향했는데, 기요마사는 다른 일본군 장수인 고니시 유키나가와 불화가 심했다. 평양성 전투에서 유키나가가 명나라 군대에 패배한 일을 거론하면서 기요마사는 유키나가를 공격했고, 유키나가는 명나라 군대의 힘을 겪었기에 명나라와 협상하려고 하는데 강경파인 기요마사가 반대했기 때문에 둘은 사이가 나빠질 수밖에 없었다.

한편 일본군 수뇌부에서도 조선 침공에 대한 의견이 엇갈리는 판국이었다. 간스케의 고백에 의하면 원래 유키나가와 기요마사는 군대를 셋으로 나누어 직접 한양으로 쳐들어가려고 했는데, 히데요시가 사자를 보내서 "한양은 공격하지 말고 9월까지 닥치는 대로 조선인을 죽여 없애고 10월 안으로 서생포나 부산에 쌓아둔 요새인 왜성으로 돌아오라." 하고 명령했다는 것이다.

그래서 유키나가와 기요마사 같은 일본군 장수들은 남녀노소를 막론하고 조선인 중에서 두 발로 걸을 수 있는 사람은 포로로 잡고 걷지 못하는 사람은 죄다 죽여버렸다. 일본군이 잔혹한 짓을 벌인 이유는 다분히 히데요시의 의중이 반영된 처사였다. 이런 식으로 조선의 지방을 조금씩 점령하면서 항복하는 자는 포로로 삼아 부리고 반항하는 자는 죽이면서 조선의 땅과 백성들을 차지해나가면 어느새 조선을 정복하게 된다는 심산이었다.

한편 간스케는 일본군이 조선에서 사로잡은 사람을 일본으로 보내서 농사를 짓게 하고 일본에서 농사짓던 사람을 군사로 삼아 조선으로 보내어 해마다 침범하게 하는 한편 그들을 명나라로 보내어 침범할 계획을 히데요시가 세웠다고 털어놓았다.

임진왜란 와중에 죽거나 도망치거나 조선에 항복하여 사라져버린 일본군 병력이 많아서 일본 본토에서 농사를 지을 젊은 남자가 부족해지자 이를 보충하기 위해 조선에서 포로를 잡아들여 일본으로 보내 농사를 짓게 하고, 일본군의 손실은 일본 본토의 농민으로 충당하려고 했던 듯하다.

일본에서 조선으로 보낸 병력으로 명나라를 칠 계획을 세웠다는 점에서 히데요시가 임진왜란을 일으키면서 결심한 중국 정복의 야망을 포기하지 않았다는 사실을 알 수 있다.

계속 이어지는 자백에서 간스케는 1597년 9월 7일, 지금의 충청남도 천안에서 명나라 군대와 일본군이 싸운 직산 전투의 상황을 두고 "직산 싸움에서 일본군 장수인 갑비수(甲斐守)의 군대가 많이 죽었으므로 부끄러워서 숨기고 있다고 한다"고 털어놓았다. 여기서 간스케가 말한 갑비수는 일본 군 장수인 구로다 나가마사(黑田長政)인데, 실제로 그는 직산 전투에서 명나라 군대와 싸우다 불리해지자 철수했다.

자백을 마친 간스케는 "조선에 사로잡혔으니 항복한 다른 일본군처럼 나를 대접해주면 조선을 위해 죽도록 힘쓰겠습니다. 칼과 창을 쓰는 기술은 남들보다 못하지만 조총은 잘 압니다." 하고 말했다.

이에 선조 임금은 간스케를 잘 대접해주고 후하게 술과 밥을 먹이고 달래어 그의 부하들을 데리고 와서 항복하게 하라고 했다(1597년 10월 4일자 《선조실록》). 그런데 이틀 후인 1597년 10월 6일, 선조 임금은 선전관을 보내어 간스케를 처형해버렸다. 원인에 대해서는 실록에 언급이 없으나 아마 간스케의 무예가 다른 일본군에 비해 특별히 뛰어나지도 않고, 남은 부하들을 투항하게 하는 데 별로 도움이 되지 않았기 때문이 아닌가 한다.

276

086 원나라가 일본을
공격한 이유는?

일본은 사방이 바다로 둘러싸인 섬인 데다가 아시아의 동쪽 끝에 고립된 환경이기 때문에 다른 나라의 침입을 거의 받지 않았다. 하지만 이런 일본도 심각한 두려움을 느낀 적이 있다. 1274년과 1281년 두 번에 걸쳐 벌어진 원나라의 일본 침공이었다.

때마침 불어온 태풍 덕분에 원나라 함대가 바닷속으로 가라앉는 바람에 일본은 쓰시마와 이키섬과 규슈 북부 같은 서쪽의 일부 지역을 제외하면 원나라의 침공으로 인한 피해가 별로 없었다.

하지만 태풍이 불지 않았다면 원나라 군대는 일본의 동쪽으로 계속 진격했을 것이다. 원나라 군대가 쳐들어왔을 당시 일본군의 전투력이나 전술은 열악했기 때문이다. 그때까지만 해도 일본군은 말을 탄 무사인 사무라이가 앞에 나가서 자기 가문의 이력을 길게 설명하고 나서 활을 쏘는 원시적인 전술로 싸웠다. 반면 원나라 군대는 북 신호를 따라 전체 군대가 나서는 집단 전술로 싸웠다. 이런 이유로 태풍이 불어 원나라 함대가 침몰되기 전까지 일본군은 원나라 군대에 패배해 달아나기 일쑤였다. 심지어 1281년의 2차 침공 때도 수적으로 훨씬 적은 원나라 군대의 공격을 겨우 막아내는 정도에 그쳤다.

그런데 1281년 태풍으로 인해 함대가 침몰되고 나서도 원나라 황제인 쿠빌라이칸은 40만 대군을 동원해 일본을 또다시 공격하려는 계획까지 세웠다. 베트남과 미얀마를 공격하는 데 병력을 소모하느라 이뤄지지 않았지만, 원나라가 정말로 40만 대군을 보내 공격했다면 일본은 재앙적인 타격을 받았을 것이다.

여기서 한 가지 의문이 제기된다. 도대체 원나라, 정확히 말해서 원나라 황제 쿠빌라이칸은 무엇 때문에 바다 건너 섬나라 일본으로 두 번이나 군대를 보내 공격한 것일까?

통설에 의하면 쿠빌라이칸은 일본이라는 땅 그 자체에는 별로 관심이 없었다고 한다. 진짜 목적은 원나라의 적국인 남송이 일본과 손잡는 것을 막고 일본을 견제하기 위해 1차 침공을 시도했으며, 나아가 1279년 원나라가 남송을 멸망시키고 난 뒤 항복한 남송 군인을 해외로 내보내 반란의 싹을 없애버리기 위해 2차 침공 당시 남송군 병력 10만 명을 일부러 동원했다는 것이다.

그런데 이러한 통설은 쿠빌라이칸이 왜 막대한 돈과 물자를 소모해가면서까지 40만 대군을 동원하는 3차 침공 계획을 세웠는지와 관련해 답을 주지 않는다는 점에서 그대로 믿기는 어렵다. 육로로 침공하는 것보다 배를 만들어서 군사를 보내는 해로 원정은 더 많은 돈과 물자를 소모하기 마련이다. 실제로 2차 일본 침공을 전후해 원나라에서는 배를 만드는 데 동원된 백성들의 불만이 거세져 반란이 일어날 지경이었다. 반란을 막는다는 명분으로 시작한 일본 원정이 오히려 반란을 부추긴 셈이 되는 것이니 모순도 이만저만이 아니다.

또 다른 주장은 쿠빌라이칸이 일본에 원나라의 국력을 과시할 겸 일본에 속국이 되라고 요구한 사신들을 당시 일본의 최고 통치자인 호조 도키무네가 거부한 것에 대해 자존심이 상했기 때문에 초강대국으로서의 자존심을 세우기 위해 일본을 공격했다는 것이다. 하지만 아무리 그렇다 해도 바다 건너 멀리 떨어진, 더구나 그때까지 원나라에 해를 입힐 능력이 없는 일본을 상대로 두 번이나 군사 원정을 시도했다는 점에서 이 역시 지나친 추론인 듯하다.

그렇다면 쿠빌라이칸이 일본을 집요하게 공격한 진짜 이유는 무엇이었을까? 통설은 아니지만 쿠빌라이칸이 다스리던 원나라를 직접 방문한 이탈리아 베니치아의 상인 마르코 폴로가 《동방견문록》에서 밝힌 바에 의하면, 당시 원나라 사람들은 일본에 엄청난 양의 황금이 있다는 말을 믿었다고 한다. 《동방견문록》을 보면, "지팡구(일본)에는 황금이 매우 많아 사람들이 집의 지붕과 벽을 모두 황금으로 바른다"라는 구절이 실려 있다. 원나라의 일본 침공이 있은 지 3세기 이후 일본에서는 정말로 각 지역에서 잇따라 금광이 개발되어 막대한 양의 황금이 채굴되었다. 이런 사례로 본다면 《동방견문록》의 내용이 허황한 것은 아니었던 셈이다.

쿠빌라이칸은 일본을 상대로 한 2차 침공 당시, 10만 명의 남송군 병사가 탄 배마다 농기구와 곡식 종자를 주어서 보냈다고 한다. 쿠빌라이칸이 남송군 병사들의 반란을 우려하여 그들을 일부러 일본으로 보내 죽게 할 생각이었다면 농기구와 곡식 종자까지 주어서 보낼 여유가 있었을까?

087 임진왜란을 알린
기이한 징조

조선 말엽의 선비 이긍익(李肯翊, 1736~1806)이 쓴 역사서인 《연려실기술》을 보면 일본이 조선에 쳐들어온 임진왜란(1592~1598년)이 벌어지기 직전, 조선에 이상한 징조가 잇달아 일어났다고 한다.

먼저 한양 안의 선비들이 수천, 수백 명씩 떼를 지어 정신이 나간 사람이나 혹은 도깨비처럼 노래를 부르고 춤을 추며 웃어대다가 이윽고 울어대는 식으로 소란을 부렸다. 그들은 자신들이 부르는 노래를 가리켜 〈등등곡(登登曲)〉이라 불렀는데, 이런 이상한 노래와 춤을 추는 선비들 중에는 유명한 가문의 자제인 김성립(金誠立), 유극신(柳克新), 백진민(白震民), 이경전(李慶全), 정협(鄭協) 등 30여 명이 포함되어 있었다. 〈등등곡〉을 보고 들은 사람들은 "저렇게 요망한 춤과 노래가 시중에 돌아다니다니 아무래도 난리가 나서 나라가 망할 징조인가 싶다." 하며 불안하게 여겼다.

한편 "머지않아 세상이 바뀔 것이니 살아 있을 때 취하도록 마시고 배부르게 먹는 일이 가장 좋다"는 소문이 한양에 나돌았다. 그런 이유로 한양의 시전 상인들도 산으로 올라가서 술을 마시고 풍악을 울리면서 해가 저물도록 큰 소리로 노래를 부르고 춤을 추면서 놀았다. 그러다가 재산을 낭비하는 바람에 망하는 상인도 생겨났는데, 몇몇은 그런 광경을 보고 불길한 징조라고 했다.

하지만 이는 시작에 불과했다. 임진왜란이 일어난 해인 1592년 3월 보름, 궁궐에서 제관(제사를 지내는 관리)들을 보내 역대 임금의 무덤인 능에 가서 제사를 지내려고 하는데, 갑자기 태조 이성계가 묻힌 건원릉(健元陵)에서 목이 메도록 슬프게 우는 소리가 울려 퍼지는 이상한 일이 일어난 것이다. 처음에는 제관들도 무슨 일인지 알 수가 없어 어리둥절했는데, 무덤에서 우는 소리가 울린다는 사실을 알자 황당해하면서도 자신들이 잘못한 것처럼 송구스러워했다. 그런데 더 이상한 일은 능에서 슬프게 흐느끼는 소리가 하루에 한 번 혹은 며칠마다 한 번 꼴로 계속 울려 퍼진 것이다.

이성계와 관련된 괴상한 일은 또 있었다. 임진왜란으로부터 212년 전인 1380년 9월, 고려에 쳐들어온 왜구를 이성계가 무찌른 황산대첩 현장인 전라북도 운봉(雲峯)에 피바위라는 유적이 있다. 피바위는 황산대첩 당시 아지발도(왜구의 두목)와 왜구들이 이성계한테 죽은 곳인데 그들이 흘린 피가 바위 표면에 검게 얼룩진 채로 남았다고 하여 붙은 이름이었다. 한데 임진왜란이 일어난 해인 1592년이 되자 피바위에서 피가 흐르는 기괴한 일이 발생했다.

건원릉에서 우는 소리가 들린 일이나 피바위에서 피가 흘러내린 일이나 모두 이성계와 관련이 있는데, 혹시 이성계의 영혼이 임진왜란을 미리 알아차리고 일본군에게 휘둘릴 조선 백성의 처지를 슬퍼하여 그런 징조를 보인 것은 아니었을까?

한편 1592년 4월 13일, 궁궐 안 샘물에서 갑자기 푸른빛 무지개가 나타나더니 선조 임금을 따라다니는 현상이 벌어지기도 했다. 이상하게 여긴 선조는 무지개를 피해 다녔는데 계속 무지개가 따라오다가 문을 닫자 그제야 사라졌다고 한다. 그런데 바로 그날 일본군이 부산성을 공격해 점령했다는 소식을 듣고 선조 임금은 걱정이 들어 피난할 결심을 했다고 한다.

1592년 4월 25일 경상북도 상주에서 일본군과 싸우다 패배해 달아난 장수인 이일이 선조 임금한테 보고를 올려 일본군 세력이 아주 강력하다고 알렸다. 선조는 무척 두려운 마음이 들었는데, 그날부터 궁궐 지붕 위에 새한 마리가 날아와 낮과 밤을 가리지 않고 슬픈 소리로 울부짖었다. 그 모습은 대승조(戴勝鳥, 후투티) 같았는데, 크기가 작고 꼬리가 짧은 형태로 사람들이 못 보던 새였다. 그 새는 그믐날이 되자 갑자기 사라졌다. 이를 본 궁궐 사람들은 "새가 궁궐에 와서 운 것은 임금과 조정 대신들더러 어서 일본군을 피해 피난을 가라고 재촉한 것이다." 하며 말을 주고받았다. 선조역시 이 일을 두고 마음이 불안하여 피난을 결정했다.

그 밖에 이런 일도 있었다. 평양 서쪽 30리쯤에 부산재라고 하여 서쪽으로 가는 큰 길이 있고 그 왼쪽 산에 커다란 돌이 있어서 사람들이 석장군(石將軍)이라 불렀는데, 임진왜란 직전 석장군에서 피가 흘러내리다가 부산재에 이르러 멈추는 괴상한 일이 일어났다. 나중에 임진왜란을 겪은 사람들은 이 현상을 두고 "일본군이 평양을 점령하고도 부산재를 넘지 못한 이유가 바로 이 석장군에서 일어난 이변 때문이었다"고 했다.

088 임진왜란 당시 일본군이 저지른 살육

1592년 조선에 쳐들어온 일본군은 조선 백성을 상대로 잔인한 살육을 일삼았다. 일본군을 조선에 보낸 도요토미 히데요시가 병사들한테 패를 주어서 "조선 백성들을 상대로 함부로 살생하지 마라." 하고 경고했으나 그 말은 처음부터 지켜지지 않았다. 히데요시 본인이 조선에 와서 일일이 감시하는 것도 아닌 데다가 100년 넘게 살육을 일삼은 일본군으로서는 적대국 백성을 죽이지 말라는 명령 자체가 무리한 요구였기 때문이었다. 육식동물인 늑대한테 고기를 먹지 말고 풀을 먹으라고 한들 제대로 지켜질 리 없는 것과 같은 일이다.

임진왜란 이후에 기록된 《연려실기술》, 《징비록》, 《난중잡록》 같은 조선의 사서에 임진왜란 와중에 일본군이 조선 백성을 상대로 저지른 잔혹한 학살에 관한 내용이 생생하게 기록되어 있다.

《연려실기술》에 의하면, 1593년 명나라 군대가 들어와 일본군을 쫓아내고 평양성을 되찾자 그 소식을 듣고 한양에 주둔해 있던 일본군이 한양의 조선 백성을 모조리 죽여버린 후 한양을 버리고 남쪽으로 달아났다고 한다. 명나라 군대가 한양 외곽에 도착하면 조선 백성이 명나라 군대와 손잡고 일본군을 공격할 사태를 두려워하여 위험을 없애려고 벌인 짓이었다.

이때 한양에 살던 백성 대부분은 일본군을 피해 달아나지 못하고 한양에 머물러 있었다. 전쟁 초기에 일본군이 "항복하는 자들은 결코 죽이지 않는다"고 했던 선전을 그대로 믿었기 때문이다. 심지어 한양의 백성들은 일본군 점령하에서 가게를 열고 장사를 하기도 했다.

하지만 일본군의 선전은 조선 백성의 저항 의지를 꺾으려는 교활한 속임수에 불과했다. 그들은 한양에서 철수를 결정하고 나서는 사람들을 밧줄로 묶어 한양 남문 밖에 열을 지어 세워놓고는 차례로 칼을 휘둘러 죽여버렸다.

임진왜란 당시 조선의 재상이었던 유성룡이 쓴 문헌인 《징비록》도 이와 비슷한 내용을 담고 있다. 평양성을 명나라 군대가 점령하자 한양 백성들이 명나라 군대와 손잡고 봉기를 일으킬까 봐 의심한 일본군이 한양에 남아 있던 사람들을 닥치는 대로 잡아 죽이는 한편 관공서와 일반 사람들의 집에 모조리 불을 놓아 태워버렸다고 한다.

《난중잡록》은 일본군이 임진왜란 기간에 벌인 학살에 대해 앞의 두 책보다 더 상세하게 기록하고 있다.

영남 초유사(전쟁 같은 난리 상황에서 민심을 유지하는 역할을 맡은 이)가 전라도에 보낸 공문을 보면, "한양으로부터 내려온 일본군 6명이 김해와 밀양에 주둔한 일본군한테 평양성 전투의 패배 소식을 알려주자, 일본군은 패배에 슬퍼하면서 두 고을을 오가는 조선 백성들을 상대로 남자와 여자를 가리지 않고 모조리 베어 죽였고 그렇게 해서 200여 명의 백성이 죽임을 당했으며, 각지의 집들도 모두 일본군이 불을 질러서 태워 없어졌다." 하는 내용이 언급된다.

또한 함경도로 쳐들어갔던 일본군 장수 가토 기요마사도 평양성 전투에서 일본군이 패배해 달아났다는 소식을 듣고는 즉시 함경도에 주둔한 일본군을 철수시키고 가는 곳마다 살육과 약탈을 저질렀는데 그 피해가 다른 일본군 장수들에 비해 더욱 심했다고 한다.

1593년 7월 4일 일본군 수천 명이 악양(岳陽)의 마을을 약탈하자 그들이 집마다 지른 불길과 연기가 하늘에 가득하고, 쏘아대는 조총의 소리가 땅을 뒤흔들었으며, 산을 뒤져서 피신하러 떠난 조선 백성을 찾아내 죽였다고 《난중잡록》에 언급된다. 악양 지역의 백성들은 일본군을 겪어보지 못한 탓에 산으로 달아나면 피할 수 있을 줄 알았다가 더 큰 피해를 본 것이다. 이틀 후인 7월 6일이 되자 일본군은 화암(華岩)과 천언(天彦) 같은 주변 지역의 골짜기로 쳐들어가서 절을 약탈하고 승려와 백성 들을 죽이면서 횡포를 부렸다.

1597년 칠천량 전투 이후의 《난중잡록》 기록을 보면, 전쟁 초반에 살육과 약탈을 금지한 도요토미 히데요시가 정반대로 조선 백성을 상대로 살육과 약탈을 잔혹하게 저지르라고 명령한 내용이 언급된다. 이는 조선인을 대거 살육하여 빈 땅으로 만든 뒤 일본 서부의 백성들을 보내어 일본의 영토로 삼으려는 속셈에서였다고 한다. 심지어 히데요시는 일본군 병사들에게 조선 백성의 코를 하나씩 잘라서 바치라는 명령까지 내렸다. 이런 이유로 임진왜란 중에 일본군한테 코가 잘린 조선인이 매우 많았고, 일본군이 가져간 코를 묻은 흔적이 오늘날 일본에 남아 있는 이른바 코무덤이다.

089 독약을 먹고 죽은 히데요시

　임진왜란을 일으킨 원흉인 도요토미 히데요시는 조선과 중국은 물론 인도까지 정복하겠다는 야심을 품었다. 하지만 현실은 정반대였다. 자신만만하게 보낸 일본군 수십만 명이 조선 군대와 백성의 격렬한 저항에 막혀 조선조차 점령하지 못하는 판국이었다. 결국 히데요시는 실망과 환멸에 젖어 1598년 오사카에서 "조선에 보낸 군대를 모두 일본으로 철수시키라"는 유언을 남기고 죽고 말았다. 그런데 《연려실기술》에는 히데요시가 독약을 먹어 죽었다는 이야기 한 토막이 전해온다. 그 내용은 이렇다.

　임진왜란 와중에 명나라와 일본 사이를 오가며 협상을 한 인물로 심유경(沈惟敬)이란 사람이 있었다. 그는 장사꾼 출신으로 명나라에서 조선으로 파견되어 조선에 주둔 중이던 일본군 장수들을 찾아가서 "일본은 도저히 명나라를 정복할 수 없으니 그만 일본으로 돌아가라." 하고 설득하는 동시에 일본군의 동태를 파악하여 명나라에 보고하는 역할을 맡았다. 요즘 말로 표현하자면 외교관과 스파이 임무를 동시에 맡은 셈인데, 외교관을 가리켜 허가받은 스파이라고 하는 말도 있는 걸 보면 딱히 이상한 사람은 아니었다.

　심유경은 일본 최고 권력자인 히데요시를 만나러 일본에도 자주 방문했는데, 어느 날부터 히데요시를 만날 때마다 옷 속에서 환약을 한 개씩 꺼내서 먹었다. 그런 일을 두 번이나 보자 히데요시는 호기심이 생겨 "그건 무엇에 쓰는 약이기에 먹는 것이오?" 하고 물었다. 이에 심유경은 "제가 중국으로부터 1만 리나 되는 이 먼 일본 땅에까지 배를 타고 오느라고 습기에 몸이 상해서 병이 났는데, 이 약을 먹으니 병이 사라지고 기운이 넘쳐서 가뿐하기에 먹는 것입니다." 하고 대답했다.

의심이 많은 히데요시는 심유경의 말을 순순히 믿지 않고, "혹시 지금 거짓말로 나를 속이는 것 아니오?" 하고 물었다. 이에 심유경은 "제가 어찌 일본의 통치자인 전하께 거짓말을 하겠습니까?" 하며 부인했다. 그러자 히데요시는 "얼마 전에 섬에서 돌아온 뒤로 기운이 약해져 고생하고 있는데, 기운을 북돋워 주는 약이라니 좋구려. 혹시 나한테도 그 약을 줄 수 있겠소?" 하고 얘기했다.

심유경은 "좋습니다"라고 말하며 흔쾌히 주머니 속에서 환약을 꺼냈다. 히데요시가 부하를 시켜서 환약을 받아오게 했는데 손바닥에 올려놓고 자세히 보니 표면에 어떤 글씨가 적혀 있었다. 하지만 글자가 너무 작아 뭐라고 적혀 있는지 정확히 알 수가 없었다.

히데요시는 품속에서 이쑤시개를 꺼내 환약을 반으로 잘라 한쪽을 심유경한테 주며 "당신과 함께 이 약을 먹고 싶소." 하고 말했다. 히데요시는 의심이 많은 사람이라 혹시 독을 발라 자신을 죽이려 할지 모른다고 여겨 환약을 나누어 먹자고 했던 것이다.

심유경은 히데요시가 준 환약을 받아서 삼켜버리고는 한참 후에 목을 움츠리고 팔을 펴더니 "제 몸이 이렇게 편해졌습니다." 하고 말했다. 그 모습을 본 히데요시는 입 안에 환약을 넣고는 물과 함께 먹었다.

다음 날 아침에도 히데요시는 심유경을 불러서 환약 한 알을 얻어 어제처럼 나누어 먹었다. 심유경의 몸에 아무런 이상이 없자 히데요시는 더는 의심하지 않았다.

　하지만 이 모든 게 심유경이 히데요시를 독살하기 위해 꾸민 일이었다. 심유경이 먹은 환약은 사실 굉장히 독한 성분이어서 사람의 기운을 빼고 몸을 약하게 하는 것이었다. 환약을 자주 먹은 심유경이 몸에 이상이 없었던 까닭은 환약을 먹은 뒤 바로 객관으로 돌아가서 해독제를 먹어 독기를 다스렸기 때문이었다.

　그런 사실을 알지 못한 채 환약을 받아먹은 히데요시는 날이 갈수록 몸에 윤기가 사라지고 몸이 마르며 기운이 쇠약해졌다. 그제야 건강이 나빠지고 있다는 사실을 깨달은 히데요시가 의원을 불러 진찰을 받았으나 효험이 없고 침을 맞아도 피가 나오지 않았다. 결국 히데요시는 몸이 쇠약해져 죽고 말았다. 부하들이 그 사실을 숨기려 했으나 시체 썩는 냄새가 워낙 심해서 비밀이 새어나가고 말았다고 한다.

090 일본 장수를 죽인 조선 기생 계월향

조선의 기생은 춤추고 노래를 부르며 잔치의 흥을 돋우는 예능인으로 활동했다. 오늘날 걸그룹과 비슷한 역할을 했다고 보면 될 것이다. 다만 요즘 같은 시대와 달리 농업을 중시하는 조선 사회에서 기생들은 멸시와 천대를 받았다.

사회적으로 좋은 지위를 보장받지 못하는 신세였지만, 나라가 위기에 처했을 때 나서서 외적과 투쟁할 만큼 애국심을 지닌 기생들도 있었다. 1919년 3.1 운동 때 조선의 기생들이 독립 만세 운동에 참가한 일은 널리 알려진 사실이다. 또한 임진왜란 당시 자신의 몸을 던져 일본군 장수를 죽인 용감한 기생도 있었다. 이번에 소개할 계월향(桂月香)도 그런 경우에 해당한다.

일본군이 조선에 쳐들어온 임진왜란의 상황을 기록한 《연려실기술》에 의하면, 1592년 6월 14일 고니시 유키나가가 이끄는 일본군이 대동강을 건너 평양성을 함락시킨 이후에 조선 조정은 중국 명나라에 구원 요청을 보내는 한편 독자적으로 평안도 지역에서 군사를 모아 평양성을 되찾으려고 1592년 8월 1일에 공격을 감행했다고 한다.

조선 조정은 "평양성에 주둔해 있는 일본군의 병력이 약할 테니 우리 군대가 들어가 차지할 수 있다. 명나라 군대가 오기를 기다릴 필요도 없다."

하고 자신만만해하며 전진하라고 명령했다.

초기에는 세 길로 조선군이 함께 나아가 평양성의 보통문 밖까지 쳐들어가 일본군의 선봉 부대와 싸워 수십 명을 죽이면서 전과를 거뒀다. 하지만 얼마 못 가 일본군 본대가 들이닥치자 기세에 눌려 조선군은 사방으로 흩어져 달아나버렸다. 조선 조정이 준비한 평양성 탈환전은 그렇게 수포로 돌아갔다. 평양성을 되찾는 일은 해가 바뀐 1593년 이여송이 이끄는 명나라 군대가 올 때까지 기다려야 했다.

그 무렵 평양성에 주둔한 고니시 유키나가의 부하 장수 중에는 힘과 용맹이 대단한 사람이 있었다. 전투가 벌어지면 언제나 앞장서서 용감히 싸워 유키나가가 매우 소중히 여기고 중책을 맡길 만큼 아끼는 자였다. 평양을 함락시켰을 무렵 그는 평양의 기생 계월향을 사로잡아 자신의 처소에 가두었다.

계월향은 한동안 일본군 장수의 수중에 있다가 조선 조정이 기획한 평양성 탈환전이 수포로 돌아가자 "평양성의 서문에 가서 내 친척을 보고 오겠습니다." 하고 부탁하여 허락을 받았다. 계월향은 서문에 올라가 "오라버니 어디 계십니까?" 하고 애달픈 목소리로 크게 부르짖었다. 그러자 놀랍게도 그 목소리를 평양성 밖에 숨어 있던 조선군 장수 김응서가 듣고는 "내가 여기 있다!" 하고 응답했다. 이에 계월향이 "저를 탈출하게 해주신다면 죽음으로 은혜를 갚겠습니다." 하자 김응서가 제안에 동의했다. 이렇게 계월향은 김응서를 친오빠로 속여 평양성 안으로 들어오게 했다.

계월향은 자신을 속박하고 있던 일본군 장수가 잠든 틈을 노려 김응서를 장막으로 데려갔다. 김응서가 안으로 들어가서 보니 일본군 장수가 걸상에 앉아서 자는데 두 눈을 부릅뜬 채 두 손에 칼을 쥐고 붉게 달아오른 얼굴을 한 상태여서 금방이라도 깨어나 내리칠 것만 같았다. 하지만 김응서는 험악한 기세에 눌리지 않고 미리 준비해간 칼을 뽑아 일본군 장수의 머리를 잘라버렸다. 죽으면서 일본군 장수는 두 칼을 던졌는데 하나는 장막의 벽에 꽂히고 다른 하나는 기둥에 꽂혔다.

김응서가 일본군 장수의 머리를 가지고 막사를 빠져나오자 계월향이 그 뒤를 따랐다. 한데 이대로 가다가는 일본군 병사들에게 들켜 둘 다 죽게 될 것이라고 생각한 김응서는 칼을 휘둘러 계월향을 죽이고는 혼자서 성벽을 뛰어넘었다. 여자의 몸인 계월향은 성벽을 뛰어넘기가 어렵고 발각되면 둘 다 죽을 위험성이 높은 다급한 상황이었으니 김응서가 벌인 잔인한 행동에도 일말의 이유가 있다고 생각할 수 있을까?

다음 날 새벽, 일본군 진영에서 장수의 시신이 발견되자 일본군은 놀라 소란을 피우며 사기가 떨어졌다고 한다. 수많은 군사로도 당해내지 못한 일본군 장수를 기생 계월향이 목숨을 담보로 계략을 써서 사살하게 했으니 그녀야말로 진정한 용사라고 할 수 있겠다.

091 백련암의 귀신이 된 일본군 군사들

조선 후기 학자 성대중(成大中, 1732~1812)이 지은 책인 《청성잡기(靑城雜記)》에 기이한 이야기가 전해진다.

경상북도 울산의 백련암(白蓮巖)은 옛날 전쟁이 벌어진 곳으로 알려졌는데, 가보면 온갖 돌들이 어지럽게 널려 있어서 잡다한 귀신이 머무는 무시무시하고 불길한 장소라는 소문이 났다고 한다. 그런데 어떤 사람이 그런 이야기를 대수롭지 않다는 투로 이렇게 말하는 것이었다.

"귀신이 도대체 무엇인가? 애초에 죽은 사람의 영혼이 저승으로 가지 못하고 이승에 남아서 되는 일종의 허깨비가 아니던가? 그런 헛것이 뭐가 무섭다고 다들 백련암이 불길한 장소라고 수군거린단 말인가? 참으로 한심한 일이네그려. 이미 죽어서 헛것이 된 귀신 따위가 무어라고 겁낼 필요가 있는가? 내가 백련암에 직접 가서 귀신 나부랭이들이 정말로 있는지 없는지 한번 시험해보겠네."

그러고는 백련암을 찾아 여러 개의 횃불을 밝혀 세워놓고는 당당하게 집으로 돌아갔다. 그런 사실을 전해 들은 이가 "자네가 한 일이 거기에 머물고 있는 귀신들을 자극해 괜히 나쁜 사고를 불러일으키지 않을까 두렵네." 하고 말해도, 그는 "나는 산 사람이 무섭지 이미 죽은 귀신 따위는 조금도 두렵지 않네!" 하며 자신만만하게 웃어넘겼다.

하지만 그의 자신감은 오래가지 못했다. 백련암에 횃불을 켜놓고 집으로 돌아온 지 얼마 안 되었을 때 그의 방 안으로 어디선가 갑자기 돌이 날아들어온 것이다. 처음에는 '동네의 못된 꼬맹이 녀석이나 술에 취한 건달들이 장난을 부리고 있나?' 하고 대수롭지 않게 여겼지만, 시간이 흘러도 계속 돌이 날아와 방 안에 가득 쌓일 정도가 되자 불안해지기 시작했다. 돌이 몸 가까이 날아와 벽에 부닥치기까지 하자 자칫하면 다치거나 죽을 수도 있겠다는 두려움이 엄습했다.

그는 방문을 열고 집 밖으로 나가서 "이놈들아! 도대체 누구길래 남의 집에 돌을 던지며 위험하게 장난을 치는 것이냐? 비겁하게 숨어 있지 말고 썩 나오너라!" 하고 고함을 질렀다.

어찌 된 일인지 주위를 둘러보아도 사람의 모습이라고는 보이지 않았다. 영문을 모르는 채 집 안으로 들어가자 또다시 돌들이 방 안으로 날아오는 것이었다. 다시 집 밖으로 나가보면 역시 사람의 흔적을 찾을 수 없었다. 황당한 마음을 품고 집으로 들어와 방을 둘러보던 그는 깜짝 놀랐다. 집 창문이 굳게 닫힌 상태였고 방문이나 창문에 바른 창호지에 뚫리거나 찢긴 곳이 전혀 없었기 때문이다. 상식적으로 도저히 있을 수 없는 일이었다. 사람이 돌을 던졌다면 창호지가 찢어지거나 뚫려 있어야 돌이 방 안으로 들어올 수 있을 텐데, 어떻게 그런 흔적이 전혀 없이 돌이 쌓일 수 있다는 말인가?

그렇게 고민하던 찰나 또다시 돌이 방 안으로 날아오기 시작했다. 이번에는 먼젓번보다 개수가 많고 기세도 흉흉했다. 그대로 가만히 있다가는 맞아 죽거나 다칠지도 모른다는 공포심이 들었다. 그러다 문득 이 일이 사람이 아니라 백련암에 있다는 귀신들이 벌이는 짓일지도 모른다는 생각이 들었다. 그는 종이에다 "내가 경솔하여 잘못을 저질렀으니 부디 용서해주시오." 하고 써서 재빨리 문밖으로 던졌다.

그러자 곧바로 돌조각 하나가 날아들더니 조금 전까지 방 안에 있던 돌이 싹 사라졌다. 그는 방 안으로 들어온 돌조각을 주워서 들여다보았다. 표면에 적힌 글씨가 워낙 작아 알아보기 어려웠으나 첫 줄에 있는 "임진년 4월에 대군이 육지에 내렸다(壬辰四月大軍下陸)"는 내용은 알 수 있었다. 그제야 그는 백련암에 있다는 귀신들의 정체가 1592년 4월 조선을 침략했다 죽은 일본군 군사들의 영혼이었음을 인식했다.

울산 지역은 임진왜란 당시 조선군과 일본군이 치열한 전투를 벌인 곳이었고, 그곳에서 죽은 일본군이 꽤 많았다. 격렬한 전쟁터에서 죽은 군사들의 영혼은 귀신이 되어서도 죽은 장소를 떠나지 못하고 자기네끼리 싸우거나 산 사람을 상대로 못된 장난을 저지른다고 한다.

일본군을 놀라게 한
명나라의 원숭이 부대

임진왜란 때 활약한 의병장 조경남(趙慶男, 1570~1641)이 전쟁 때 겪은 일을 쓴 책인 《난중잡록》에 의하면, 조선을 도우러 온 명나라 군대에 흑인 용병과 원숭이 부대가 있었다고 한다. 관련된 내용은 이렇다.

"명나라 장군 유정(劉綎)이 친히 수만 명의 군사를 거느리고 전주로부터 임실(任實)에 도착했다. 이튿날 유정이 용두채에 이르니, 군대가 총합 4만 7000여 명이었고, 그 가운에 우지개(牛之介) 3명이 있었는데 키와 몸뚱이가 보통 사람의 10배요, 해귀(海鬼) 4명이 있었는데 살찌고 검고 눈이 붉고 머리카락이 솜털 같았고, 초원(楚猿) 4마리가 있었는데 말을 타고 놀리는 것이 사람과 같고 몸뚱이가 큰 고양이를 닮았고, 낙타와 노루와 여러 가지 물건을 가지고 왔다."

여기에 언급된 해귀를 학자들은 흑인을 가리키는 것으로 해석한다. 1598년 5월 26일자 《선조실록》 기사를 보면, 명나라 장수 팽신고(彭信古)가 선조 임금한테 자신의 군대에 해귀라고 불리는 흑인 용병이 있다고 소개한 내용이 있다.

팽신고의 말에 의하면 해귀는 중국 호광(湖廣)의 먼 남쪽에 있는 파랑국(波浪國) 사람인데, 파랑국은 조선으로부터 15만여 리나 떨어져 있으며, 노란 눈동자에 얼굴빛은 검고 몸 전체가 검은색이고 턱수염과 머리카락은 곱슬이고 검은 양의 털처럼 짧게 꼬부라졌다고 한다. 아울러 바다 밑을 잠수하여 적의 배를 공격할 수 있고, 며칠 동안 물속에 있으면서 물고기를 잡아먹어 스스로 양식을 해결하며, 조총을 잘 쏘고 여러 가지 무예를 지니는 등 가히 초능력을 지닌 존재로 그려진다.

해귀의 고향인 파랑국이 정확히 어디를 가리키는지는 언급이 없다. 다만 해귀가 흑인이라는 점과 파랑국이 조선으로부터 15만여 리나 떨어져 있을 만큼 멀다는 점을 고려하면 아마 오늘날 아프리카의 남부 지역 즈음으로 보는 편이 타당하다고 본다.

이렇게 가정해도 아프리카가 고향인 흑인이 도대체 무슨 목적으로 머나먼 동양, 더구나 명나라 군대에 용병으로 온 것인지 의문이 제기될 수 있다. 명나라 군대가 아프리카까지 가서 용병을 고용했을 리는 없기 때문이다.

개인적으로 추측하자면 아마 해귀는 아프리카의 흑인인데 아프리카 해안 지역을 탐험하고 점령했던 포르투갈 군대에 붙잡히거나 혹은 용병으로 고용되어 포르투갈 해군의 배를 타고 인도양과 동남아를 거쳐 중국 마카오 지역까지 왔다가 거기서 명나라와 접촉하게 되어 이들을 신기하게 여긴 명나라 군대에 용병으로 고용된 것이 아닌가 한다. 실제로 마카오는 명나라가 포르투갈에 내어준 땅이었고, 16세기에서 1999년까지 400년 넘게 포르투갈의 지배를 받았으니 무리한 가정도 아니다.

《난중잡록》에 언급된 초원(楚猿)이란 해석하면 원숭이가 된다. 오늘날 중국의 서커스단에서 원숭이가 말을 타는 묘기를 부리기도 하는 것을 보면 "말을 타고 놀리는 것이 사람과 같다"는 내용이 거짓은 아닐 것이다. 명나라 군대가 일본군을 놀래주기 위해 길들인 원숭이들로 하여금 말을 몰고 돌진하게 한 것이 아닐까?

임진왜란의 상황을 상세하게 기록한 역사서인 《연려실기술》에도 원숭이 부대에 관한 내용이 언급되어 있다. 원숭이 부대는 4마리의 원숭이로 구성되었는데, 사람처럼 말을 타고 활을 쏘는 일까지 가능했다고 한다.

한편 《난중잡록》의 기록을 보면, 몸이 아주 커서 두 길, 그러니까 6미터나 되는 거인이 명나라 군대에 있었다고 한다. 그 거인은 덩치가 너무 큰 관계로 말을 타지 못하고 수레를 타고 다녔다고 한다. 심지어 그보다 더 큰 거인도 명나라 군대에 있었는데, 그의 이름은 지개삼(之介三)이라고 하며 보통 사람보다 키가 10배나 컸다고 한다. 조선 시대 남성 성인의 키가 약 161센티미터였으니 무려 16미터에 달했다는 얘기다. 과장된 기록이라고 해도 당시로서는 놀라울 정도여서 저런 기록이 남은 듯하다. 지개삼이 어떠한 외모를 지녔는지는 알 수 없으나 여러 자료를 종합해볼 때 타타르, 즉 몽골이나 여진족 같은 북방 유목민 출신으로 짐작한다.

093 명마 때문에 죽은 일본군 장수들

예로부터 말은 전쟁터에 반드시 필요한 군수물자였다. 말을 타고 전쟁터에 나서는 장수들은 무척이나 멋있다는 인상을 남긴다. 그런데 알고 보면 말은 상당히 겁이 많은 동물이라서 깜짝 놀라는 일이 벌어지면 등에 탄 주인을 내버리고 날뛰는 경우가 종종 있다.

역사를 살펴보면 말을 타고 전쟁터에 나섰다가 예기치 않은 일로 죽은 사람들의 이야기가 전해온다. 고려 말엽에 쳐들어온 왜구들과 조선 중엽에 쳐들어온 일본군 중에 말 때문에 죽은 장수들의 사례를 소개하겠다.

먼저 1377년 고려를 침입한 왜구의 경우다. 《고려사》 열전 박위 편을 보면, 고려군의 장수인 강주원수(江州元帥) 배극렴(裵克廉)이 패가대만호(覇家臺萬戶)라고 불리는 왜구의 장수와 싸우고 있었다.

왜구라고 하면 일본식 전통 하의인 훈도시만 걸친 채 거의 벌거벗은 차림으로 활보하는 모습을 떠올리는데, 《고려사》에 의하면 패가대만호는 쇠로 만든 커다란 투구를 썼고 손과 발을 모두 갑옷으로 덮은 모습이었다고 한다. 그러니까 패가대만호는 중무장을 한 셈이다.

그렇게 무거운 갑옷을 입은 채로 왜구 보병들을 양쪽으로 이끌며 말을 달려 고려군을 향해 진격하던 패가대만호가 방향을 잘못 들어 그만 진흙탕에 빠지고 말았다. 수렁에 빠진 말이 빠져나오지 못하는 틈을 노려 고려군이 몰려가 패가대만호를 공격한 결과 그는 목이 잘려 죽고 말았다. 아마도 패가대만호는 지나치게 무거운 갑옷을 입은 탓에 말이 진흙탕에 빠지자 그 무게를 견디지 못하고 허우적거리다 고려군의 공격을 받아 죽은 듯하다. 일본 갑옷인 오요로이는 완전히 갖춰 입으면 30킬로그램에 달할 만큼 무겁다. 그런 갑옷을 입은 장수를 태웠으니 말이 진흙탕에서 빠져나오기가 거의 불가능했을 것이다.

한편 《난중잡록》에도 패가대만호처럼 말 때문에 죽은 일본군 장수에 대한 이야기가 실려 있다.

1592년 임진왜란이 일어나자 오늘날 경상남도 합천(陜川)에 살던 정인홍(鄭仁弘)이란 사람이 김준민(金俊民), 정방준(鄭邦俊)과 함께 약 2800명의 의병을 이끌고 일본군을 상대로 싸웠다.

두 의병장은 사원동(蛇院洞) 안언(安彦)의 길옆에 진을 치고 의병들을 6~7곳에 숨기는 매복 작전을 폈다. 그렇게 이틀이 지나자 경상북도 성주로 향하는 일본군의 행렬이 나타났는데 병력은 400명가량이었다.

일본군이 매복망 안으로 들어왔다고 판단한 왼쪽의 선봉 부대가 일어나자 그 모습을 본 일본군은 행군을 멈추고 소와 말에 싣고 온 짐을 내려놓고는 보병과 총병을 앞뒤로 내세워 전투태세를 갖췄다.

이에 김준민과 정방준은 활을 쏘는 의병 1000여 명을 이끌고 산을 내려가 일본군을 향해 한꺼번에 화살을 쏘았다. 그러자 일본군은 함성을 지르고 칼을 휘두르며 돌진했다. 일본군을 이끄는 선봉에 선 장수는 푸른빛이 감도는 검고 큰 말을 탔는데, 닭의 깃털로 만든 옷을 입고 금으로 만든 가면을 썼으며 붉은색으로 칠한 자루에 달린 큰 칼을 휘두르면서 말을 달렸다. 수백 명의 보병이 장수의 뒤를 따라서 함성을 지르면서 돌격하는 바람에 의병들은 그 기세에 눌려 물러났다.

한데 일본군 장수가 탄 말의 속도가 너무 빨라서 마치 나는 것 같았다. 그 말은 순식간에 의병들이 주둔한 산까지 올라왔다. 때를 놓치지 않고 의병들은 쇠뇌(기계로 쏘는 활인 석궁)에 화살을 메기고는 일본군 장수가 탄 말을 향해 일제히 쏘았다. 뒷다리에 화살을 맞은 말이 놀라서 뛰어오르는 바람에 일본군 장수가 그만 말에서 떨어지고 말았다. 그 틈을 노려 의병들은 말을 빼앗고 일본군 장수를 죽인 다음 일본군 잔당을 향해 화살을 퍼부었다. 장수의 죽음으로 사기가 떨어진 일본군은 황급히 도망쳤고, 빼앗은 말은 김준민이 타고 의병 활동에 사용했다고 한다.

094 일본의 황당한 초고대 문명설, 《다케우치 문서》

"아득히 먼 옛날 지금보다 훨씬 발달한 과학기술을 가진 강력하고 번영한 나라가 세계를 지배하다 멸망했다"고 하는 이른바 초고대 문명설은 세계 곳곳에 퍼져 있다. 가장 유명한 사례는 고대 그리스의 철학자인 플라톤이 《크리티아스》에서 말한 아틀란티스다. 한국에도 《환단고기》나 《규원사화》처럼 위대한 고대사를 강조한 책이 여럿 있다.

그렇다면 일본에는 초고대 문명설과 관련된 문헌이 없을까? 당연히 있다. 다케우치 기요마로(竹内巨麿)가 발표한 《다케우치 문서》인데, 규모나 내용 면에서 아틀란티스에 관련된 기록을 능가할 정도다.

다케우치 기요마로는 1874년 일본 혼슈의 도야마현에서 태어났다. 그는 이웃집 농부인 다케우치 집안에 양아들로 입양되었다가 21세 되던 1894년 7월 도쿄로 올라와 석공의 집에 머물며 기술을 배우다가 당시 새로 등장한 종교 단체인 온다케교(御嶽敎)에 입문했다.

그로부터 16년 후인 1910년, 다케우치는 온다케교를 나와 새로운 종교 단체인 아마쓰교(天津敎)를 만들었다. 아마쓰교는 당시 일본의 신흥 종교가 그러했던 것처럼, "일본은 전 세계에서 가장 오래되고 훌륭한 문명이고, 그렇기에 일본은 세계를 지배할 자격이 있다"고 하는 국수주의적인 교리를 내세웠다.

1928년 3월 29일, 다케우치는 마침내 《다케우치 문서》를 발표했다. 다케우치는 집안 대대로 내려오는 고대 역사에 대한 신비한 자료라고 주장했는데, 그 말이 사실이라면 아마쓰교를 창시할 당시 공개했어야 할 자료를 왜 18년이나 지난 뒤에 공개했는지 납득할 수 없다. 아마도 그 기간에 다케우치는 여러 고대 문헌에 나오는 이야기를 짜깁기하고 베껴 《다케우치 문서》를 만들고 있었다고 봐야 하지 않을까?

《다케우치 문서》의 내용을 요약하면 이렇다. 수십만 년 전 아득히 먼 옛날 일본은 전 세계의 수도였다. 그중에 일본 혼슈 도야마현 오미진산 히다의 노리쿠라 지역에는 고대인이 숭배한 황조황태신궁(皇祖皇太神宮)이라는 신전이 세워져 있었다. 고대 일본은 전 세계 각지에 문자를 가르쳐준 곳이었다고 한다. 세계 최초의 문자로 알려진 수메르의 쐐기 문자를 비롯하여 페니키아 문자, 알파벳, 그리스 문자, 인도의 산스크리트 문자, 중국의 한자, 조선의 한글, 거란 문자, 여진 문자, 몽골 문자, 만주 문자 등이 고대 일본의 문자인 신대문자(神代文字)에서 비롯했다는 주장이 담겨 있다.

한편 고대의 현자 모세와 부처와 공자와 노자와 예수가 모두 일본에 와서 진리를 배웠으며 그런 이후에 자신들의 고향으로 돌아가 가르침을 전파했다고 한다. 이 밖에도 고대 일본은 수십만 년 전부터 전 세계를 통일하여 지배하고 있었으며, 특히 일본의 군주인 일왕들은 하늘을 번개같이 빠르게 날아다니는 배인 아메노우키부네(天の浮船)를 타고 세계를 돌아다녔다고 한다. 일왕의 후손인 고대 일본인들은 신에 가까운 신비한 민족이어서 평균 수명이 1만 년이나 되었다.

그런데 고대 세계 각지에서 지진과 홍수와 화산 폭발 같은 자연재해가 계속 일어났고, 그 과정에서 넓은 땅들이 바다 밑으로 가라앉아 일본의 세계 지배는 끝나고 말았다. 이후 세계 각지의 외국인들은 자신들이 옛날에 일본의 지배를 받았다는 사실을 숨기기 위해 관련 자료를 파괴하고 불태우기 위한 목적으로 전쟁을 벌였다고 한다. 알렉산드로스 대왕과 카이사르와 이슬람 제국이 그런 이유로 외국 원정에 나섰다는 것이다.

《다케우치 문서》가 발표되자 일본 사회의 반응은 엇갈렸다. 지식인들은 이 문서가 1928년에 들어 다케우치 기요마로가 위조한 가짜 역사서라고 비판한 반면 정치인과 군인들은 문서의 내용을 접하고는 "고대 일본이 세계를 지배했으니 그 후손인 우리가 세계를 지배할 자격이 있음을 보여주는 증거다!" 하고 환호하며 다케우치 기요마로에게 자금을 지원해주기까지 했다.

문서의 내용을 근거로 군대 내부의 젊은 장교들이 쿠데타를 일으키려는 음모를 꾸미다가 일본 경찰에 적발되어 다케우치 기요마로는 체포되었으나 《다케우치 문서》에 열광한 일본 군부의 압력 덕분인지 곧바로 풀려났다. 문서가 발표된 지 3년 후인 1931년, 일본은 만주사변을 시작으로 세계 각국을 상대로 본격적인 침략전쟁에 나섰다. 한낱 가짜 역사서가 수많은 사람을 죽음으로 내몰았던 전쟁에 영향을 끼친 것이다.

095 아케치 미쓰히데가 주군인
노부나가를 죽인 이유는?

　일본 역사에서 이상한 사건 중 하나를 꼽으라면 16세기 전국시대 때 강력한 영주였던 오다 노부나가(織田信長, 1534~1582)가 부하인 아케치 미쓰히데(明智光秀, 1516/1528~1582)한테 혼노지에서 죽임을 당한 '혼노지의 변'을 들 수 있다(1582년 6월 2일).

　당시 노부나가는 일본 지역의 호족 대부분을 굴복시켰고 몇 년 안에 일본을 통일하리라는 예상을 받을 만큼 기세가 드높았다. 그런 노부나가의 신임을 받던 부하인 미쓰히데가 갑자기 반란을 일으켜 혼노지에 머물던 노부나가를 공격해 자살하도록 만들었다. 도대체 어떤 이유 때문이었을까?

　한국의 소설가 최인호의 작품인 《해신》 1권의 앞부분에 잠깐 소개된 내용에 의하면, 미쓰히데는 노부나가가 일본의 유서 깊은 사찰인 엔랴쿠지를 불태우고 승려들을 학살하자 이에 반발하여 반란을 일으켰다고 본다. 하지만 미쓰히데가 남긴 문헌을 찾아 연구하는 과정에서 그가 "엔랴쿠지를 불태우고 거기에 살던 승려는 모조리 죽여야 마땅하다"고 한 글이 발견되면서 미쓰히데가 노부나가의 엔랴쿠지 학살에 반발하여 반란을 일으켰다는 주장은 설득력을 잃었다.

　한편 미쓰히데가 노부나가로부터 모욕이나 학대를 받아 원한을 품었고,

복수하기 위해 혼노지의 변을 일으켰다는 주장이 일본에서 많이 제기되고 있다. 대표적인 예는 생선 요리와 관련되어 있다. 노부나가는 동맹 관계에 있던 영주인 도쿠가와 이에야스를 접대하는 업무를 미쓰히데한테 맡겼는데 대접한 요리 중에서 구역질이 날 정도로 썩은 생선이 발견되어 이에야스가 노부나가한테 항의하자 노부나가가 크게 화를 내며 미쓰히데를 꾸짖고 모욕했다. 이 때문에 미쓰히데가 원한을 품어 노부나가를 죽였다는 내용이다.

하지만 이러한 주장에도 얼마든지 의문이 제기될 수 있다. 미쓰히데는 평소 노부나가를 향한 충성심이 무척 강했다. 그렇기에 주군에게 야단을 맞았다고 원한을 품어 반란을 일으켰다는 주장은 터무니없는 논리 비약이라는 것이다. 게다가 혼노지의 변을 일으켜 노부나가를 죽게 했지만, 미쓰히데의 편을 드는 노부나가의 부하가 거의 없었고 오히려 일치단결하여 주군의 원수를 갚겠다며 공격하는 바람에 미쓰히데는 어이없이 패망하고 말았다.

미쓰히데는 노부나가의 부하 가운데 학식이 깊고 지혜로운 인물로 알려졌는데, 그런 그가 손님 대접에 소홀했다는 이유로 주군을 죽이는 어리석은 처신을 했다는 주장이 과연 설득력이 있을까?

이렇게 미쓰히데가 혼노지의 변을 일으킨 동기가 불확실하다 보니 음모론적인 주장도 제기된다. 미쓰히데가 자신의 의지가 아니라 누군가로부터 지시를 받아서 노부나가를 죽였다는 것이다. 미쓰히데를 부추긴 주범 중 하나로 서양의 선교사들이 지목된다. 특히 일본을 자주 방문하던 포르투갈 선교사들이 미쓰히데한테 접근하여 "노부나가를 죽이고 당신이 일본의 지배자가 되어라." 하고 충동질하여 혼노지의 변이 일어났다고 보는 관점이다.

하지만 이런 주장에도 역시 반론을 제기할 수 있다. 서양의 선교사들은 외부에서 온 방문객에 불과했기 때문에 일본의 내정에 깊숙이 간섭하여 중요한 사건을 일으킬 만한 위치에 있지 않았다. 또한 혼노지의 변 당시 포르투갈 선교사들은 일본인을 해외에 노예로 팔아버리는 상술로 악명이 높았다. 그런 이유로 미쓰히데는 선교사들을 별로 좋아하지 않았다.

선교사들을 제외하면 미쓰히데를 부추긴 주범으로 그가 애초 섬겼던 쇼군 아시카가 요시아키를 들 수 있다. 아시카가 요시아키는 노부나가와 오랫동안 적대적인 관계에 있었고 다른 영주들을 충동질하여 한때 노부나가를 위기에 몰아넣기도 했던 인물이다. 노부나가에게 패배하고 쫓겨나기는 했지만, 노부나가가 죽기를 가장 바라던 인물이 바로 요시아키였다. 이렇게 보면 요시아키가 미쓰히데를 부추겨 혼노지의 변을 일으켰다는 주장에는 나름 일리가 있다.

다만 혼노지의 변 이전에 요시아키의 세력은 몰락하여 겨우 목숨만 붙어 있던 상태였는데, 과연 미쓰히데가 유명무실한 인물의 지시를 받아 노부나가에 반란을 꾀했을까 하는 의문이 든다.

미쓰히데가 왜 혼노지의 변을 일으켜 노부나가를 죽였는가 하는 의문에 대한 답은 당사자만 알고 있을 것이다. 진실을 알 수 없기에 다양한 해석이 담긴 작품이 계속해서 나올 수 있는 것이 아닐까 싶다.

7

신비한 장소들

중국의 문헌인 《수신기》에 천태산이라는 장소가 나온다. 바깥세상보다 시간이 천천히 흐르기 때문에 그곳에 들어갔다가 나오면 어느새 수백 년이 흘러 있다고 한다. 일본의 오래된 전설을 모은 문헌인 《풍토기》에도 천태산과 비슷한 장소가 나오는데, 이번 항목에서 그 이야기를 소개해본다.

유랴쿠(雄略, 456~479) 왕이 일본을 다스리던 무렵, 일본 중부 해안가인 요사헤기 마을에 시마코(嶋子)라는 이름을 가진 젊은이가 살았다. 그는 어부였는데, 어느 날부터 갑자기 물고기가 잡히지 않았다.

'도대체 이게 어떻게 된 일일까? 왜 물고기가 잡히지 않지? 설마하니 물고기가 전부 다른 곳으로 도망이라도 쳤단 말인가?' 시마코는 이상하게 여겼으나 고기잡이를 그만둘 수도 없는 노릇이었다.

어찌된 영문인지 며칠간 물고기가 통 잡히지 않았다. 누군가가 물고기들한테 자신의 그물에 걸리지 말라고 알려주는 것 같아 시마코는 이상한 기분이 들었다.

그러다가 사흘이 다 끝나던 때 그물을 들어올리던 시마코는 평소와 다른 무게감을 느꼈다. 그물 안에 무언가가 들어 벗어나려고 버둥거리는 손맛을 느낀 것이다. 드디어 물고기를 잡았다는 기쁜 마음에 시마코는 힘껏 그물을 잡아당겼다.

그물을 걷어 올리자 그 안에 든 것은 물고기가 아니라 커다란 거북이었다. 시마코는 맥이 풀렸지만 그래도 거북을 시장에 내다팔면 꽤 돈벌이가 될 수 있다는 기대감에 부풀었다. 긴장이 풀린 탓인지 시마코는 이내 잠들어버렸다.

한참 자던 시마코가 문득 잠에서 깨어났는데, 그의 눈앞에 거북이 아니라 웬 아름다운 젊은 여인이 있는 것이 아닌가. 시마코는 "배에는 아무도 타지 않았는데 당신은 어디서 왔습니까?" 하고 물었다. 여인은 "저는 본래 선녀인데 거북의 모습으로 둔갑해 바닷속에서 놀고 있다가 당신의 그물에 잡혔습니다. 하늘이 맺어준 인연으로 알고 당신과 함께 저의 집으로 가서 살고 싶습니다." 하고 답했다.

시마코는 그녀의 말에 동의했다. 그러자 배가 저절로 움직이더니 어떤 섬에 도착했다. 배를 멈추고 둘이 내린 곳에 크고 화려한 누각이 한 채 세워져 있었다. 시마코와 여인은 누각 안으로 들어갔다. 그곳에는 하늘에서 비를 내리게 하는 신비한 힘을 가진 어린아이, 별들을 다스리는 신들, 거북으로 둔갑해서 시마코의 배로 들어온 여인의 부모가 함께 살고 있었다.

시마코는 그들의 열렬한 환영과 축하를 받으며 결혼식을 올렸다. 시마코는 그렇게 3년간 온갖 호사스러운 대우를 받으며 여인과 함께 행복하게 살았다. 호화로운 삶도 반복되면 어느새 지겨워지는 법. 시마코는 반복되는 일상이 지겹다는 생각이 들었다. 게다가 두고 온 고향이 어떻게 되었을지 궁금해 견딜 수 없었다.

시마코는 아내한테 가서 "내가 살던 곳으로 한번 돌아가고 싶소." 하고 말했다. 그러자 아내는 "이렇게 좋은 곳을 왜 떠나고 싶습니까?" 하며 반대했지만, 시마코가 워낙 완강해서 어쩔 수 없었다. 결국 아내는 시마코한테 작은 상자를 하나 건네며 "당신이 고향으로 갔다가 이곳으로 돌아오고 싶다면 이 상자를 열어보십시오." 하고 알려주었다.

시마코는 섬에 올 때 탔던 배에 몸을 싣고 고향을 향해 떠났다. 그런데 고향 마을은 예전 모습을 찾아볼 수 없었고 자신이 아는 마을 사람도 남아 있지 않았다. 이상하게 여긴 시마코가 주민들한테 "혹시 시마코가 살던 집을 아십니까?" 하고 묻자 그들은 "옛날에 시마코라는 사람이 바다로 떠났다가 300년이나 행방을 모릅니다. 살던 집은 없어졌고 우리는 그에 대해서 전혀 모릅니다." 하고 알려주었다. 애써 고향으로 돌아왔지만 허탈한 마음이 들어 시마코는 아내에게 받은 상자를 열었다. 그러자 상자에서 거센 바람이 불어 시마코의 몸을 하늘 높이 날려버렸다.

시마코가 아내와 함께 머물던 섬은 바깥세상에 비해 시간이 천천히 흐르는 신비한 공간이었다. 시마코가 보낸 3년은 바깥세상에서는 300년에 해당하는 시간이었던 셈이다. 아마도 시마코의 아내는 평범한 사람이 아니라 강력한 마법의 힘을 가진 반신반인적 존재인 선녀였으리라.

097 일본 신화의 저승, 요미노쿠니

사람이 죽으면 가는 공간인 저승에 관한 신화나 전설이 나라마다 전해온 다. 일본의 신화와 전설에도 저승이 등장하는데 이를 요미노쿠니, 즉 황천 의 나라라고 부른다.

요미노쿠니는 일본의 신화를 기록한 문헌인 《고사기》와 《일본서기》에 등장한다. 대표적인 예는 창세신인 이자나미가 죽자 남편인 이자나기가 다 시 만나기 위해 요미노쿠니로 갔다는 내용이다. 일본의 고대 문헌에서 요 미노쿠니는 땅속에 있는 공간으로 묘사된다. 그렇기에 어두워 불을 켜지 않으면 사물을 제대로 볼 수 없는 곳으로 설정되어 있다.

이자나기는 요미노쿠니로 어렵게 가서 이자나미를 만났다. 이자나기가 "이승으로 돌아가서 다시 나와 함께 삽시다." 하고 청하자 이자나미는 "나 는 지금 이곳에서 식사를 담당하는 일을 맡고 있어서 이승으로 돌아갈 수 없습니다. 하지만 요미노쿠니는 무서운 곳이라서 나도 이곳에서 계속 살기 가 어렵습니다. 요미노쿠니를 다스리는 황천신과 의논하고 올 테니 기다려 주십시오." 하고 대답했다.

아무리 기다려도 이자나미가 오지 않자 이자나기는 횃불을 밝히고 그녀 를 찾으려 했다. 그때 불빛에 드러난 이자나미의 몸에 구더기가 들끓었고,

8명의 번개신이 자라고 있었다. 그 모습을 본 이자나기는 두려워서 달아나고 말았다. 이자나미는 남편이 자기를 모욕한다면서 화를 내며 황천의 추녀와 8명의 번개신과 황천의 군사들을 거느리고 쫓아갔다.

이자나기는 이승으로 통하는 요미노쿠니의 문을 황천비량판이라고 하는 1000명이 들어야 움직일 수 있는 크고 무거운 돌로 막아버렸다. 이 때문에 이자나미는 이승으로 올라올 수가 없었다. 화가 난 이자나미가 "하루에 1000명씩 사람들을 죽여서 요미노쿠니로 데려오겠다"고 저주하자 이자나기는 "그렇다면 나는 하루에 1500명씩 사람들을 태어나게 하겠다"고 맞받아쳤다.

이상의 요미노쿠니 신화에서 몇 가지 설정을 발견할 수 있다. 우선 저승 세계인 요미노쿠니에 가도 살아생전처럼 살아 움직인다는 것이다. 이는 고대 유럽의 켈트족이 믿은 저승이자 사후세계인 티르 너 노그(Tír na nóg)나 고대 중국인들이 믿은 저승의 모습과 같다.

중국인들은 사람이 죽으면 저승으로 가는데 그곳에서 살아생전처럼 계속 일을 한다고 믿었다. 1644년 중국 명나라의 황제인 숭정제는 이자성의 반란군이 궁궐로 들어오자 목을 매고 자살했는데, 그전에 남긴 유서에 "짐은 죽어서 저승에 있는 조상들을 볼 면목이 없다"고 언급했다. 숭정제는 죽으면 땅속에 있는 저승으로 간다고 여긴 것이다. 아마 이런 저승에 대한 인식이 일본에도 영향을 끼쳤으리라.

한편 이자나미가 요미노쿠니에서 식사를 담당하는 일을 맡고 있어서 이승으로 돌아갈 수 없다고 한 말은 공교롭게도 고대 그리스 신화에서 곡물의 여신인 페르세포네가 저승의 음식인 석류를 먹어서 이승으로 돌아갈 수 없다고 한 내용과 비슷하다. 일본과 먼 고대 그리스 신화가 일본에 전파되었다고 보기는 어려우니, 이는 사후세계에 대한 인류 공통의 인식이 반영된 흔적으로 보는 편이 적합할 듯하다.

불빛에 드러난 이자나미의 몸에 구더기가 들끓고 8명의 번개신이 자라고 있었다는 내용은 어떻게 봐야 할까? 죽은 이의 몸에서 구더기가 들끓는 광경을 보고 죽음과 죽은 자에 대해 느낀 사람들의 두려움이 신화적인 비유로 표현되었다고 해석할 수 있을 것이다. 죽어서 저승에 간 이자나미가 번개신을 몸에서 키우고 있었다는 내용이나 황천을 다스리는 신이 있다는 언급은 켈트 신화의 티르 너 노그와 비슷한 부분이 많다. 티르 너 노그의 존재들은 이승에서 살던 것과 같이 결혼하여 아이를 낳을 수 있으며 이곳을 다스리는 왕도 있다.

아마도 이자나미는 요미노쿠니에 가서 황천을 다스리는 신과 관계를 맺어 번개신을 낳은 것으로 보인다. 이자나미가 이승으로 돌아가자는 남편의 권유를 거절한 것도 어쩌면 이미 새로운 삶을 살고 있었기 때문이 아니었을까?

켈트 신화의 티르 너 노그와 일본 신화의 요미노쿠니 사이에는 다른 점도 존재한다. 티르 너 노그는 깨끗하고 아름다운 장소이자 영원한 젊음과 활력을 주는 매력적인 낙원으로 묘사되는 반면 요미노쿠니는 더럽고 무서운 죽음의 세계로 인식된다는 점이다.

098 신이 살고 있는 미와산

한국의 후삼국 시절, 후백제를 세우고 한때 한반도의 최강자로 군림한 걸출한 영웅인 견훤의 출생 설화를 보면 그의 아버지가 사람으로 둔갑한 커다란 지렁이였다는 내용이 전해온다. 매일 밤 지렁이가 사람으로 둔갑해서 처녀의 집을 찾아와 잠자리를 함께한 끝에 견훤이 태어났다는 것이다. 일본에도 이와 비슷한 전설이 있는데, 이번에 소개할 미와산에 살고 있는 신의 이야기가 그것이다.

미와산에는 대물주신(大物主神)을 섬기는 사당인 신사가 세워져 있었다. 미와산 부근 마을에 이쿠타마요리비메라는 아름다운 처녀가 부모와 함께 살고 있었다. 너무나 아름다웠기에 남자들은 모두 그녀와 결혼하길 원했으나 이쿠타마요리비메는 "당신들은 나의 사랑을 받을 자격이 없습니다." 하고 거절할 만큼 콧대가 높기도 했다.

그런데 놀라운 일이 벌어졌다. 수많은 남자의 구애를 거절한 도도한 처녀인 이쿠타마요리비메의 배가 점점 불러오는 것이다. 누가 보더라도 임신이었다. 결혼도 하지 않은 처녀가 갑자기 아이를 갖다니, 너무나 이상한 일이어서 부모가 딸을 불러 이렇게 물어보았다.

"너는 시집도 가지 않은 몸이지 않으냐? 그런데 어찌하여 아이를 갖게 된 것이냐? 혹시 남몰래 사귀는 남자가 있는 것 아니냐? 숨기지 말고 사실 대로 말해보아라. 행동이 불량하거나 마음씨가 변변치 않은 남자가 아이를 갖게 한 상대라면, 이는 매우 부끄러운 일이다."

그러자 이쿠타마요리비메가 이렇게 대답했다.

"저는 시정잡배나 나쁜 남자와 잠자리를 하여 임신한 것이 아닙니다. 저 한테 아이를 갖게 한 남자는 품행이 훌륭한 사람이며 부모님께서 보셔도 사위로 삼고 싶을 만큼 기품이 있습니다. 다만 그 남자는 남들의 눈을 피해 밤이 되면 몰래 집으로 찾아와서 저와 잠자리를 같이하는 것뿐입니다."

이쿠타마요리비메의 부모는 딸의 대답을 듣고도 만족하지 못했다. 정말 로 남자가 그렇게 훌륭하다면 정식으로 알리고 교제를 허락받을 일이지 왜 남의 눈을 피해 밤에 몰래 찾아온단 말인가? 이쿠타마요리비메의 부모는 딸이 사귀는 남자가 어떤 사람인지 궁금하여 이렇게 말했다.

"네 말대로 그 남자의 인품이 훌륭하다면 우리도 그를 한번 알아보고 싶 구나. 그러니 실패에 감은 실을 바늘구멍에 꿰어서 남자의 옷에 꽂아라. 날 이 밝으면 실을 따라서 남자가 사는 집을 한번 찾아가 보고 싶구나."

이에 이쿠타마요리비메는 부모의 말에 따라 자신을 밤마다 찾아오는 남 자의 옷에다 바늘을 꽂았다. 잠자리를 끝내고 밤이 지나 남자가 방을 떠나 자 이쿠타마요리비메는 옷에 꽂힌 실의 흔적을 쫓아 따라갔다.

실은 미와산의 신사로 이어졌다. 이쿠타마요리비메가 안으로 들어서자 신사를 관리하는 신관이 왜 이곳에 왔느냐고 물었다. 자초지종을 설명하 자 신관은 이쿠타마요리비메한테 "이 신사에는 대물주신의 자손인 오타타 네코가 살고 있는데 가끔 신사 밖으로 나가서 아름다운 여인들과 잠자리를 함께합니다." 하고 알려주었다. 그제야 이쿠타마요리비메는 자신을 찾아 온 남자의 정체가 오타타네코라는 사실을 알아차렸다.

오타타네코가 이쿠타마요리비메와 잠자리를 함께한 때는 스신 왕이 일본을 다스리던 시절이었다. 그 무렵 일본에 원인을 알 수 없는 전염병이 돌아 수많은 사람이 죽었는데, 어느 날 스신 왕의 꿈에 대물주신이 나타나서 '나의 후손인 오타타네코한테 궁궐을 세워주고 제사를 지내면 전염병이 사라질 것이다.' 하고 알려주었다. 스신 왕은 사람들을 보내 오타타네코를 찾아내어 수도로 데려온 뒤 궁궐을 세우고 신들께 제사를 지내도록 하여 전염병을 가라앉혔다 한다.

099 일본의 낙원, 도코요의 나라

　고대 유럽의 대부분을 지배한 켈트족에게 전래된 켈트 신화에 의하면, 먼 바다를 건너면 영원한 생명과 젊음 및 행복으로 가득 찬 낙원인 티르 너 노그에 도착할 수 있다고 한다.

　놀랍게도 일본에 이와 비슷한 낙원에 관한 전설이 전해지는데, 이른바 도코요의 나라라고 부른다. 도코요의 나라는 바다의 파도를 밟고 건너서 갈 수 있는 멀리 떨어진 공간인데, 그곳에 가면 늙지도 죽지도 않고 영원히 행복을 누리며 살 수 있다고 한다.

　일본 신화에 도코요의 나라에 얽힌 흥미로운 전설이 전해온다. 그 내용은 대략 이렇다.

　니니기 신과 오야마쓰미 여신 사이에서 태어난 아들인 호오리는 사냥꾼으로 살아갔다. 어느 날 호오리는 시오즈치 신으로부터 "그대는 바다로 배를 타고 가서 가장 가까운 마을에 내리고, 그곳의 우물 가까이에 있는 나무 위로 올라가라. 그러면 그대의 배필을 맞이할 수 있을 것이다." 하는 계시를 받았다.

　호오리는 시오즈치의 계시를 그대로 따랐다. 배를 타고 멀리 떠나서 어느 마을에 도착했다. 배에서 내린 호오리는 해변에서 가장 가까운 우물을 찾아 그 가까이에 있는 나무 위로 올라갔다. 잠시 후 바다의 여신인 도요타마비메가 시녀를 보내어 우물물을 퍼오게 했다. 시녀가 옥그릇에 물을 담다가 호오리의 얼굴이 비치자 놀라서 나무 위를 쳐다보았다.

호오리는 "먼 길을 오느라 목이 마르니 물을 주시오." 하고 말했다. 시녀는 옥그릇에 우물물을 담아주었는데, 잘생긴 호오리의 얼굴을 보고는 마음속으로 '저 남자라면 내 주인의 남편이 되기에 적합하다'고 여겨 얼른 도요타마비메를 찾아가서 "바깥에서 잘생긴 남자가 왔으니 어서 나가서 보십시오." 하고 알려주었다.

시녀의 말을 듣고 호기심이 생긴 도요타마비메는 방문을 열고 우물가로 달려갔다. 정말로 나무 위에 잘생긴 남자가 앉아 있었다. 도요타마비메는 호오리한테 "당신은 어디에서 왔습니까?" 하고 물었다. 호오리는 "저는 니니기 신과 오야마쓰미 여신 사이에서 태어난 아들 호오리로 사냥꾼입니다. 시오즈치 신의 계시를 받아 이곳에 왔으니 저를 손님으로 대접해주시길 바랍니다." 하고 자초지종을 밝혔다.

그 말을 듣고 도요타마비메는 안심하며 호오리를 집으로 맞아들였다. 둘은 마음이 통해 금방 가까워져 급기야 결혼까지 했다. 도요타마비메와 부부가 된 호오리는 3년 동안 같이 살다가 아내가 아이를 임신하자 자기 집으로 데려왔다. 아이를 낳을 때가 가까워지자 도요타마비메는 호오리한테 이렇게 부탁했다.

"우리나라 사람들은 아이를 낳을 때 원래 모습으로 돌아가게 됩니다. 사실 저는 평범한 사람이 아닙니다. 지금 사람의 모습을 하고 있는 것은 당신을 위해 둔갑한 것입니다. 아이를 낳을 몸이니 얼마 안 있어 저는 원래 모습으로 돌아가야 합니다. 당신이 저의 진짜 모습을 보게 된다면 놀라고 무서울 것이니 부디 보지 말아 주십시오. 만약 본다면 저를 의심한다고 여겨 이곳을 떠나 당신을 다시는 보지 않을 것입니다."

호오리는 아내의 부탁을 들어주기로 했으나 호기심을 억누를 수 없었다. 출산일이 가까워지자 호오리는 도요타마비메를 위해 만든 출산실에서 아이를 낳게 하고는 출산하는 모습을 훔쳐보았다.

놀랍게도 도요타마비메는 커다란 악어의 모습으로 변해 이리저리 몸을 뒤틀며 아파하고 있었다. 호오리는 사랑하는 아내가 흉측한 악어였다는 사실이 두려워 달아나 버렸는데 그 소리가 도요타마비메의 귀에 들렸다. 도요타마비메는 아이를 낳은 다음 호오리에게 "당신이 나를 믿지 않았으니 이곳에서 함께 살 수 없습니다." 하고 말하고는 아이를 내려놓고 떠나버렸다. 호오리는 슬퍼했지만 어쩔 수 없었다.

호오리의 아이는 이모인 다마요리히메와 결혼하여 아들인 미케누를 낳았고 미케누는 어머니를 찾겠다며 도코요의 나라로 떠났다고 한다. 도요타마비메가 살던 곳이 바로 도코요의 나라였고, 호오리는 신의 계시를 받아 그곳을 방문했던 것이다.

100 하늘과 땅을 연결하는 신기한 사다리

　동양과 서양을 막론하고 옛사람들은 하늘과 땅을 연결하는 기둥이나 사다리 혹은 계단 같은 물체가 있다고 믿었다.

　유대인들이 쓴 경전인 《구약성경》의 〈창세기〉를 보면, 야곱이 꿈을 꾸었는데 땅에서 하늘까지 닿는 계단이 있고 거기를 천사들이 올라갔다 내려갔다 하는 모습을 보았다고 한다(28장 12절). 또한 《구약성경》의 〈욥기〉에는 유대인들의 신인 야훼를 가리켜 기둥들이 마구 흔들리도록 땅을 그 바닥째 흔드시는 이(9장 6절)라거나, 하느님께서 꾸짖으시면 하늘을 받친 기둥들이 놀라 흔들거린다는(26장 11절) 표현이 등장한다.

　《구약성경》 못지않게 서양인의 정신문화에 큰 영향을 끼친 그리스 신화를 보면, 제우스를 대표로 하는 올림포스 신들이 나타나기 이전에 세계를 지배한 티탄 신 중에서 체격이 크고 힘이 센 신인 아틀라스가 두 어깨로 하늘을 떠받치고 있다는 내용이 있다. 다른 신화에서 하늘을 떠받치는 기둥역할을 아틀라스가 맡은 셈이다.

　북유럽 신화에는 하늘과 땅을 잇는 다리인 무지개, 즉 비프로스트가 등장한다. 북유럽 신화의 신들은 평소에는 하늘에 세워진 궁전인 아스가르드에 살다가 사람들이 사는 공간인 땅으로 가고 싶으면 비프로스트를 타고 내려온다.

중국 신화 속에는 홍수를 일으키는 사악한 신인 공공이 전쟁의 신인 전욱과 싸우다 패배하자 화가 나서 하늘을 떠받치고 있는 기둥인 부주산에 머리를 찧었고 그로 인해 하늘이 기울어지자 여신인 여와가 큰 거북의 다리를 잘라서 부주산 대신 하늘을 떠받치는 기둥으로 삼았다는 내용이 있다.

그렇다면 일본 신화에도 하늘을 떠받치는 기둥이나 하늘과 땅을 연결하는 사다리 같은 물체가 있을까? 물론 등장한다.

고대 일본의 전설을 모은 문헌인 《풍토기》를 보면, 바다와 맞닿은 요시하야시 마을의 끝에 아마노하시타데라는 크고 넓은 곳이 있다고 한다. 아마노하시타데를 풀이하면 '하늘(天)의 다리(橋)가 세워졌다(立)'는 뜻이다. 이런 이름이 붙은 이유는 아마노하시타데에 땅과 하늘을 잇는 사다리가 세워졌기 때문이었다.

그러한 작업을 한 장본인은 일본 신화에 등장하는 창세신인 이자나기다. 하늘에서 살던 이자나기는 하늘과 땅을 자주 오갔다. 신들의 세상은 완벽하고 편안하지만 질서가 엄격해 재미가 없는 반면 사람들이 사는 땅은 어수선하고 번잡하고 지저분하지만 활기와 생동감 넘치는 변화무쌍한 공간이어서 즐겁기 때문이었다.

다만 신인 이자나기는 땅에 계속 머무르지 못하고 때가 되면 하늘로 돌아가야 했다. 땅에 남아서 사람들과 어울리면 신의 지위를 잃고 정체성이 사람과 같아진다는 우려 때문이었다. 그런 이유로 이자나기는 하늘과 땅을 하나로 연결하여 오가기 쉽게 하려고 요시하야시 마을로 내려와 땅과 하늘을 잇는 커다란 사다리를 세웠다.

아마노하시다테는 하늘로 올라가고 싶은 욕망이 있는 자라면 신이든 사람이든 누구나 이용할 수 있었다. 그런 이유로 아마노하시다테를 타고 하늘로 올라가 신들의 세상을 구경하고 싶어 하는 사람들도 많았다.

어느 날 이자나기가 잠자고 있는 사이 아마노하시다테가 그만 무너지고 말았다. 《풍토기》에 이유가 나와 있지 않으나 아마도 사다리를 타고 하늘로 올라가려는 사람이 너무 많아 무게를 견디지 못하고 무너진 게 아닐까 싶다.

2017년 9월 《한국의 판타지 백과사전》 초판 출간을 시작으로 판타지 백과사전 시리즈가 중국, 중동, 유럽, 일본 편에 이르기까지 다섯 권이 되었다. 이제 인도 편과 제3세계 편만 내면 시리즈가 마무리된다.

돌이켜보면 판타지 백과사전 시리즈를 쓰겠다고 한 계기는 사소했다. 고등학교에 다니던 1990년대에 재미있게 읽은 이우혁 작가의 판타지 소설인 《퇴마록》과 2000년대 초반부터 집중적으로 쏟아지던 일본의 판타지 서적인 《판타지 라이브러리》 시리즈를 읽고 나서 느낀 감동의 여운이 오랫동안 남아 있었는데, 마침 생각비행 출판사 관계자분이 "요즘 새로 구상하고 있는 작품은 없습니까?" 하고 물은 것이다. 한국의 신화와 전설을 모아 판타지 세계를 감상할 수 있게 하거나 혹은 판타지물을 창작하는 사람들을 위한 일종의 백과사전을 내보면 어떨까 하는 답변이 발단이었다.

다소 엉성하게(?) 시작한 판타지 백과사전은 예상을 넘어 독자들의 사랑을 받았다. 《한국의 판타지 백과사전》은 개정판을 내고 쇄를 거듭했으며 《유럽의 판타지 백과사전》 역시 2쇄를 출간했다. 나머지 책들은 초판에 머물러 있는데, 이는 우리나라와 유럽의 판타지 세계관 외에는 대중적인 관심이 저조한 현실이 반영된 결과가 아닌가 한다. 하지만 세계 곳곳의 신화,

전설, 민담 등을 책, 영화, 음악, 게임 웹툰 같은 다양한 콘텐츠로 만드는 시도가 이어지고 있다.

지금까지 달려왔으니 판타지 백과사전 시리즈를 완결하는 목표를 이루기 위해 힘을 쏟으려 한다. 마지막까지 최선의 노력을 다해 유종의 미를 거두고 싶다. 지금까지 함께해주신 독자 여러분께 감사하며 모쪼록 도움이 되는 책으로 남길 바란다.

참고 자료

도서 자료

가리야 데쓰 글, 슈가 사토 그림, 김원식 옮김,《일본인과 천황》, 길찾기, 2007.

가일스 밀턴 지음, 손원재 옮김,《향료전쟁》, 생각의나무, 2002.

_____, 조성숙 옮김,《사무라이 윌리엄》, 생각의나무, 2003.

강준식 지음,《김씨의 뿌리 상, 중, 하》, 범우사, 1998.

강항 지음, 이을호 옮김,《간양록》, 서해문집, 2005.

구사노 다쿠미 지음, 송현아 옮김,《환상동물사전》, 들녘, 2001.

구태훈 지음,《일본 무사도》, 태학사, 2005.

김희영 지음,《이야기 일본사》, 청아출판사, 2006.

도다 도세이 지음, 유준칠 옮김,《무기와 방어구 (일본편)》, 들녘, 2004.

도현신 지음,《무장한 한국사: 외세와의 대결 편》, 시대의창, 2020.

_____,《어메이징 한국사》, 서해문집, 2012.

_____,《옛사람에게 전쟁을 묻다》, 타임스퀘어, 2009.

_____,《장군 이순신》, 살림, 2013.

마이클 조던 지음, 강창헌 옮김,《신 백과사전》, 보누스, 2014.

모리무라 세이치 지음, 이정환 옮김,《충신장 1~4》, 자유문학사, 1998.

박윤명 지음,《상식 밖의 동양사》, 새길아카데미, 1994.

사에키 신이치 지음, 김병두 옮김,《무사도는 없다》, 리빙북스, 2011.

사토 도사유키 외 지음, 이규원 옮김,《신검전설》, 들녘, 2006.

_____, 최수진 옮김,《신검전설 2》, 들녘, 2007.

스티븐 턴불 지음, 남정우 옮김,《사무라이》, 플래닛미디어, 2010.

안정환 지음,《상식 밖의 일본사》, 새길아카데미, 1995.

야마모토 시치헤이 지음, 고경문 옮김,《일본인이란 무엇인가》, 페이퍼로드, 2012.

오노 야스마로 지음, 강용자 옮김,《고사기》, 지만지, 2014.

오찬욱 옮김,《헤이케 이야기 1, 2》, 문학과지성사, 2006.

요시다 아즈히코 지음, 하선미 옮김, 《세계의 신화 전설》, 혜원출판사, 2010.

이영 지음, 《잊혀진 전쟁 왜구》, 에피스테메(한국방송통신대학교출판부), 2007.

장한철 지음, 정병욱 옮김, 《표해록》, 범우사, 1993.

즈카사 후미오, 이즈노 히라나리 지음, 최수진 옮김, 《몬스터 퇴치》, 들녘, 2001.

최박강 옮김, 《일본서기/고사기》, 동서문화사, 2021.

최천기 지음, 《황당한 일본》, 학민사, 2005.

鬼塚英昭 지음, 《天皇のロザリオ 上》, 成甲書房, 2013.

_____, 《天皇のロザリオ 下》, 成甲書房, 2021.

인터넷 사이트 자료

국역 조선왕조실록, http://sillok.history.go.kr/main/main.do

영어 위키피디아, https://en.wikipedia.org/wiki/Main_Page

일본어 위키피디아, https://ja.wikipedia.org/wiki/

일본의 판타지 백과사전

초판 1쇄 인쇄 | 2023년 3월 17일
초판 1쇄 발행 | 2023년 3월 24일

지은이 도현신
책임편집 손성실
편집 조성우
디자인 권월화
일러스트 신병근
펴낸곳 생각비행
등록일 2010년 3월 29일 | 등록번호 제2010-000092호
주소 서울시 마포구 월드컵북로 132, 402호
전화 02) 3141-0485
팩스 02) 3141-0486
이메일 ideas0419@hanmail.net
블로그 ideas0419.com

ⓒ 도현신, 2023
ISBN 979-11-92745-06-0 03380